青蓝工程
专业能力必修系列

高中 **数学教师**
专业能力必修

gaozhong shuxue jiaoshi zhuanye nengli bixiu

教育部基础教育课程教材发展中心　组编

编委会主任：曹志祥　周安平
本 册 主 编：杨玉东　王　华

西南师范大学出版社
全国百佳图书出版单位 国家一级出版社

图书在版编目（CIP）数据

高中数学教师专业能力必修／杨玉东，王华主编．－重庆：西南师范大学出版社，2012.4

（青蓝工程系列丛书）

ISBN 978-7-5621-5693-2

Ⅰ.①高… Ⅱ.①杨… ②王… Ⅲ.①中学数学课－教学研究－高中－师资培训－教材 Ⅳ.①G633.6025

中国版本图书馆 CIP 数据核字（2012）第 067962 号

青蓝工程系列丛书

编委会主任：曹志祥　周安平

策　划：森科文化

高中数学教师专业能力必修

杨玉东　王　华　主编

责任编辑：李智信
封面设计：红十月设计室
出版发行：西南师范大学出版社
　　　　　地址：重庆市北碚区天生路 1 号
　　　　　邮编：400715　市场营销部电话：023-68868624
　　　　　http：//www.xscbs.com
经　　销：新华书店
印　　刷：重庆升光电力印务有限公司
开　　本：787mm×1092mm　1/16
印　　张：13
字　　数：269 千字
版　　次：2012 年 5 月　第 1 版
印　　次：2012 年 5 月　第 1 次印刷
书　　号：ISBN 978-7-5621-5693-2

定　　价：27.00 元

编者的话

在基础教育课程改革 10 周年之际，伴随着义务教育课程标准的再次修订与正式颁布，我们隆重推出这套"青蓝工程——学科教师专业能力必修系列"丛书。丛书立足于教师应该具备的最基本的教学专业知识与普适技能，为有效实施新修订的义务教育课程标准，深化基础教育课程改革，贯彻落实《国家中长期教育改革和发展规划纲要（2010－2020 年)》，助力素质教育高质量地推进提供了保证。

"教育大计，教师为本。"课程改革的有效实施和素质教育的贯彻落实需要一支高素质、专业化的教师队伍做支撑。教师的专业化发展在我国历来受到高度重视，但今天我国教师的专业化水平与社会的现实需求和时代的进步，特别是与教育改革发展的需要还存在着较大的差距。

以往，我们常常说教师要提高自身的专业水平或教学技能，但一个合格的教师究竟需要哪些最基本的专业知识与专业技能？教师的专业发展又该朝着哪个方向和目标去努力？这些问题，在教师专业化发展，尤其是在学科教师专业能力的提高上，一直以来并不是十分清晰。因此，我们聘请了当前活跃在基础教育学科领域的顶级专家，他们中的绝大多数是直接参与义务教育课程标准修订、审议或教材编写的资深学者，以担任相应学科的中小学教师应该（需要）了解（具备）的最基本的常识性知识和技能为出发点，总结了具有普适意义的学科教育教学知识和技能，力求推进教师教育教学能力的均衡发展，实现大多数教师教育教学能力的达标。从这个意义上，可以说这套丛书是教师专业化水平建设与发展的一个奠基工程，也是 10 年基础教育课程改革成果的结晶。我们希望青年教师不但能从书中充分汲取全国资深专家与优秀教师的经验、成果，更能"青出于蓝而胜于蓝"，在前辈的引领下，大胆创新，勇于超越，也因此，我们将丛书命名为"青蓝工程"。

丛书从"知识储备"和"技能修炼"两个维度展开论述（个别学科根据自身特点在目录形式上略有不同）。"知识储备"部分一般包括：①对学科课程价值的理解与认识；②修订后课标（义务教育）的主要精神；③针对该学段、该学科的教学所需的基本知识和内容等。"技能修炼"部分主要针对教学设计、目标把握、教学实施与教学评价等专题展开论述。每个专题下根据学科特点和当前教学实际设有几个小话题，以案例导入或结合案例的形式阐述教师教学所必需的技能以及形成这些技能所需要的方法和途径等。

本丛书具有权威性、系统性和普适性，希望对广大教师，特别是青年教师的专业成长能有实实在在的帮助。

丛书编委会

2012 年 1 月

前　言

今天的教师比以往时代的教师承受着更多的压力，特别是处于基础教育高中学段的教师，还要面对更多的来自学生、家长和学校的要求。虽然高中学生的成长和发展不仅仅是高中学段的事情，但在基础教育阶段，毫无疑问的，所有的社会期望和责任使高中教师处于"风口浪尖"。

另一方面，时代的发展已经使数学教师的专业化要求"水涨船高"。如果在今天，哪位老师还天真地认为"我数学好，当然能教好数学"，那一定会贻笑大方。作为数学教师，学好数学是必要条件，但远非充分条件，"学好数学就能教好数学"的观点是师资短缺时代下的专业要求。时至今日，数学教师的专业化要求已经迫使我们开始思考：数学家天生就是一位好的数学教师吗？作为教育任务的数学和数学家眼中的数学是一回事吗？两者有何联系与区别？特别是高中学段的学生有何学习特征？需要学怎样的数学？

上述问题，也应该是一名高中数学教师需要自问的，甚至可以更加具体地追问：高中学段的数学与义务教育学段的数学有何不同？高中学段数学的教与学，与义务教育学段和大学阶段有何不同之处？对这些最基本问题的追问，彰显了"高中"数学教师的独特性，也正是这本《高中数学教师专业能力必修》的逻辑起点。实际上，只要我们承认教师不仅仅是一种职业，更是一种专业，作为一名高中数学教师，就应该有一些最基本的专业知识和技能要求，特别是要具备在课堂层面实施《高中数学课程标准（实验稿）》（以下简称"课程标准"）的基本专业能力。本书就是在这个朴素的想法下得以组稿和编写的。

就意图上来说，本书并不是针对高中阶段数学课程必修和选修内容的解读，而是针对贯穿于高中所有学习内容的教与学的微观探讨。因为是"专业能力必修"，依据课程标准，只选择那些能够切入所有课程内容的横向专业知识和技能，不追求全面和完整。本书各章内容的思想架构如下：

```
基本专业知识 ──→ 高中数学与学习特征
              ──→ 数学语言和教学用语
              ──→ 数学文化的魅力

基本专业技能 ──→ 数学探究 ── 数学建模
              ──→ 数学学习评价
              ──→ 整合信息技术到数学课堂

基本研究能力 ──→ 研究数学课堂教与学
```

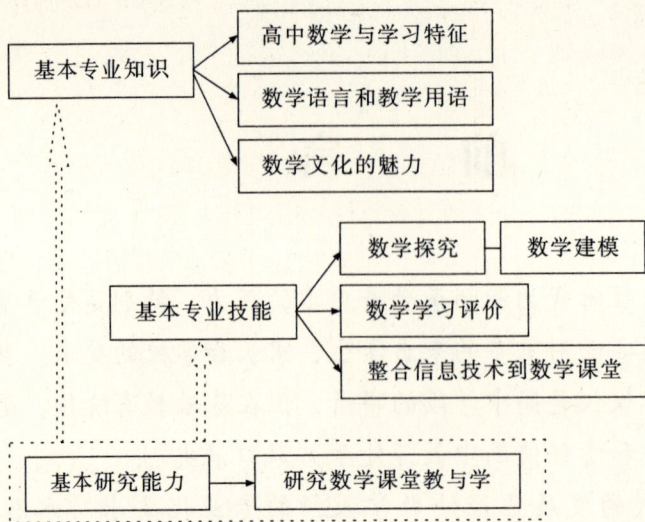

第一章，认识高中数学及其学习特征，这是本书的逻辑起点，意在凸显高中学段作为教育任务的数学区别于其他学段的特征、高中学段的学生有何特征以及让学生学习怎样的数学。

第二章，关注数学语言和教学用语，这应该说是作为高中数学教师最为重要的"基本功"，因为课堂中对数学语言和教学语言的正确使用，反映的是一名数学教师对数学和教学的准确到位的理解。

第三章到第五章，分别选择数学文化、数学探究和数学建模三个主题，因为课程标准中也明确指出它们是"贯穿于整个高中数学课程的重要内容，这些内容不单独设置，而是渗透在每个模块或专题中"。

第六章和第七章，分别选择数学学习评价和整合信息技术两个专题。虽然把老师们感兴趣的"命题"纳入其中，但数学学习评价作为基本的专业能力，希望认识到评价指的不仅仅是考试。对于信息技术这块，则更希望老师们正确认识它对不同层次的数学学习的局限性，而不是公开课中用来装点课堂的"必要条件"。

第八章，加强研究数学课堂教与学的能力，希望老师们获得一些基本的教学研究方法，让自己变得"会反思"、知道"反思什么"，这种基本的研究能力反过来可以促进教师基本专业知识和基本专业能力的发展。

本书每章内容力求自成体系，一般分三个层面：首先是对于每章主题词的认识和解读，然后是基于教学实践的策略和案例，最后是理性概括和认识。当然，个别章节可能由于内容特点而有所差异。本书的研修建议：按照每一章内容主题逐个击破，边学习边实践。有条件的学校可以确定专人进行主讲，老师们共同讨论，充分利用每章后面的"研修建议"，阅读相关的专业文献，结合个人实践撰写学习心得、体会，或撰写小专题的教学案例或论文。

总之，高中数学是初中数学知识的提升，是大学高等数学的基础。相比于初中数学，内容上它的学科分支更加细化和模块化、数学观念更具学科特性和整体性，思维上也更加抽象、符号化和理性，方法的运用也更加灵活。再次强调的是，我们编写此书的基本观点是：严格遵循课程标准规定的教学内容，立足于高中数学骨干教师的研修与训练，从初高中数学内容、教学特点的比较中，努力反映高中数学学科的特点，探索在理论指导下的高中数学教学实践行为的合理性，让读者在高中数学教学专业发展的一些关键点上获得一定的进步。

考虑到本书的实践应用性，这本书的编写者主体是富有经验的一线高中数学特级或高级教师，他们撰写的文字有时看上去可能"理论高度不够"，却更为真实和贴近一线教学生活。本书的撰写分工如下：第一、二章，王华（上海晋元高级中学）；第三、四章，唐晓燕（上海宜川中学）、高福如（上海同济大学第二附中）；第五章，杨光伟（浙江师范大学数学系）；第六、七章，余勇波（上海桐柏中学）、何渊（上海桃浦中学）；第八章，杨玉东（上海市教科院）。全书的框架结构、统稿工作由杨玉东博士和王华特级教师共同完成。

最后，要感谢丛书策划和组稿过程中教育部基础教育课程教材发展中心领导的关心和出版社编辑的辛勤付出。我们也想感谢正在阅读此书的一线教师，正是你们在承担基础教育课程改革的重任和压力，也正是你们使我们把来自教学实践的疑问和困惑转化为思考和文字。此外，这本书编写时间紧迫，大多数作者都承担着一线繁重的教学工作，全书在内容的选择、理论的诠释、案例的运用等方面，可能会有不少不足，希望得到您善意的批评（mathedu@126.com），我们一定会认真回应！

杨玉东　王　华

2011 年 6 月于上海

目　录
Contents

高中数学教师专业能力必修

Guo Zhong Shu Xue Jiao Shi Zhuan Ye Neng Li Bi Xiu

高

Guo Zhong Shu Xue Jiao Shi Zhuan Ye Neng Li Bi Xiu

中数学教师专业能力必修

知 识 储 备

教师要加深对高中数学学习特征、高中数学语言和教学用语的认识，帮助学生体验数学文化的魅力，指导学生掌握数学学习规律和学会自我获取知识。

第一章 对高中数学和学习特征的认识

高中数学的学习是在学生经历了九年数学学习的基础上展开的。究其内容，数学本身具有本阶段的特点；究其对象，学生的学习经历受到初中数学教学的影响，生活经历已接近成人期，初步具备了成人的特征。这里，我们通过分析高中数学本身的特征与高中学生的思维特征，以修炼我们的认识，提高教学的水平。

第一节 高中数学的特征

讨论高中数学的特征，首先要认识：数学是什么？我们为什么从小学到大学要花那么多的精力来学习数学？从哪方面认识本阶段数学的特征？

1. 关于数学的认识

课程标准指出：数学是研究空间形式和数量关系的科学，是刻画自然规律和社会规律的科学语言和有效工具。数学科学是自然科学、技术科学等科学的基础，并在经济科学、社会科学、人文科学的发展中发挥越来越大的作用。恩格斯给出了经典说法：数学是关于现实世界的空间形式和数量关系的科学。意大利物理学家、天文学家伽利略说过："数学是上帝用来书写宇宙的文字。"古希腊数学家普洛科拉斯说过："数学就是这样一种东西：她提醒你有无形的灵魂，她赋予她所发现的真理以生命；她唤起心神，澄净智慧；她给我们的内心思想添光辉；她涤尽我们有生以来的愚昧与无知。"总之，数学是一种文化，这是大家不争的事实。"每一种文化都有自己的数学，这种数学随着相应文化的死亡而死亡！"

收集有关数学的各种论述，汇集起来，大致有四个方面的解释。

数学是科学。中国科学院院士王梓坤先生在《今日数学及其应用》中强调说：数学的贡献在于对整个科学技术水平的推进与提高，对科技人才的培养和滋润，对经济建设的繁荣，对全体人民的科学思维与文化素质的哺育，这四方面的作用是极为巨大的，也是其他学科所不能比拟的。可以说，数学传播了科学的精神，即实事求是的态度、一丝不苟的精神，数学作为工具被广泛应用。

数学是哲学。自从有了哲学，数学就成为哲学问题的重要来源。古希腊欧几里德、毕达哥拉斯、亚里斯多德这些大数学家（物理学家）也都是大哲学家。数学最重要的哲学意义就是通过学习、研究数学培养人们良好的思维方式，作为一种思维科学，她教会人们如何正确地思考问题，如何快捷、准确地寻找问题的关键，如何正确地解决问题，如何积极地反思以检验解决问题的正确性。如：美籍匈牙利数学教育家 G·波利亚在《怎样解题》一书中提出的解决问题四步曲：搞清是什么问题，确定解题的策略，解决问题，反思解题过程的得失。这是我们解决任何问题的具有一般意义的步骤。另一方面，哲学中的方法论、辩证唯物主义思想、运动变化的规律等对数学学习与研究产生了巨大的作用。明确了数学的意义，就是学会了思考问题的方式，培养了以哲学的观点看待、认识世界的能力。

如函数图像的平移是中学数学认识运动变化的基本内容之一。一方面，图像运动变化，坐标系相对静止，上下平移视为纵坐标的变化，左右平移相当于横坐标的变化；另一方面，坐标轴运动变化，函数图像相对静止，y 轴左（右）平移，相当于函数图像向右（左）移动，x 轴上（下）移动，相当于函数图像向下（上）平移。两种不同的表现形式，其本质是一样的，这里变与不变揭示了事物的运动规律，充满着辩证法的认识论思想。

数学是法规。数学的产生依赖于客观现实，她将具体的事物抽象为自己的概念，产生了理性的东西，形成了人们对客观世界认识的科学性。随着概念的形成，数学为人类提供了科学的运算与反映客观规律的公理体系，进而也就产生了固有的性质和数学模型。当人们运用这些性质与模型解决实际问题或为解决问题提供研究方法时，就得严格按照公理化体系、定理、法则、公式进行运算、演绎或推理，不能越雷池一步！数学的概念化体系无疑是数学活动的法规与戒律。G·康托尔和戴德金开始建立实数理论时，本打算证明实数与自然数的对应关系，但没有想到研究的结论是实数比自然数多得多，他们更没有想到，一小段线段上的点竟然可以和全部空间的点一一对应。应该说数学概念一旦形成，数学本身也就把自己制约在概念中了。

数学是艺术。艺术的重要特征就是"美的传播与享受"。法国数学家亨利·庞加莱曾把数学美的基本特征概括为："统一性、简洁性、对称性、协调性和奇异性"。他认为"一个名符其实的科学家，尤其是数学家，在自己的工作中，应该体验到一种与艺术家共有的感觉，其乐趣和艺术家的乐趣之间存在着一种共同的性质，一种同样伟大的力"。与音乐家享受灵感一样，做数学也有一种经历痛苦、百折不饶、忽然柳暗花明之后的欣喜，是别人所不及的！正如近代国学大师王国维先生在《人间词话》中说："古今之成大事业、大学问者，必经过三种之境界：'昨夜西风凋碧树，独上高楼，望尽天涯路'，此第一境也；'衣带渐宽终不悔，为伊消得人憔悴'，此第二境也；'众里寻他千百度，蓦然回首，那人却在，灯火阑珊处'，此第三境也"。未有不越第一境第二境而能邃跻第三境者。这是否也算一种做学问的艺术？我看是的！

如数学的简洁之美，符号的引入，奠基了数学的运算与基本形式。爱因斯坦（Albert Einstein，1879－1955）创造的相对论包含了丰富的内容，但用数学符号表示物体的动量和能量的话，仅仅是两个简单的小式子：

$$p = m_r v, \quad E = m_r c^2,$$

高
中数学教师专业能力必修
Gao Zhong Shu Xue Jiao Shi Zhuan Ye Neng Li Bi Xiu

其中，m 为物体的静止质量，v 为光速，p 为动量，E 为能量，m_r 为物体的相对论质量，$m_r = \dfrac{m}{\sqrt{1 - \dfrac{v^2}{c^2}}}$。罗素评价相对论时说："在构造一个理论时，他采用的方法与艺术家所用的方法具有某种共同性，他的目的在于求得简单性和美，而对他来说，美在本质上始终是简单的！"

关于数学的应用之美，我国著名数学家华罗庚（1910 – 1985）教授于 1959 年 5 月在《人民日报》上撰文《大哉数学之为用》，指出：宇宙之大、粒子之微、火箭之速、化工之巧、地球之变、生物之谜、日用之繁，数学无处不在，凡是出现"量"的地方就少不了用数学，如研究量的关系、量的变化、量的变化关系、量的关系的变化等现象。

2. 数学教育的价值

课程标准指出：数学教育作为教育的组成部分，在发展和完善人的教育活动中、在形成人们认识世界的态度和思想方法方面、在推动社会进步和发展的进程中起着重要的作用。

关于数学学习的价值，日本著名数学家米山国藏在《数学的精神、思想和方法》中已经较清晰地做出了描述，他认为"数学的精神、思想、方法都是创造数学著作、发现新的东西、使数学得以不断地向前发展的根源"。作为一个数学教育家，他深刻体会到，在学校学过的许多数学知识，毕业进入社会后，若没有机会运用，很快就会忘记，"然而，不管他们从事什么业务工作，唯有深深铭刻在头脑中的数学的精神、思想方法、研究方法、推理方法和着眼点等（若培养了这方面的素质的话），却随时随地发生作用，使他们受益终身。"这是目前文献中对数学学习价值最精辟的说法！

3. 高中数学的特征

3.1 基础性

课程标准指出：高中教育属于基础教育。高中数学课程应具有基础性，它包括两方面的含义：第一，在义务教育阶段之后，为学生适应现代生活和未来发展提供更高水平的数学基础培训，使他们获得更高的数学素养；第二，为学生进一步学习提供必要的数学准备。

如：关于三角形的研究，初中通过全等与相似内容定性地研究了三角形的形状问题，只在一些具有特殊角度的三角形中定量计算；高中在此基础上，进一步学习了三角函数，学习了正余弦定理、行列式公式，对于一般确定的三角形，可定量地研究它的边长、角度、面积或相关线段长度，这里，初中学习的三角形全等判断实际上为高中解三角形的各种情形奠定了基础。另外，在学习三角形知识中所建立的转化、分类、数形结合等思想方法成为研究其他问题的基础。

案例 1：有关二次函数的初高中衔接问题（3 课时）

（第一课时）初中对于二次函数的学习是定义域建立在全体实数域基础上的一般

研究。要求：了解函数的图像与性质，会求二次函数解析式，能解决简单的函数应用问题。其知识结构是：

一组基本图形——顶点在原点、以 y 轴为对称轴的抛物线（　）；过原点的抛物线（　）；顶点在 y 轴上、以 y 轴为对称轴的抛物线（　）。

二个平移方向——抛物线左右平移（横向平移是自变量 x 的变化）；抛物线上下平移（纵向平移是变量 y 的变化）。

三种解析形式——抛物线解析式的三种形式：一般式；顶点式；交点式。

四类交点位置——抛物线与 x 轴的交点位于 y 轴一侧的（对应的方程有两个相同符号的根）；抛物线与 x 轴的交点位于 y 轴两侧的（对应的方程有两个相异符号的根）；抛物线交于原点的（对应的方程有一个零根）；抛物线与 x 轴没有交点的（对应的方程没有实数根）。

五个基本性质——抛物线的开口方向、对称轴、顶点坐标、增减性、最值。

说明：关于四类交点位置，一般初中教学都不涉及，到了高中再去补充。这里体现知识的综合运用，通过画函数的图像理解其对称性，联系已经学过的二次三项式、一元二次方程的知识，解决二次函数的综合问题；通过本节课的复习，所体现数学的方法是：配方法、描点法、数形结合法、坐标法。

（第二课时）进行初高中二次函数衔接学习，关键是让学生掌握抛物线平移的规律，以及它与 x 轴各种交点所对应的解析式系数的条件，也就是掌握一元二次方程 $ax^2 + bx + c = 0$ 根的分布情况。高一开始，需要给同学补充如下内容：

①韦达定理及其应用；（略）

②一元二次方程 $ax^2 + bx + c = 0$ 的根与系数所满足的条件：

根的情况	$\triangle = b^2 - 4ac$	$x_1 + x_2 = -\dfrac{b}{a}$	$x_1 \cdot x_2 = \dfrac{c}{a}$	结论
两个正根	$\triangle \geq 0$	$-\dfrac{b}{a} > 0$	$\dfrac{c}{a} > 0$	a、b 异号，a、c 同号
两个负根	$\triangle \geq 0$	$-\dfrac{b}{a} < 0$	$\dfrac{c}{a} > 0$	a、b、c 同号
一正根一负根	$\triangle > 0$	/	$\dfrac{c}{a} < 0$	a、c 异号
互为相反数	$\triangle > 0$	$-\dfrac{b}{a} = 0$	$\dfrac{c}{a} < 0$	a、c 异号，$b = 0$
有零根	$\triangle \geq 0$	/	$\dfrac{c}{a} = 0$	$c = 0$
有有理根	$\triangle \geq 0$	/	/	$\triangle$ 是完全平方数

（第三课时）③二次函数图像单调性的讨论、综合问题讨论（略）。

高中学习二次函数与初中学习的区别就在于函数的定义域发生了变化，从所有实数变为某个区间、或者是某个运动变化的区域，由静止的变为运动变化的。主要问题集中在讨论函数在某区间上的单调性、奇偶性、极值等。作为基础内容，二次函数不仅是高中数学研究一般函数性质的基本模型，也为解析几何研究抛物线做准备，进一步为高等数学研究二次曲线提供借鉴。

3.2 抽象性

抽象是数学发展的基本方法与内容。苏联数学家亚历山大洛夫曾经说过："抽象性在简单的计算中就已经表现出来，我们运用抽象的数字，却并不打算每次都把它们同具体的对象联系起来，我们在学校学的是抽象的乘法表即数字的乘法表，而不是男孩的数目乘上苹果的数目，或者苹果的数目乘上苹果的价钱等。同样，在几何中，我们通常研究的是直线或曲线，而不是日常使用的直绳或曲绳。并且在几何线的概念中舍弃了所有性质，只留下其空间形式和大小的结果。"这就是说，一切数学模式都是抽象思维的产物，并且是对具体事物的量性反映。

高中数学的内容多，抽象性、理论性强，不少同学进入高中（特别是高一年级）之后很不适应，代数里首先遇到的是理论性很强的函数，高二再加上立体几何、空间概念、空间想象能力，即使一些初中数学学得还不错的同学也可能因为不能很快地适应而感到困难。

数学抽象具体表现为：①数学概念是抽象的，而且数学方法也是抽象的，并且大量使用抽象的符号；②数学的抽象是逐级抽象的，下一次的抽象是以前一次的抽象材料为其具体背景；③高度的抽象必然有高度的概括；④数学抽象能力包括：发现在普遍现象中存在着差异的能力，在各类现象间建立联系的能力，分离出问题的核心和实质的能力，由特殊到一般的能力，从非本质的细节中使自己摆脱出来的能力，把本质的与非本质的东西区分开来的能力，善于把具体问题抽象为数学模型的能力等方面。

案例2：关于函数概念的学习

高中数学函数概念的学习是解决函数问题的关键，但概念本身的抽象性又往往导致对其难以理解，以至于出现如下类似事件：

这是在某重点大学执教的一位教师的亲身体验，他明白函数是数学中最为重要的基本概念之一，因此，作为大学微积分学课程的开端，首先对学生掌握函数概念的情况进行了解。

师：函数的概念是什么呢？

生：……

说明：结果发现，虽然当时的教学对象是文科学生，但大部分人都能正确地表述出函数概念的"三个要素"，即自变量、因变量和对应关系。

师：请大家联系生活实际举出函数的实例。

说明：原以为学生在高中已经接触到了各种各样的函数，教材中也已给出了函数的若干实例，而且在物理和化学等课程的教学过程中，学生也常常会遇到各种各样的函数，如弹簧的长度与拉力的关系、炮弹的射程与发射角的关系等，现在又背得出函数概念，举出实例这一任务应当不会有任何问题。然而，出乎意料的是，学生却普遍表现出了一定的困难。沉默几分钟后，一位学生举出了这样的例子：

生1：一个人的年龄与他所消耗的食品以及与他所消耗的衣物之间的关系。

师：这能否被看成函数的实例？

教师组织学生对此进行了简短讨论。

……

师：一个人所消耗的食品或衣物与他的年龄之间并不存在必然的联系。这就是说，当他20岁时，他所消耗的食品可能是 x 吨，也完全可能是 $(x+1)$ 吨或 $(x-1)$ 吨。这种'不确定性'是与函数定义中所说的'确定的对应关系'相矛盾的！

然而，当教师说完这段话后，大部分同学却陷入了思想混乱，课后就有不少同学反映："对于函数概念我们原来是懂的，现在反而不懂了！"

实际上，这些学生所说的"原来是懂的"，其实并不是真懂。

这些都是已经进入重点大学的学子，对于函数概念的理解尚且如此浅薄，说明高中函数概念的学习存在一定的问题。建议：

从认知的角度来讲，函数概念的认识需要一个较长的过程，现在各地不同的教材有不同的处理方式。不管初中是否已经正式地建立了"变量说"的概念，我认为到高中还需要进一步强化。重点应该放在对"对应关系"的理解上。"函数"这个词，同学们都不陌生，它的含义是："从非空数集到非空数集上的映射"，那么，这样的映射为什么叫做"函数"呢？在我们的汉语词汇中，"函"具有"送达"、"输送"的意思，如"函件"、"函达"中的"函"都有这层意思，并且这种"送"的方式是特定的，被送对象、送达对象都是确定的、专一的，不能有任何的变更。函数的对应法则，就是指"送数"的方式，它决定了函数的对应法则将作用对象以何种方式"送"出去，送出去后又成什么结果（表达式）。对于函数 $y=f(x)$ $(x\in\mathbb{R})$，对应法则，"f"只是个代号，重要的是要弄清对应法则的实质，如函数 $f(x)=2x^2-x-3$ 的对应法则的含义是指"对象的平方的两倍减去对象的差，再减去3的差"，明确了"自变量"x 与"因变量" $2x^2-x-3$ 的对应关系。因此，应该在高一、高二两个年级分别对函数概念进行认识，高一以"变量说"为主，高二以"映射说"为主。

从概念的运用与体验的角度来讲，我们不仅要在学习函数内容时，强调函数概念，而且在学习数列、三角函数、排列组合等内容时，也应该渗透对函数概念的理解，甚至在学习二次曲线时，都有必要辨别方程的各种变形，哪种是函数，哪种不是函数。

数学抽象能力的培养需要注意：

（1）教学中要尽量体现从具体的材料中抽象出反映数与形关系的过程，做好抽象概括的示范工作，要特别注意重视"分析"和"综合"的教学。

（2）在解题教学中，要注意去发掘隐藏在各种特殊细节后面的普遍性，找出其内在本质，善于抓住主要的、基本的和一般的东西，即教会学生善于运用直觉抽象和抽象概括的方法。

3.3 时代性

随着基础教育课程改革的推进，高中数学教学内容的选择以删繁就简、推陈出新为指导思想，本着基础性、选择性、适切性的原则，删除了一些陈旧的数学知识，增加了概率、行列式、矩阵、微积分知识的学习。进入高中，学习本身已经不再是义务教育，需要经过选拔，培养的对象应该是面向高等教育、面向社会从事技术性工作的劳动者。所以，内容选择、教学方式、考试评价等都应该带有较强的时代性，反映现实生活的需求。

3.4 选择性

新的高中课程方案与建国以来的其他课程方案（教学计划或课程计划）相比，一个最突出的特点就是选择性。让学生在课程的选择中学会选择，有助于今后选择专业、选择朋友、选择人生之路。这也是这次高中课程改革的灵魂之一。在课程设计方面，新高中方案的选择性是通过向学生提供多样化的课程来实现的，而多样化课程实现的重要途径之一是设置模块化课程。

全国高中数学课程标准设置了5个必修模块、5个选修模块及16个专题（合8个模块），如果再加上学校自主开设的课程模块，数量将会更多，这就使学生的课程学习不再是按照既定顺序进行线性的、规定模式的学习，而是可以根据自己的兴趣及对未来的规划进行选择的学习，同时，也在可能的情况下，使学生扩展视野，学习最先进的思想和内容。其中必修课程包含5个模块，而选修模块则分为系列1、系列2、系列3、系列4。在模块的开设逻辑顺序上，必修课程是选修课程系列1、系列2课程的基础。选修课程中系列3、系列4基本上不依赖其他系列的课程，可以与其他系列课程同时开设，这些专题的开设可以不考虑先后顺序。在必修课程中，数学1是数学2、数学3、数学4、数学5的基础。而数学探究、数学建模、数学文化等内容要以不同的形式渗透在各模块和专题内容之中。

第二节　学生如何学习数学

目前，数学学习所要解决的根本问题，是探索在学校教育的条件下，学生如何正确地获得数学知识、技能和能力。本书我们要探讨的是教师如何根据高中学生的认知特点，指导学生掌握数学学习规律和学会自我获取知识。

1. 初步认识数学学习的规律

现代心理学界定义的学习是一个广泛的概念，它是有机体在外界条件刺激下凭借经验的获得而产生的比较持久的行为变化，这种行为包括语言、动作、情绪等外在的表象以及感觉、记忆、想象、思维、迁移、情感等内部心理活动。现代教育心理学认为，学习是在一定的环境中，有目标、有计划、有组织、有步骤、有内容地获得前人的经验、现代的知识，以形成技能、获得方法、培养能力、发展情感与个性的过程。

数学学习是一个系统，属于数学教育系统的子系统。数学学习实质上是学习者的生理与心理系统对数学科学知识系统（部分）的融合过程。学习者（主体）在教师指导下，以获得数学知识和灵活运用数学知识、培养独立思维能力为目的，以自己的兴趣、情感、意志与此目的的联系为桥梁，以此产生的学习动机激活学习者大脑各项认知功能，继之以运作并持久地保存，使数学知识为学习者所接受、所获得、所迁移。这样的学习生理－心理过程称为数学学习心理活动，也构成数学学习的心理系统。

学习的分类在心理学中依据不同的角度，有着不同的方式。加涅（R. M. Gagné，1916－）按学习的复杂程度，由简到繁，由低到高，把学习分成八类，顺次排成一个层级。低级学习向高级学习发展，高级学习要以低级学习为基础。这八类学习是：信号学习、刺激－反应学习、连锁学习、言语联结学习、辨别学习、概念学习、规则学习、解决问题学习。奥苏贝尔（David. P. Ausubel. 1918－）对教育心理学研究最重要的贡献之一，是他对意义学习（meaningful learning）的描述。在他看来，学生的学习如果要有价值的话，应该尽可能的有意义。为此，他仔细区分了接受学习与发现学习、机械学习与意义学习之间的关系。从认知过程的意义来说，符号学习是机械学习，概念学习、命题学习、原理学习是意义学习。

一般来说，数学学习中根据学习的深度把学习划分为机械学习与意义学习；根据学习的方式，把学习分为接受学习与发现学习。

美籍匈牙利数学教育家 G·波利亚（George Polya，1888－1995）指出学习（数学）的三原则：（1）注重学习过程（即将知识的发生发展过程、学生的认知过程与教学过程有机地融合）；（2）强调"猜测"、"发现"在数学学习中的重要性；（3）学习者要了解学习的方法和途径。

通过下面的案例，从高中数学认知过程来看如何揭示数学的本质。

案例 3：抛物线弦的一个性质研究（课堂教学节选）

说明：这是上海市重点中学一节高二数学复习课。教师通过对一个性质的探究，反映教材问题的发生、发展等演变过程，从中看到数学问题解决的过程性。

首先探究 2006 年上海高考理科卷第 20 题的设计过程：

在平面直角坐标系 xOy 中，设直线 l 与抛物线 $y^2 = 2x$ 相交于 A、B 两点，

1）求证："如果直线 l 过定点 T（3，0），那么"$OA \cdot OB = 3$"是真命题。

2）写出 1）中命题的逆命题，判断它是真命题还是假命题，并说明理由。

问题的研究过程：

教材问题原型：直线 l：$y = x - 2$ 与抛物线 C：$y^2 = 2x$ 相交于 A、B 两点，求 $OA \cdot OB$ 的值。（课本练习 P_{68}）

问题的拓展：设直线 l 与抛物线 $y^2 = 2x$ 相交于 A、B 两点，若直线 l 过定点（2，0）则 $OA \cdot OB = 0$ 为定值。

问题的研究：（1）直观演示：展示动画课件，引导学生观察；（2）理性论证：教师启发学生进行证明。

说明：这里渗透"大胆猜测，小心求证"的思想。

问题的再推广：教师分析问题的几个核心因素，启发、引导学生进行自主探究，让学生提出问题。

生1：设直线 l 与给定抛物线 $y^2 = 2px$（$p > 0$）相交于 A、B 两点，若直线 l 过定点 T（2，0），则 $OA \cdot OB$ 为定值。

生2：设直线 l 与给定抛物线 $y^2 = 2px$（$p > 0$）相交于 A、B 两点，若直线 l 过定点 T（t，0），则 $OA \cdot OB$ 是否为定值。

……

教师与学生共同归纳，命题：设直线 l 与给定抛物线 $y^2 = 2px$（$p > 0$）相交于 A、B 两点，若直线 l 过定点 T（t，0），$OA \cdot OB = t^2 - 2pt$ 为定值。

教师总结：解析几何中运用代数方程研究直线与圆锥曲线位置问题是最基本的方法，也是通法；推广问题使其一般化，研究问题变形（适当变换问题条件与结论）都有助于揭示本质、寻找规律；真正学好、用好课本，做好解题后的反思则事半功倍。

说明：数学的过程性学习，若能真正地将知识发生发展过程、学生的思维过程、教学过程有机统一为一个整体，那一定能体现数学的意义学习！

2. 高中学生数学认知的心理特征

数学学习是一个特殊的认知过程，不同年龄的人具有不同的心理特征，也具有不同的思维特征。高中学生由于生活实践的内容逐渐丰富，社会交往内容日渐增加，学习内容日益复杂、系统与完整，因而，他们的社会化程度已接近成人水平，心理过程的水平得以迅速地提高和完善。

以下分析几个主要的特点。

（1）认识水平特点

记忆已经具备了有意记忆能力。据研究，在相同时间内，高中一、二年级的学生，在记忆内容的数量上，比初中一、二年级的学生要高一倍多，比小学一、二年级的学生要多四倍。注意的品质得到了较好的发展，对事物的感知和观测有了较大的提高；数学学习思维品质的提升，决定了他们已经具备了一定的分析问题、解决问题的能力。

（2）情绪与意志过程的特点

因为接近成人，随阅历的增多、交往范围的扩大，情绪的内容也更加丰富多彩。青年初期的中学生喜欢唱歌、跳舞、诗词、书法、绘画及体育活动等，借此表达自己喜、怒、哀、乐、好、恶、欲等不同的情绪、情感。他们常常对所爱的表现热烈，对所憎的深恶痛绝，取得成就则欢欣鼓舞，遇到不平则愤而慨之。他们的情绪尚不够稳定，情绪的两极性比少年时期更为突出，即容易出现高强度的兴奋、激动，或是极端的愤怒、悲观、绝望，而且常常稍遇刺激，即刻爆发，出现偏激情绪和极端的行为方式，冲动性强，理智性差。同时，高中学生的社会义务感、责任感、友谊感、敬爱感、集体荣誉感等已得到较稳定的发展。对知识及对美的追求要比少年更主动更自觉。在思想认识提高的前提下，他们的情感逐渐深化趋向稳定。

在意志品质方面，首先，自觉性有所增强。相对于初中学生，他们对学习动机、行动目的及后果的认识更加主动自觉，开始认真地考虑未来的职业与生活目标，自觉地约束自己的言行，开始树立人生价值观念。其次，思维与意志行动具有了一定的独立性。他们已能独立地完成各种任务。当然，独立性与依赖性有时并存，特别是因为独生子女的缘故，独立性比过去有所下降。第三，因为孤独、自我意识过强，他们的意志品质不稳定、还不完全成熟。表现为在不利环境作用下，可能出现一些易激动、不冷静、冲动的行为；容易受外界事物和他人暗示的干扰；在挫折和失败面前还易产生动摇、畏难和悲观情绪；对积极意志品质（如勇敢、有主见）与消极意志品质（如鲁莽、固执）的界限认识模糊。

这些特点使得高中学生在学习数学时，理解能力、意志力、自我意识增强，由动机支配的学习活动增多，这些都是好的方面，但由于处于青春早期，情绪、意志都不够稳定，有时表现得过度自信，有时表现得过度自卑。学习没有取得好的成绩时，对已经形成的学习经验、学习能力产生怀疑，因此上述变化也是一些不利因素。

（3）个性心理特点

随着自我意识的不断增强，高中学生的自信心与参与性逐步增大，他们勇于自我表现，如竞选学生干部、社团负责人，设计活动方案、艺术节会标，同老师、校领导坦诚对话，勇敢地叩开领导办公室的大门进行采访，去工厂、农村、市场、机关作调查，用稚嫩的笔参与各种社会热潮的讨论，等等。这种自信心与参与性是这代中学生相当可贵的个性品质。还有，以前的中学生更多地考虑的是如何继承前辈的思想、精神，而当代中学生更多地希望超越前辈，他们比任何一代中学生都更有超越前辈的志向。毫无疑问，当代中学生的超越精神不仅是个人的进步，更是社会进步所迫切需要的，从长远发展的观点来看，还是中国改革开放事业得以继续的关键，应该说这是可喜的。然而，他们自控能力、基础本领方面的缺陷表现明显，以自我为中心、自私自利较严重，有时甚至会显得比任何一代中学生更为突出，这是令人担忧的。

另外，高中学生的性格逐渐定型，一般来说，男生大多性格开朗、勇敢坚强、粗放、好动、好问、不拘小节，但存在粗枝大叶、逞强、好胜的弱点。女生大多表现文静、感情细腻、为人随和、守纪、富有责任感和同情心，但她们也存在着情感脆弱、优柔寡断、怯懦、任性等缺点。

3. 高中数学学习方法简介

历史上许多优秀的教育家、科学家都有一套适合自己特点的学习方法。比如，我国古代数学家祖冲之的学习方法概括起来是四个字：搜炼古今。搜就是搜索，博采前人的成就，广泛地研究；炼是提炼，把各种主张拿来比较研究，再进行自己的消化和提炼。著名的物理学家爱因斯坦的学习经验是：依靠自学，注意自主，穷根究底，大胆想象，力求理解，重视实验，弄通数学，研究哲学八个方面。如果我们能将这些教育家、科学家的更多的学习经验挖掘整理出来，将是一笔非常宝贵的财富。这也是学习方法研究中的一个重要方面。

（1）华罗庚学习数学方法简介

华罗庚（1910 – 1985）先生是数学学习的成功者，他是当代自学成才的科学巨匠，是蜚声中外的数学家。他是中国解析数论、典型群、矩阵几何学、自守函数论与多复变函数论等多方面研究的创始人与开拓者。其学习体验使其成为一个成功的数学学习个体的原型。其成功的关键是他找到了一套适合自己的、科学的数学学习方法，加之持之以恒。华罗庚先生将自己体验的数学学习过程，概述为我们称之为数学学习过程的"厚薄说"：就是要经过'由薄到厚'、'由厚到薄'的过程。

"懂"，是华先生陈述学习体验时频繁使用的词汇，字面上指的是明白、知道的意思。在华先生这里，学习者"真懂"某一数学知识单元，指的是对于此知识的接受、记忆，在此基础上进一步消化（加工），提炼出最本质的内容，构建知识的框架，以形成"薄"的记忆形态并获得潜在的可利用性。华先生还认为，"懂"具有层次性，并提出"懂的初始形式"——知识学习中，记忆、接受的原始形式是"厚的"，记忆量大，他说："每一章每一节、每一字每一句都懂了，觉得知识越来越多。"相对于此自然地存在着"懂的最后形式"这一概念，是建立在一个'由厚到薄'的过程，是建立在初始形式平台之上的"薄的"形式，记忆量小，有时显示得又直觉又简单。"懂"的层次性还表现在华先生如下一段话："在学习书本上的每一个问题，每一章节的时候，首先应该不只看到书面上，而且还要看到书背后的东西。"结合华先生的其他描述，有理由认为懂的初始形式接近于"书面上"的形式，懂的最后形式是学习者对知识单元消化、加工后形成的"书背后"的形式。

案例4：解三角形学习中的"厚薄说"

说明：正弦定理、余弦定理的学习是建立在对三角形定性（全等与相似）研究、三角函数概念基础上的。由三角形全等、相似到锐角三角比；从对一般函数的研究到三角函数的认识，再到建立正、余弦定理，分清楚各种条件下解三角形的情况，这是一个"由薄到厚"的积累；下面定理的引入、定理的拓展、定理的运用，应该是"由厚到薄"的尝试。

（一）由正弦定理导入新知

问题一：在直角三角形中，运用三角形内角和定理、勾股定理、锐角三角比，可以由已知边和角求出未知的边和角，那么斜三角形具有怎样的边角关系呢？

让我们回顾一下直角三角形中成立的边角关系：

在直角三角形中，

$$\sin A = \frac{a}{c},\ \sin B = \frac{b}{c},\ \sin C = 1 = \frac{c}{c},$$

即 $c = \frac{a}{\sin A}$，$c = \frac{b}{\sin B}$，$c = \frac{c}{\sin C}$，所以 $\frac{a}{\sin A} = \frac{b}{\sin B} = \frac{c}{\sin C}$

……

说明：由直角三角形的知识及其锐角三角比定义引入定理，使

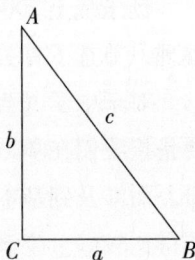

学生对新知识的学习找到了"根"，当然，这也符合建构主义的理论。

结论的讨论：

正弦定理中的比值等于什么？（这是课本没有的内容。）

例1　设 R 是三角形 ABC 外接圆的半径，求证：$\dfrac{a}{\sin A} = \dfrac{b}{\sin B} = \dfrac{c}{\sin C} = 2R$。

证明：如图，作 $\triangle ABC$ 外接圆 O，作 $\odot O$ 的直径 CD，连结 BD，

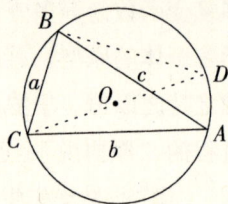

则 $\angle A = \angle D$，

所以 $\dfrac{a}{\sin A} = \dfrac{a}{\sin D} = CD = 2R.$

同理 $\dfrac{b}{\sin B} = 2R$，$\dfrac{C}{\sin C} = 2R.$

所以 $\dfrac{a}{\sin A} = \dfrac{b}{\sin B} = \dfrac{c}{\sin C} = 2R$（$R$ 为 $\triangle ABC$ 外接圆半径）.

……

定理的运用：

例2　$\triangle ABC$ 中，$c = \sqrt{6}$，$A = 45^\circ$，$a = 2$，求 b 和 B，C。

解：（略）

请同学们思考三个问题：

1. 为什么会出现两个解？

2. 能否画出符合上述条件的图形？

3. 当 $a = 1$ 时 C 有几个解？当 $a = 2$ 时 C 有几个解？当 $a = 3$ 时 C 有几个解？

说明：在学生进行讨论时，教师可启发学生联想一个确定的三角形的解是什么。什么情况下，三角形不确定。可判定三角形全等的几个定理对应的条件下，三角形一定确定。通过此举，让学生明白三角形的解原来和三角形全等判定也是有关系的。

知识之间的联系建立起来了，知识的结构就确立了，那么数学的本质也就明确了。应该说把握数学本质的过程，是学习数学"由厚到薄"的重要过程。

（2）杨乐谈数学学习

杨乐院士2004年8月在纪念中国数学会成立70周年座谈会上的发言，经过笔者整理，节选了有关中学数学学习的内容：

对于中学（当然也包括小学）数学的学习中，动脑与动手要并重。动脑的意思主要是指我们在学习（包括教材、教学、课程）中，要多思考，多问几个为什么，多钻研。而涉及到基本观念的，要用一定的内容和篇幅来把它交待得很清楚，要把观念掌握得比较好。应该说，中学里这些东西比较少（当然还是有一些的）。要对基本概念、重要定理这些内容通过思考掌握得很好。另外一个方面也不能忽略，就是也要重视动

手训练，因为数学和其他课程不一样，只有通过自己动手练习的过程，才可能会发现还有某些地方实际上没有掌握得很好。通过动手训练，才能对这些方面有比较好的掌握。当然，我并不主张题海战术，我不主张一节课后做很多的题，我觉得一节课做五、六题，或者七、八题，也就差不多了。在这些题中，主要的部分（如百分之六、七十）应该是基本训练的题，最好也能够有一点带思考性质的题，但并不是要盲目地追求难题、偏题。总之，学好数学的关键，就是很简短的三句话：一是在理解的基础上多实践，二是在理解的基础上多积累，三是循序渐进。

高中数学的学习方法，因人而异，每个人都应该认真思考、总结一套适合自己的学习方法。一般来说，需要从以下几方面引起注意：

（一）课前进行预习，掌握听课主动权

高中学生已经具有较强的独立性，所以，必须主动地规划自己的学习。数学学科前后知识具有很强的连贯性，后续知识都是建立在已有知识基础上的。因此，每次上课之前，都应该积极地了解新学知识涉及哪些旧知识，自己理解、掌握知识的主要困难是什么，确定上课需要重点解决的问题。具体做法是：一方面要通读教材中的相关内容，看看哪些是懂得的，是已经学过的知识；哪些是不懂的，是要通过老师讲解才能理解的新知识。把不懂的部分标注出来，进行初步思考，把需要解决的问题提出来。另一方面还要初读教材后边的习题，把不会做的题做上记号，一起带到课堂去解决。这样做，就会增强听课的目的性，掌握听课的主动权，提高听课的效果。长期坚持预习，还能培养良好的读书的习惯，形成自学的能力。

（二）课堂专心听讲，做好听课笔记

上课要提前做好准备。正式上课铃声未响，老师尚未走进教室之前，就该把有关的课本（包括笔记本、预习本、练习本）和文具事先摆放在桌面上，等待正常的教学。老师开始讲课后，首先应该翻阅预习笔记，明确需要解决的问题，专心听讲。听课中，应该围绕老师讲课要点，积极思考，踊跃回答老师提出的问题。记住，回答一次问题，就多一次学习的机会。听课笔记需要记录：预习未解决的问题，老师对于问题解决的思路，老师对于数学知识最本质、最核心的关键点，其他同学回答问题、交流对自己的启发。

（三）课后及时复习，所学内容及时内化

课后不要马上做作业，首先好好复习。一般方法是：再次阅读教材，理解和记忆基本的定义、定理、公式、法则（这些就是必须掌握的知识点）。同时，阅读事先准备的学习辅导材料，从另一个角度理解所学内容。通过再现课堂老师已讲的例题解法（这些例题通常对完成作业有较强的启发和示范作用），帮助解决作业要求，每次做一点模仿，总结一些规律。

当天及时复习，能够减少知识遗忘，易于巩固记忆。经常复习能使知识系统化，不断加深对知识的理解，掌握知识之间的相互联系。只有系统化了的知识，才有利于运用，实现从知识到技能的过渡，掌握更新的知识。复习是一个系统，既要及时复习当天功课，又要及时进行阶段复习。

（四）认真完成作业，及时总结与联想，形成技能技巧

作业是练习运用知识的主要手段。讲究三个原则：（1）先复习后作业；（2）独立完成作业，不相互抄袭；（3）书写必须字迹工整、格式规范。解决数学问题要善于总结，获取解决问题的一般思路，知道怎样解是技能表现，想到这样解才是能力水平。

要认真读题和抄题。认真抄题，一可磨练意志，二可推敲题意。要先审题后解答。做完作业要检查，减少不必要的失误和失分。还要积极地联想：解决问题用到了哪些知识？哪些方法？与此问题相关的有什么问题？此问题是否还能提出新的问题？这种良好习惯一旦养成，日积月累，势必会收到事半功倍的效果。

（五）及时进行小结，把所学知识条理化、结构化

学完一个课题或是一个章节，就要及时进行小结。小结是把每一课题、每一章节的有关知识进行梳理，通过比较异同和寻找相互联系，提炼出实质性的东西，形成知识的结构。例如定义、定理、公式、法则等，把它们用简明的文字概括起来或是用图表示出来，使之条理化、系统化。这种条理化、系统化的过程，实际上就是一个积累的过程，它既能加深对知识的理解，又能促进对知识的积累和记忆。每一课题、每一阶段末了更要进行系统总结。总结时，除了总结归纳所学知识之外，还可记下那些在有关知识启示之下所萌生的联想、猜想和发现，以便进一步思考和研究。还可总结学习方法上的心得、体会、经验、教训。特别是半期、学期考试之后，更要结合各科成绩进行一次学习方法总结，并在此基础上制定下一阶段的学习计划。

（六）不断地进行反思，学会正确地评价

数学以其本身具有的特点，培养人们良好的思维品质。严谨性、灵活性、深刻性、广泛性、独创性、批判性是我们比较认可的六个方面。这里的批判性尤为重要。日常学习中，不断地质疑自身，反省各种行为，以获得及时矫正，人会变得越来越聪明；不断地质疑已有的结论，敢于质疑权威，人的创造性将获得极大的可能。

培养正确的评价能力，主要表现在对于学习的自我评价上。第一，要有自我否定的勇气；第二，要培养一种自行质疑的意识；第三，逐步建立（积累）自我评价的方法；第四，建立出错的记录，以备经常告诫之用。

以上六个环节是相互联系、相互影响的。每一环节的落实程度如何，都直接关系到下一环节的进展和效果。

第三节　让学生学习怎样的数学

与前一节我们重点讨论的高中学生如何学习数学相比，似乎本节的内容意义不大。或许有人认为数学课程标准明确地规定了教学原则、教学内容、教学方法等，学生学

习怎样的数学知识不是很清楚了吗？其实不然。让学生学习怎样的数学所说的不仅仅是内容，更重要的是内容背后的技能、思维方式、解决问题的能力等。我们这里主要介绍后者。

一、高中阶段数学教学的总体要求

课程标准提出的教学目的是：

高中数学教学应该在九年义务教育数学课程的基础上进一步做到：使学生学好从事社会主义现代化建设和进一步学习所必需的代数、几何、概率统计、微积分的基础知识、基本技能，以及其中的数学思想方法。

在数学教学过程中注重培养学生数学地提出问题、分析问题和解决问题的能力，发展学生的创新意识和应用意识，提高学生数学探究能力、数学建模能力和数学交流能力，进一步发展学生的数学实践能力。

努力培养学生数学思维能力，包括：空间想象能力、直觉猜想、归纳抽象、符号表示、运算求解、演绎证明、体系构建等诸多方面，能够对客观事物中的数量关系和数学模式作出思考和判断。

激发学生学习数学的兴趣，使学生树立学好数学的信心，形成实事求是的科学态度和锲而不舍的钻研精神，认识数学的科学价值和人文价值，从而进一步树立辩证唯物主义世界观。

课程标准从教学内容上，强调高中数学教育的基础性、时代性和选择性（初中是普及性、基础性和发展性），它包含下列基本观点：

（1）构建共同的基础，提供发展平台；

（2）提供多样课程，适应个性选择；

（3）倡导积极主动、勇于探索的学习方式；

（4）注重提高学生的数学思维能力；

（5）发展学生的数学应用意识；

（6）与时俱进地认识"双基"；

（7）强调本质，注意适度形式化；

（8）体现数学的文化价值；

（9）注重信息技术与数学课程的整合；

（10）建立合理、科学的评价体系。

从价值取向上，突出了数学教育对人的思维能力的培养，注重数学的文化教育以及应用的工具性功能。

从总体要求上，可以看出，高中数学的学习在注重基础性的同时，进一步加大了以多样的课程内容保证学习的选择性。比初中数学教育更加接近成人化，让高中学生初步掌握进入社会工作所必须的数学基础知识和基本技能，深刻领会学习高等数学或其他学科知识所必须的准备知识，更加突出对数学本质的理解，更加体现数学的文化价值以及对培养人的思维能力的要求。

二、让学生学习有意义的数学

数学学习的意义一方面是掌握知识，形成自己的知识结构，并运用知识解决问题；另一方面，是在知识学习过程中，培养良好的思想方法、思维品质、科学态度，养成正确的思维习惯。高中学生已经历了十余年的数学学习，他们接近成人，学习有意义的数学就意味着人人都学习必要的、适合于自己的数学，人人又能学习不同的、有助于成长的数学。

（一）教学有意义的数学应该遵循的原则：

1. "数学化" 原则

荷兰数学教育家弗赖登塔尔（Hans Freudenthl，1905－1990）认为：人们运用数学的方法观测现实世界，分析研究各种具体现象，并加以整理组织，这个过程就是数学化。我们必须充分地认识数学的产生和发展本身就是数学化的过程。古人用算符、石块计数逐步形成了数的概念，测量、绘画形成图形的概念，这种概念化就是数学化。数学的研究是将具体的对象抽象为一般的符号，通过运算、推理、演绎获得结论，这种形式化也是数学化。可以这样说，整个数学体系的形成就是数学化的结果。

数学教育应该尊重数学的规律，反映数学学科本来的面貌。弗赖登塔尔指出：与其说是学习数学，还不如说是学习"数学化"；与其说是学习公理系统，还不如说是学习"公理化"；与其说是学习形式系统，还不如说是学习"形式化"。

首先，数学教学中应该防止"去数学化"。

关于"去数学化"问题，我国著名的数学教育专家、华东师范大学张奠宙教授在《当心"去数学化"》一文中这样写到："数学教育自然是以'数学'内容为核心，可惜的是，这样的常识，近来似乎不再正确了。君不见，评价一堂课的优劣，只问教师是否创设了现实情景，学生是否自主探究，气氛是否活跃，是否分小组活动，用了多媒体没有，至于数学内容，反倒可有可无起来。'去数学化'倾向会危及数学教育的生命。"

其次，数学教学提倡反思，要注重反思学习的有效性、解决问题的方法论、发生错误的根源性等。反思是数学化过程的重要活动，是学习活动的核心和动力，只有学会了反思，才能对自己的行为进行思考与证实，作出正确的判断并加以调节。

第三，数学教学应该注意"模式化"的运用，我们需要借助数学方法来为各种错综复杂的实际问题（或数学问题）构建相应的数学模型，为学生构建解决问题的"工具库"。人们对新问题的思考与获得思路，往往建立在如何进行转化上，将未知的问题转化为已知，将复杂问题转化为简单，然而这种转化需要"依托物"，需要有"固着点"，数学模型就是解决问题联想、类比、迁移的"依托物"，亦可视为工具。

实际上，数学教学设计的核心是"利用'数学的本质'，使学生高效率、高质量地领会和体验数学的价值和魅力"。让学生学会利用数学思想和方法解决问题。

2."过程性"原则

在新的教学改革的背景下，许多教师逐步认识到数学教学的本质应是数学思维活动过程的教学。在这一"活动过程"的教学中，应显现出数学概念的形成过程、规律的探索过程、结论的推导过程及方法的思考过程等。要让学生在原有知识和经验的基础上，在主动参与中，通过操作和实践，由外部活动逐渐内化，完成知识的发生、发展和获取过程，使学生既长知识，又长智慧。

案例5：弧度制概念的"过程性"教学片断

教师引出问题：角的大小如何度量？

学生回答说用量角器，可量出几度几分几秒。

师：是如何定义的呢？

生：将一个圆360等分，每份所对的圆心角为1度。

师：角度制是将一个圆360等分，每一份所对的圆心角为1度，这是规定的。这样的规定不尽合理。为什么是360等分、而不是100等分呢？又有：角度制在度上是十进制计量的，而在分和秒上却是六十进制计量的，这本身是不科学的，因此要改制。那么如何改制呢？

师：对于一个圆中已有的圆心角，不用量角器，如何测量角的大小呢？

学生迷茫，不知所措。

教师在已有圆上画三个同心圆，对于已有的圆心角，在每个圆上标记好半径 r_1，r_2，r_3，圆心角 α 相对的圆弧标记为 $\overset{\frown}{A_1B_1}$，$\overset{\frown}{A_2B_2}$，$\overset{\frown}{A_3B_3}$。

师：在三个同心圆中，对角 α 来说，$\dfrac{\overset{\frown}{A_1B_1}}{r_1}$，$\dfrac{\overset{\frown}{A_2B_2}}{r_2}$，$\dfrac{\overset{\frown}{A_3B_3}}{r_3}$ 三个比值有什么关系？

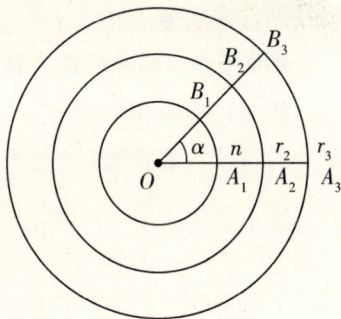

生：相等。

师：当角的大小变化时，三个比值关系会变化吗？

生：仍然相等，关系不变。

师：那么我们是否能用圆心角所对的圆弧长与圆半径的比值来度量角的大小呢？

学生一片应和声："可以"。

师：对，这就是弧度制。弧度制将弧长等于半径所对的圆心角定义为1弧度，那么当弧长是半径的1.5倍时，圆心角就是1.5弧度；当弧长是半径的 $\sqrt{2}$ 倍时，圆心角就是 $\sqrt{2}$ 弧度。这样一来，角的大小就可以用一个实数来表示。

说明：对于角的度量，教师将原有角度制作为起点，让学生在认知结构中找出不合理性，引起认知冲突，产生求知欲望，此时，教师展示弧度制的产生与合理性，进而引领学生一起建立了"弧度制"概念。体现一种"过程性"教学。

3. "发展性"原则

课程标准明确指出：在现代社会中，数学教育是终身教育的重要方面，是公民进一步深造的基础，是终身发展的需要。如何让学生在高中学习期间获得有效的数学学习方法是摆在我们数学教师面前的艰巨任务。我们应该研究如何构建高中学生发展性的数学学习与评价，以此来探求高中学生数学学习的新方法，探索数学教育的发展性问题。

高中学生已经基本成人化，有效的数学学习强调数学知识的连贯性和系统性，强调数学基本概念、基本原理、基本数学思想方法对数学学习的统领作用。具体的做法可以为：

（1）指导学生构建完整的知识体系

单元小结归纳法——每单元学习结束时，指导学生通过构建知识框架图或绘制表格进行总结。让学生积极主动地在大脑记忆系统中构建各部分知识的联系，形成一个条理化、系统化的有机知识整体，扎实掌握数学知识要点。同时根据记忆的规律指导学生及时复习、归纳、记忆，以达到把所学知识内化成为自己大脑中的永久储存信息，像电脑一样可以随时随地调出使用。

及时反复复习法——每课后必须及时复习，掌握本节课的重点，学习课堂教学的例题解答，通过作业进一步巩固知识。

（2）将数学的典型问题模式化

上课或复习时，应积极指导学生收集经典习题，建立习题档案。对精彩解题的数学思想方法、解题技巧做特别点评，对经典问题进行积累，从数学知识的本质属性加以发掘，力求举一反三。

案例6： 由抛物线焦点弦联想到的探究性问题

问题：已知抛物线 $y^2 = 2px$，过焦点 F 的一条直线 l 交抛物线于 A (x_1, y_1)、B (x_2, y_2)，若直线 l 的倾斜角为 θ，求弦长 $|AB|$。

我们设 $\theta \in (0, \pi)$，由于 $\theta = \dfrac{\pi}{2}$ 时直线的斜率不存在，故可设直线 l 的方程为：

$x = y \cdot \cot\theta + \dfrac{p}{2}$.

可得公式：$|AB| = \sqrt{1 + \cot^2\theta} \, |y_1 - y_2| = 2p \, (1 + \cot^2\theta) = \dfrac{2p}{\sin^2\theta}$.

若将此作为数学模式，我们可以设计出许多相关的问题：

探究1：过焦点的弦长 $|AB|$ 何时最小？结论：过焦点的弦长中通径长最短。

探究2：求弦长还有其他方法吗？

探究3：从刚才的解题过程中我们能否发现了 A、B 两点的坐标关系？

探究4：以 AB 为直径的圆与抛物线的准线的位置关系？

探究5：我们可以证得△A_1FB_1为直角三角形，那么图形中还有哪些直角三角形？

探究6：如何证明点A、O、B_1三点共线？

探究7：$\dfrac{1}{|FA|}+\dfrac{1}{|FB|}$是定值吗？（2001年高考题）

说明：我们通过问题串的设计，通过对抛物线焦点弦有关问题的讨论，发现数学的规律，掌握知识本质。

（3）让学生在学习的体验中建立适合自己的学习方法

现代认知心理学认为：每一个有一定学习经历的学生都有自己的活动经验和知识积累，特别是高中学生应该已经有了一些自己的思维方式和解决问题的策略。在数学教学中，我们不能一味地让学生被动接受知识、强化储存过程，应该在知识传授的同时，适当地采取探究体验式学习方式，特别要注重在学习体验活动中建立适合学生自己的学习方法。通过同化和顺应等心理活动变化，不断地构建和完善认知结构。

数学教师必须转变与时代不相适应的教育观念，尝试从发展学生认知结构、探索适当学习方法这一目标去设计和组织数学教学。如：可设计一系列具有可操作性的、能体现数学内涵的活动，通过创设反映数学事实的恰当情境，产生与学生间的对话与多种形式的交流，发现数学本质，激活求知欲望，开启数学学习兴趣。发挥学生的积极情感在主动学习中的启动、调节和维持作用，使学生在积极参与的数学教学活动中，互相交流，认识、理解数学概念和命题，体会一定方法指导下的数学学习经历。

三、学习为了应用的数学知识

课程标准在"教学内容和目标"、"教学中需注意的几个问题"等处，对应用数学知识解决实际问题做了原则性的说明。在这里我们说，数学应用不仅包括人们常讲的用数学的结论、方法、思想去解决具体问题，还包括用数学的思想、方法、语言、观念、精神去影响思维与学习活动。

案例7：数学抽象在集合概念认识中的运用

抽象性常常被说成数学最为基本的一个特性。掌握抽象的方式与技能，可以帮助学生较好地理解与掌握数学概念与数学理论，学会一种概念建立的方法，这是数学教学的一项基本任务。实现这个目标的一个基本手段就是善于恰当地举例。这应当被看成数学教师的一个基本功。如：

集合论是现代数学的基础，集合对应思想是数学的基本思想方法，在现行的小学、中学的数学课程中，已经分步渗透了集合概念，且集合论的语言已出现在数学的各分支。为了构建和理解这个概念，创设一些数学背景是不可回避的。而集合相对于初等数学的其他概念来说，有其独特性，那就是没有产生概念的具体背景为依托。完全要靠抽象思维建立概念，有时举例不当，会造成学生认知的负迁移！

先来看一个真实的故事。

20世纪60年代，一个数学家的女儿从幼儿园放学回到了家中，父亲问她今天学到了什么？女儿高兴地回答道："我们今天学了'集合'。"数学家觉得要学习这样一个高度抽象的数学概念，女儿的年龄实在太小了，因此就关切地问道："你懂吗？"女儿肯定地回答道："懂！一点也不难。""这样抽象的概念会这样容易懂吗？"听了女儿的回答，作为数学家的父亲心存疑虑，因此就追问道："你们的老师是怎么教的？"女儿回答道："女教师首先让班上所有的男孩子站起来，然后告诉大家这就是男孩子的集合；然后，她又让所有的女孩子站起来，并说这是女孩子的集合；接下来，又是白人孩子的集合，黑人孩子的集合……最后，老师问我们：'大家是否都懂了？'我们说'懂了！'。"

显然，这个教师所采用的教学方法看起来没有什么问题，甚至可以说很形象。但父亲仍然不放心，就用以下的问题作为最后的检验："那么，我们是否可以将世界上所有的匙子或土豆组成一个集合？"迟疑了一会儿，女儿最终作出了这样的回答："不行！除非它们都能站起来！"

用现代数学学习心理学来解释，在数学概念建立过程中，"概念定义"与"概念意象"是两回事，举例一般只能建立"概念意象"，它往往不能反映数学概念的本质。幼儿园的老师过早地用集合意象替代集合定义，忽略了概念本质，给孩子造成了负面影响。

由此可见，对于集合概念的认识与学习必须注意：

（1）学生的认知发展水平是抽象认识的一个必要条件。我们不能过早地、不恰当地给学生灌输比较抽象的集合概念。

（2）在通过某些具体实例引出集合概念的同时，为了防止学生将相关实例的某些特殊性质误认为相应概念的本质属性，我们在教学中就应当采用正反两种事例比较的手法实现集合概念的抽象。

如：分析"地球上的四大洋"、方程 $x^2 + 2x - 3 = 0$ 的解集"以及"好心的人"与"1，2，1"是否构成集合？

从教学的角度看，抽象的学习第一要根据学生的认知基础；第二会用比较的手段举例，辨析哪些是符合概念本质的问题，哪些是反例。

案例8：分类讨论在生活中的运用

分类讨论是一种数学思想方法，这种方法的运用常常体现人们思维的严谨性与灵活性。运用分类讨论思想解决问题一般的操作步骤是：第一步，明确讨论对象，并确定讨论对象的范围；第二步，确定分类的标准，对讨论对象科学、合理、恰当地进行分类；第三步，对不同的分类逐一地进行讨论；第四步，对各类讨论结果进行归纳，并加以整合，最终得出整个问题的结论。

如对人的学习品质进行分类，可以借鉴心理学的"敏捷"与"踏实"（或者"聪明"与"勤奋"）划分为四类：敏捷而踏实型、敏捷而不踏实型、踏实而不敏捷型、既不踏实又不敏捷型。

管理者对单位事务的划分：紧急而重要的、紧急而不重要的、重要而不紧急的、既不紧急又不重要的。这些分清楚了，各项工作就会忙而有序了！

当然，学习作为思维能力培养的数学、作为问题解决的数学、作为语言与交流的数学也是应该探索的问题，限于篇幅或后续内容有所涉及，这里就不一一赘述了。

研修建议：

作为高中数学教师，必须对本学段、本学科具有深刻的认识，这是保证教学质量的需要，也是成熟教师的重要特征。做到这一点必须注意以下几个方面。

1. 努力提高自身的基本专业素养，夯实自身的基础专业知识。

（1）系统地学习《普通教育学》（原著：赫尔巴特（德），尚仲衣译，商务出版社），《数学教育学》（张奠宙、唐瑞芬、刘鸿坤著，江西教育出版社），《数学教育心理学》（曹才翰，章建跃著，北京师范大学出版社），《数学教学论》等一套六本（马仲林主编，广西教育出版社）等理论；

（2）参加由著名数学教师组织的研究团队，承担一定的工作任务；

（3）收集并撰写教学案例，积极参加教学科研活动。

2. 认真学习高中数学课程标准，把握要求，明确方向。

课程标准是教材编写的依据，也是教学的依据，它告诉我们教学的内容及其对教学行为的一般要求，提出了教学中应该注意的事项：反映时代性、基础性、选择性。提出了数学教学要抓数学的本质，抓数学发生、发展的过程、思想、方法，抓知识的来龙去脉和相互联系，抓学生的主动学习和探索，抓学生思维能力的培养和应用实践能力的提高，还要培育数学文化素养，树立正确的数学观。这是约束教师教学行为的总纲。

在实际教学中，教师常常出现对教材内容进行"加法"处理，拓展教学内容的广度和深度，从而引起课时与内容的严重矛盾，出现教学进程较慢、课时不够的现象。根本原因是缺乏对课程标准的学习与掌握。为此，在使用新教材的过程中，我们首先要认真研究新课程标准的教学要求，分析教材内容是如何体现课标要求的，又是怎样达成课程标准的，在教学内容上需要做哪些适当的扩展，做哪些基本知识的铺垫，切不可追求教学中的一步到位。这样，就会明确教学目标，达成教学目的，整体地了解知识内容体系，准确掌握教学要求，从教学的注意事项中，获得有效的教学方法。

3. 专心研究教材，清晰初高中数学内容的区别，以课程标准精神指导对教材的研究，沟通书面形态知识与教学形态知识的联系。

（1）读书。我们提倡教师认真读教材，带领学生读教材，并广泛地阅读数学书籍。高中数学教师最好能够通读初中数学教材，比较初高中数学教学的内容与方法，掌握学生学习的基础。

（2）备课。教师必须对照课程标准优化教学内容，要与时俱进地认识"双基"，重视基础知识教学、基本技能训练和能力培养。所传授的知识要为学生的终身发展奠基，要体现新课程知识与技能相统一，过程与方法相统一，情感态度与价值观相统一的精神建构。

备课时要思考"讲什么，怎么讲，为什么这样讲，还可以怎么讲"的问题。优化教学过程，应体现以学生为主体，以培养学生的创新精神和实践能力、收集和处理信息的能力为目标，以师生互动、生生互动、多媒体的合理使用为途径施教，整个教学过程应体现准、实、新、活、美。

备课时，认真研究教材所配的习题，不仅明确要求，而且能够编制问题串，为学生提供良好的问题环境。应该对照课程标准将习题用好、用足、用出成效来。

（3）做题。数学教师在研读教材、阅读数学课外书籍时，会遇到数学问题需要思考、解决，我们应该养成边阅读、边解题、边记录的良好习惯。另外，解题对于数学教师来说也是一项基本功，要求学生做题，教师必先试之。

（4）反思。课前的备课与课后的反思具有同等的重要性。课后，我们应当反思自己这节课"上的开心吗？有什么问题？学生是否学到了方法，掌握了知识？是否需要弥补什么？"当然，课后的笔记中，还要特别注意记录在课堂教学中临时生成的、一闪而过的、学生的或自己的思维火花，这往往是形成好课的"点睛之笔"！

4. 了解高中学生的心理特征与思维特征，明确如何接近学生，如何做学生的朋友。

了解学生是我们教学的基础，采取的态度应该是发展性的，而不是一成不变的！通过对前面内容的阅读，结合自己的工作经验，总结与高中学生相处的一般方式，结合学科知识的特色、教学的实际需要和学生的特点，充分发挥本学科的教育功能，培养学生自主合作探究的意识和能力。

第二章 对高中数学语言和教学用语的认识

孔子学说涉及四科：德行、言语、政事、文学。言语列第二，可见其受重视的程度。一个人的启蒙教育中，语言的学习占了较大的比重。儿童在一定环境下进行的语言训练（学习），一旦形成技能（习惯），将影响他的思维方式，甚至会影响他的一生。

第一节 高中数学语言的类型和特征

语言文字是民族文化的基础，积淀着民族文化的精粹。德国20世纪最具影响力的哲学家之一马丁·海德格尔（1889－1976）说："语言是存在的家。人居住在语言之家中。"人们的大多思维活动都要通过语言加以表象，语言是思维的外在特征。所以，每一门学科的学习都会有对语言的训练，从某种意义上说，训练语言就是训练思维。数学作为基础科学，更不例外。高中数学作为基础数学教育的最终阶段，已经具备了自己的语言系统，也就必须注意进行一定的修炼。

一、数学语言的概述

什么是数学语言？借用恩格斯对数学的解释：一切用以反映数量关系和空间形式的语言皆可称为数学语言。伽利略指出：宇宙大自然的奥秘写在一本巨大的书上，而这部书是用数学语言写成的。数学语言是以数学符号为主要词汇，数学公理、定理、公式等为语法规则构成的一种科学语言。数学语言是人类在长期的生活实践中从一般语言中提炼出来的交流工具。作为一种表达科学思想的语言，数学语言不仅是数学思维的载体，也是数学知识、数学活动的一个重要内容。它为数学交流提供了有力的保证。斯托利亚尔在《数学教育学》一书中指出："数学教学就是数学语言的教学。"因此在数学教学中教会学生使用数学语言，重视数学语言能力的培养，是一个不容忽视的问题。

1. 数学语言与生活语言

应该说，数学语言的演变伴随着数学的发展而发展。欧几里德几何的诞生首先是建立在一整套符号语言、图形语言的基础之上的，代数语言最初是计数方法，有十进制、十二进制、十六进制、六十进制以及罗马计数法等，后来是阿拉伯人发明的代数术，包括我们现在使用的阿拉伯数字，它将各种特殊的算术语言统一形成一套标准的程序规则。随着科学技术的发展，产生了微积分、集合、计算机等，而这些都有其相对应的极限语言、集合论语言、机器语言等，将这些语言运用到其他学科，就产生了科学技术的一般表述。

人类语言一般是从对具体事物的描述再发展到抽象概念的，数学语言在产生的过程中，也不是一蹴而就的，一般是先有生活语言，逐步抽象、简化、精确成为数学语言。《庄子·天下》里的"一尺之棰，日取其半，万世不竭"出自我国古代 2300 年前，说明那时人们已经具有了极限的思想，但还不是极限语言。18 世纪，随着微积分的产生，才出现了简化的、严格的、形式化的极限语言。在数学教学中，我们常常是倒过来做的，即借助生活语言学习、理解已经形成的数学语言或掌握数学知识。

案例 1：充要条件教学的引入

师：同学们，你们好！今天我们合作上一节课，首先我做个自我介绍……

相互介绍是人们见面的礼节，有一次，一位同学和他的母亲在街上遇到了他的老师，同学说：老师好！这是我妈妈，我们刚才去买东西了。老师说：你们好，遇到你们很高兴……

师：这个同学的介绍已经充分说明他是妈妈的儿子，妈妈就不必再说他是我儿子了！这是人们生活中的"充分性"，今天，我们一起来学习数学中的"充要条件"！……

点评：老师以生活中的常用语言引出了本节课的教学课题，既自然，又让学生感觉到数学语言与生活语言的关联，是一次较成功的课堂教学引入！

当然，本节课要学生理解逻辑语言（充分条件、必要条件）是很困难的，给出概念后，还可以用生活语言加以解释：即充分条件可以用"有此则必然"辅助理解；必要条件用"无此必不然"加以解释。如：下雨是湿的充分条件，"有此（湿）则必然（雨）"。从另一方面看：湿是下雨的必要条件，"无此（雨）必不然（湿）"。

这些事例都是数学教师在长期的教学实践中总结提炼的。由此进一步说明，数学语言来自生活实际，反过来生活语言又帮助我们形象地理解数学语言。

我们的祖先对语言的描述有雅语、俗语之分，雅语由俗语升华而成，俗语又可以较通俗地解释雅语，数学语言与生活语言也是一样的道理。

2. 数学语言与教学语言

华东师范大学张奠宙教授提出：数学知识有三种不同的形态：数学家创建数学知识过程中的"原始形态"；人们整理研究成果之后发表在刊物、书籍或陈述在数学教科书上的"学术形态"；以及呈现在课堂学习中的"教育形态"。呈现在原始形态、学术形态中的数学知识都可称为"科学形态"，它是用数学语言描述的，而出现在教学中的一般就是"教学语言"，这一形态的知识形式用于教学或普及科学知识，它是一种自下而上的，即首先提出问题，然后寻求例证，再从例证中寻求定理证明的途径。

教学语言的形式有：口头语言、肢体语言、影像语言。与数学语言相比，教学语言不仅要反映数学内容的本质与核心，充分地体现学习的"本体性"，还要进行知识的组织，考虑呈现的顺序，设计理解知识的举措，明确掌握知识的情况。

教师的备课实际上就是将教科书知识的"学术形态"，通过老师创造性的劳动，将其转化为"教学形态"。

案例2：抛物线标准方程教学的设计片断

学校类型：上海市重点中学

教师：中学高级教师

课型：探究性学习

师：刚才我们已经推导出抛物线的方程，大家想抛物线方程是这种形式的时候（切换屏幕，操作电脑）（图形语言）抛物线的焦点在什么位置，焦点坐标是什么？（投影切换）我们这样建立坐标系（生活语言），准线方程是什么？（屏幕同时显示抛物线方程、焦点坐标、准线方程……）

生：$(0, \frac{p}{2})$，$y = -\frac{p}{2}$……

师：大家想，当抛物线在坐标系中所处的位置不同的时候，焦点坐标会不会改变？

生：（全）会改变。

师：大家想一下，按照这种建（坐标）系方法，抛物线有几种不同形式，开口方向怎样？

生（全）：向上、向下、向左、向右。

师：（向上、向下、向左、向右投影切换）好，在每一种情况下标准方程、焦点和准线分别是什么？（学生回答，投影显示）

高中数学教材上，推导出抛物线的标准方程后，对于其他类型抛物线的方程形式、焦点坐标、对称轴方程等一般只有一句话：我们可以类似地得到其他几种抛物线的相关知识。上面的教学片断是教师备课中把教科书简单的"学术形态""教学形式"化，其中，用到了图形语言、生活语言、代数语言，这些语言组织在一起，就是教学语言了。

这节课的主体是运用现代教育信息技术进行探究性学习，所以教师准备教学时不仅要把知识的"学术形态"转化为"教学形式"，而且要考虑如何以优化的"教学形态"更好地理解"学术形态"。

应该说数学语言是理性的、科学的，同时也是比较抽象的，教学中自然不能完全用数学语言，所以，一般意义上，数学的教学语言是建立在数学语言与自然语言合理的结合之中的，这种合理性又往往表现为将"深奥"的数学内容用较浅显的自然语言或生活语言"浅出"。对于教师来说，无疑是一种极大的挑战。

3. 高中数学语言的特征

语言与思维有着密切的关系，良好的思维品质包括：严谨性、敏捷性、广泛性、灵活性、批判性。那么，思维反映在语言上，也有类似的特征。

数学语言作为数学内容的基本成分，具有"高度的抽象性、严密的逻辑性、应用的广泛性"。简单地讲，数学语言明确、严谨、简洁、通用。

（1）数学语言的明确性

数学语言的明确性表现为两个方面：一方面它是确定的。例如"子集"与"真子集"的涵义，是明确不同的；"任取一点所对应的性质"与"存在一点所对应的性质"也是明确不同的。另一方面，数学语言又是有层次的。例如几何证明时用到的逻辑语言表达"三段论"，即大前提、小前提、结论层次是分明的。

（2）数学语言的严谨性

这是指数学语言表达中的严格和谨慎。数学语言对概念、定理、法则等的阐释以及对数学专门用语的表述一定是严格、准确的。如，分式的基本性质"分子分母同乘以同一个不为零的数或因式，分式的值不变"不能说成"分式的上面和下面同乘以同一个不为零的数或因式"，并且，前一个"同"与后一个"同"都不能少！不能把两个集合的并集说成是两个集合的和，等等。

数学语言在逻辑推理中的表述也是严谨的，一定是有"因"有"果"，先"因"后"果"，"因""果"分明。

到了高中，数学语言的严谨性更加明显，推理中用到的数学公式、定理都是在一定条件下成立的，不能超越，这就使得数学结论的使用受到了限制，这本身也体现了数学的严谨，反映在文本中就是数学语言的严谨。

（3）数学语言的简洁性

在第一章我们已经叙述过数学的简洁性，主要是从思维方式的简洁性上解释的，而这种简洁性的一个特征就是语言或文字表达的简洁。由于数学语言的严谨、简洁，使其成为科学研究、人类交流的重要手段，以至于有人说："世界这本大书，是用数学的语言写成的。"事实上，牛顿用数学语言展示了他的物理三大定律，爱因斯坦用黎曼几何的语言阐述了他的广义相对论，应该说，任何一个科学工作者要使自己的工作精确化，都必须借助于数学语言。

高中数学建立了集合语言，使得语言的符号化程度增加，数学内容的表述进一步简洁。

（4）数学语言的抽象性

初中数学语言以较通俗的文字语言为主要形式，辅之以直观的图形语言，抽象的代数符号最多出现了函数符号。高中数学一年级集中学习了集合语言、逻辑运算语言、函数语言，抽象度呈直线上升。这种抽象主要表现在符号寓意的深刻性、符号形式的多样性、理解符号语言的复杂性。下面进行具体的分析。

二、高中数学语言的类型

数学语言可分为自然语言、抽象语言和直观语言三大类，按照一般意义叙述叫做文字语言、符号语言、图形语言；高中数学语言从知识内容划分，又可以分为代数语言、几何语言、微积分语言；更具体的划分，可以叙述为集合语言、函数语言、方程语言、算法语言、逻辑语言等。

1. 符号语言

符号语言属于抽象性语言，使用符号语言的优越性在于表达概念严密、简洁，术语引入科学、自然，指意简明，书写方便，且大大缩短语言表达的"长度"，较容易揭示数学本质属性。符号语言有助于运算，便于思考，式子将关系融于形式之中。教科书上各种数学公式的表述均采用此语言。

高中数学符号还有函数符号、方程符号、数列符号、排列组合符号、极限符号、微积分符号等。

案例3：符号语言的运用

函数 $f(x+1)$ 的定义域为 $[-2, 3]$，求 $f(t-2)$ 的定义域。

解：因为 $x \in [-2, 3]$，所以 $x+1 \in [-1, 4]$，

又 $f(x+1)$ 与 $f(t-2)$ 的对应关系相同，所以 $t-2 \in [-1, 4]$，所以 $t \in [1, 6]$

所以 $f(t-2)$ 的定义域为 $[1, 6]$。

此问题是求抽象函数的定义域，由于用了符号语言，使得解答过程简洁、明确，并且从本质上反映了函数的自变量与因变量的对应关系。

高中数学学习符号语言与初中数学学习符号语言相比，出现的形式更多，使用的频率更高，表达的意义更加深刻，也就是更加抽象。

2. 图形语言

在数学中，图形也像文字那样具有表达、记录的作用，而且比文字直观、形象，所以更有助于人们形象记忆，进行交流，因此我们把图形作为语言来使用。一般意义的认识，图形语言是指借助于直观形象的几何图形向人们传达的数学信息。图形语言表现直观，也有助于思维，有益于问题的解决。例如利用韦恩图形来表示集合；用数轴的部分可以表示区间 $[a, b]$；用图像反映函数的增减变化等。

当然，这里的图形还应包括数学中常用的图示、表格、实物图、思路分析图和上面已经提到的韦恩图以及一些逻辑关系的结构图等。

数形结合思想常常作为连接代数与几何的桥梁。一方面，以解析几何为代表，主要研究利用代数方法解决几何问题；另一方面，以方程问题借助函数图像为主要内容，

研究利用几何图形辅助解决代数问题。这样，函数的图像作为重要的图形语言有了用武之地，在解决数学问题中具备了"思想性"的作用。

案例 4：图形语言在解题中的运用

有关二次函数最值的分类讨论问题，常常要用到"图像对称轴的位置"这样的图形语言作为分类的标准，否则，将理解困难。

如：求二次函数 $f(x) = \dfrac{x^2}{a} - 4x + 1$（$a \neq 0$，$a \in \mathbf{R}$），在 $[0,1]$ 上的最大值、最小值。

解：$f(x) = \dfrac{1}{a}(x - 2a)^2 + 1 - 4a$.

①当 $a \in \left[0, \dfrac{1}{4}\right]$ 时，$2a \in \left[0, \dfrac{1}{2}\right]$，函数的最大值 $M = f(1) = \dfrac{1}{a} - 3$，最小值 $m = f(2a) = 1 - 4a$；

②当 $a \in \left[\dfrac{1}{4}, \dfrac{1}{2}\right]$ 时，$2a \in \left[\dfrac{1}{2}, 1\right]$，函数的最大值 $M = f(0) = 1$，最小值 $m = f(2a) = 1 - 4a$；

③当 $a \in \left(\dfrac{1}{2}, +\infty\right)$ 或 $a \in (-\infty, 0)$ 时，$2a \in (1, \infty)$ 或 $2a \in (-\infty, 0)$，函数的最大值 $M = f(0) = 1$，最小值 $m = f(1) = \dfrac{1}{a} - 3$；

这是某学生辅导资料给出的解答，学生看着觉得"一头雾水"！对于以 a 的取值作为分类的标准不理解，"老师，为什么要进行这样的分类？怎么想到这样分类的？"这不能怪学生，只能说这样的资料没有说明白，误导人。实际上，这里要用到与函数有关的图形语言，即考虑定义区间 $[0,1]$ 上的二次函数对称轴的位置（图形语言），首先按对称轴在区间 $[0,1]$ 内、外分类（一级分类），再将区间 $[0,1]$ 分为"半区间"（图形语言）$\left[0, \dfrac{1}{2}\right]$、$\left[\dfrac{1}{2}, 1\right]$，在半区间上，对称轴所处位置（图形语言）再进行分类（二级分类），其次，才有 a 的取值范围。所以，①③位置应该更换。

①当 $2a \in (-\infty, 0)$ 或 $2a \in (1, +\infty)$ 时……

②当时 $2a \in \left[0, \dfrac{1}{2}\right]$ 时……

③当 $2a \in \left[\dfrac{1}{2}, 1\right]$ 时……

此题若能结合直观的函数图像，更能降低思维的难度。

图形语言的使用要尽量做到三会：即会识图，会读图，会画图。

高中数学图形语言的另一个内容集中体现在立体几何中。学生先从对空间几何体的整体观察入手，认识空间图形；再以长方体为载体，直观认识和理解空间点、线、面的位置关系；要求学生能用数学语言表述有关平行、垂直的性质与判定，并对某些

高 中 数 学 教 师 专 业 能 力 必 修

Guo Zhong Shu Xue Jiao Shi Zhuan Ye Neng Li Bi Xiu

结论进行论证。三维空间是人类生存的现实空间，认识空间图形，培养和发展学生的空间想像能力、推理论证能力、运用图形语言进行交流的能力以及几何直观能力，是高中阶段数学必修系列课程的基本要求。

在数学语言的学习过程中，抽象语言大量地出现在定义、公理、定理和课文的叙述中。直观语言则结合图形用来表示数据量和位置关系，这两种语言往往互相渗透，互相转换，交替使用。要学会融会贯通，即做到直观语言（图形与符号）与抽象语言（词义）互释互译。

3. 集合语言

集合语言实际上是符号语言，这里只是为了凸现它的基础作用与地位，所以单独叙述。

集合的知识从小学就开始渗透了，初中学习有理数、实数时再次出现了集合内容，但集合的概念描述与集合语言的要求是高中数学的学习任务。在高中一年级的数学内容中，第一章《集合和命题》正式开始了对集合内容的学习，出现了形如"$\in$，$\subset$，$\cup$，I，$\varnothing$"等符号，建立了集合的语言系统。从此，数学的知识建立在新的基础之上。

集合论是德国数学家康托尔（Georg Gerdinand Philip Cantor，1845—1918）在19世纪末创立的，它是数学知识的根基，所以，集合语言成为现代数学的基本语言。使用集合语言，可以简洁、准确地表达数学的一些内容。高中数学课程要求学生将集合作为一种语言来学习，要学会使用最基本的集合语言表示有关的数学对象，发展运用数学语言进行交流的能力。

案例5：集合语言的运用，加深对数学概念本质的理解

A. 教学片段：高一"集合的表示"（二）

学校：某重点中学

教师：任教五年的初职教师

学生：基础较好

……

师：如何表述：$y = x$？

生1：坐标平面上第一、三象限的角平分线。

生2：我认为这样的语言表达是不严密的，因为原点是否包括在内？所以，我用"函数的图像"就好一些。

师：刚才第一位同学用的是自然语言，第二位同学用的是解析语言，我们是否可以用集合语言表述呢？

生3：老师，可以用集合的描述法来表示，即：$\{(x, y) \mid y = x, x \in \mathbf{R}, y \in \mathbf{R}\}$。

师：你认为这样表述比前面两种表述好在什么地方呢？

生3：不知道！

师：自然语言描述适用于初中学生，现在看来有一些不严密；第二种表述也有问题！应该说"直线 $y = x$ 是函数 $y = x$ 的图像"。集合语言的描述，深刻地反映了数学的本质。

值得肯定的是教师及时捕捉到了几种语言表述事物的特性，引导学生认识运用集合语言表示的深刻性。但对集合语言深刻性描述不够。集合语言说明了集合的对象特点，也说明了对象的本质属性是 $y = x$，还讲清楚了变量的取值范围。所以说集合语言是深刻的。

B. 函数概念的认识

函数概念的认识是螺旋式递进的。初中阶段学习函数考虑两个变量 x，y 之间的依存关系，即在一定范围内取值的 x 的每个值，都有唯一确定的 y 与之对应；x 称为自变量，y 称为因变量。这是函数概念的"变量说"，这种表述有一定的局限性，如对于个别分段函数的解释就缺乏合理性。高中数学教材中，集合作为正式内容进入课堂。于是，用集合语言从两个非空数集 A，B 中的元素之间的对应（映射）关系来研究函数了，称为"映射说"。另外，有了集合语言，我们可以研究更抽象的函数形式，通过对函数一般性质的讨论、应用来实现对函数概念的深入理解和巩固。

掌握集合语言最好的方法是使用，在教学中要创设使学生运用集合语言进行表达和交流的情境和机会，以便学生在实际使用中逐渐熟悉自然语言、集合语言、图形语言各自的特点，进行相互转换。

强调的是：在同一数学研究对象中，往往可以用上述三种不同的语言形态表达。在所有这些过程基本完成之后再回到知识的科学形态。作为以公理体系为主要呈现形式的数学学科来说，采用第二种形态来展现知识就是一种必然的选择。

4. 文字语言

作为一般表述的方式，文字语言是最常见的形式，这里略去。

高中数学语言还有算法语言、逻辑语言、微积分语言、三角学语言等，限于篇幅，不再赘述。

第二节　高中学习数学语言的困难与教学对策

数学语言作为一种表达科学思想的通用语言和蕴含数学思维的最佳载体，包含着多方面的内容，其中较为突出的是其准确、严密、简明的特点，但也正由于此，使得数学语言成为一种高度抽象的人工符号系统。因此，它常成为数学教与学的难点，一些学生之所以到了高中害怕数学、学不好数学，一方面在于数学语言难懂难学，另一方面是教师对数学语言的教学不够重视，缺少训练，导致学生不能准确、熟练地驾驭数学语言，久而久之，对数学学习失去信心。

一、高中学习数学语言的现状与问题

1. 初高中数学学习的衔接问题

目前，我国实行九年义务教育体制，接受义务教育是每一位公民的责任，所以在这个阶段强调均衡、公平、基础，从办学体制上，逐步由六、三学制转向五、四学制；从管理手段上，注重标准的执行；从教学内容中，不断地删减陈旧知识；从教学评价上，较多地进行合格性评价，减少选拔性评价。应该说取得了一定的成绩，保证了较多的孩子顺利毕业。但客观地说，也带来一些问题。

在数学学习中，进入高中的学生面临三大考验（脱节）。

（1）难度。高中数学（特别是高一数学）的学习，由于内容新颖，要求较高，抽象性增强，使得许多学生感觉难度太大。特别在数学语言学习上，初中代数并没有较多的要求，训练较多的是平面几何语言，所以，对于高一开始的代数语言系列：集合语言、逻辑运算语言、函数语言、数列语言等，学生难以接受。一方面，学生缺乏基础，认知水平跟不上；另一方面，教师的教学缺乏足够的重视，总是强调学生水平差，没有及时进行必要的语言训练，难度随之而来。

（2）进度。以上海初高中数学学习为例，现在初中学习时间为四年，等于将过去三年的学习时间拉长了一年，为了保证教学质量，一般初中数学一节课只教学一个知识点，大量时间是练习、再练习，但进入高中，为了强化高考，基本要求高一、高二学习全部内容，高三复习，等于三年的学习内容用两年完成，每节课的任务比初中增加了许多，而且课时也少，对学习的进度要求很快。由此，也就导致高中数学教学没有时间进行语言的学习与训练。

（3）强度。一方面，高中数学的内容本身就有较强的综合性，加之部分初高中内容的不衔接，很多高中老师认为应该会的知识，初中根本没有学，如射影定理、圆幂定理、三角形角平分线性质定理、韦达定理、二次函数的最值等，致使课堂学习强度加大；另一方面，有的老师随意加大综合程度，高一学习的内容，配备的练习都是高三复习题，理由是高考早准备，让学生尽早进入实战，一切围绕高考，强度自然增大。"如此高强度的学习，练习、考试都来不及，哪有时间考虑数学语言的教学！"一位有经验的数学教师如是说。

2. 高中数学语言学习的或缺问题

由于认识问题，我们很少在数学课堂教学中看到数学语言的专门训练，很少在高三数学综合复习中看到有数学语言的专题复习。所以，目前中学生和教师对数学语言的掌握和使用情况都不尽如人意。

1999 年全国高考数学试题的第 22 题是以文字表述为主的以轧钢为背景的应用题，它的全国高考得分率，理科不足 15%，文科更是少于 4%，属于超难考题。当时，有关人士进行分析，一致认为这种新的背景、文字阅读、建模几个难点叠加，必然会出现这样的结果。当然，认为困难的主要原因是文字语言不能被正确地转化为符号语言，这个判断被后续的试验所证实。

上海交大附中的张雪明老师，从该题中抽象出数学模型："（1）若 $a(1-b)^k \leq c$（a，b，c 都是正实数，且 b 小于 1），求自然数 k 的取值范围。（2）若 $1\,600(1-0.2)^k = L_k(1-0.2)^4$，求 $L_1 = L_2 = L_3$。"对高三年级某班 54 名同学进行测试，测试结果与原题在高考中的得分情况形成极大的反差，除 1 人因计算出错外，其余的 53 人全部正确，尽管学生相对较好，但也能部分说明大多数学生的阅读理解能力很弱，数学化能力较差，这实际上表明学生缺乏"文字语言"向"符号语言"转化的能力。

目前，高中数学教学中存在的数学语言学欠缺问题主要有以下几点点。

（1）课堂教学中对数学教材的阅读不够。笔者曾连续两年对上海两个区高级职称评审中教师的讲课进行教材阅读的统计，结果发现 56 节课中，只有 8 节课有个别的教师让学生关注教材，主动阅读的共 5 节课，不足 10%！说明大多数数学教师不认为阅读教材进行数学语言训练是非常必要的。

（2）学生用数学语言表达不够。课堂教学中，学生很少用语言表达思维过程。在回答问题或板演练习时，很少有教师让学生用语言表述解题的过程，甚至在个别辅导中，也少有这种训练。我们许多人不认为语言的训练可以提高思维能力，不认为语言的表达对解题会有好处，只觉得这是浪费时间，不如多解几个题。对于试卷中出现的解题不规范、不严密、表达有误等问题只认为与粗心、不认真有关，并不懂得这与语言训练不够也有关系。

3. 数学语言学习困难的表现

数学教师掌握和使用数学语言的情况也不容乐观，王杰观和胡风玲在《加强数学语言的教学》一文中对一年多时间内 68 节数学公开课进行了统计，发现有知识性错误的有 38 节，约占 56%，其中由于数学语言使用不当而导致知识性错误的有 22 节，约占知识性错误节次的 58%。数学语言学习的困难导致教师基本功缺失。

笔者在一次高三数学模拟考试阅卷时随机抽查了五份试卷，对表达欠缺导致的失分进行统计，结果发现由于表述不对造成无谓失分的占出错问题的 38%，有一张试卷竟然高达 56%，应了那句话"全做了、全错了！"这也可以解释高考后有些学生自我估分与结果相差甚远的原因了，他们认为每个题都做了，并且与正确答案基本相同，殊不知，每个解答都不全面或有漏洞，导致最后失分严重。

二、高中学习数学语言困难的成因分析

语言的学习有一个接受、储存、加工、输出的过程。数学语言的学习同样如此。高中数学语言的学习是具有一定基础的、较正规的学习活动。分析学习困难的原因，需要从以下四个方面入手。

1. 接受障碍

（1）缺乏正规的训练。尽管教学大纲（课程标准）提出了数学语言的学习要求，但我们的数学教材从小学到高中，没有设置语言学习的正式内容，表现在课堂中，也就没有语言的训练，也没有好的评价方式，所以，学生学习高中数学语言缺乏良好的基础和正规的培训。

（2）话语系统不一致，缺乏过渡。前面已经分析过高中数学与初中数学在时间、内容、管理上的诸多差异，所以，两个阶段的教师教学的话语体系存在着一定的差异。初中数学课堂教学以自然语言为主，符号、逻辑语言为辅，而高中数学教学以符号语言、图形语言、集合语言为主，自然语言为辅，差异是正常的，产生问题是由于缺乏必要的过渡，高一数学学习没有较好地与初中衔接。

（3）识别障碍。上述两个原因，使得学生产生数学语言的识别障碍，即学生不能识别数学语言的基本属性以及它所暗示的信息。例如学生对集合的"并集和补集"的概念识别不清，就会对符号识别产生障碍，"并""补"不分。对"一元二次方程 $ax^2+bx+c=0$"形式的暗示功能（$a \neq 0$）不清晰，就不能采取正确的解题策略。这种识别障碍直接导致接受困难。

2. 储存与加工障碍

（1）语言的储存与加工需要先决条件，即具备语言的"存放地"——知识载体，以及具有语言的"加工能力"——理解力。由于初中知识积累不够，使得学生大多感觉高中数学学习所学语言无处"储存或提取"。

比如：对集合语言 $\{(x, y) \mid y = 2x + 1, x \in \mathbf{R}, y \in \mathbf{R}\}$ 的理解，需要学生具备轨迹知识，建立方程与函数之间的有机联系，即建立直线与方程的关系，但这在初中是没有学的，高一年级的学习也不会弥补，所以，学生既无法储存，又不能深刻理解，自然难以建立这样的集合语言。

数学语言的储存、加工能力受学生所具有的对数学事实的理解程度和自然语言能力的强弱制约。反过来，学生数学信息的存储量，自然会影响他们对数学符号知识和数学基本的数、式、方程、函数基础知识的理解。

（2）数学语言理解障碍具体表现为不能正确理解数学词语，难以建立数学语言信息块以及各信息块之间的联系，具体现象有以下几个方面。

①过分依赖生活语言产生错误。如逻辑运算语言中的"或"和日常语言中的"或"意义不同。前者包含两者同时发生的情况，而后者一般指两件事情中发生一个，且只发生一个的情况。如果按照日常语言理解集合论中的"或"，必然会产生误解。

②忽略约束条件产生错误。高中数学知识随着综合程度的加深，各种概念中几乎都有约束条件，对于学生这需要适应过程。

如：对数定义"$\log_a N$"中，要求 $a>0$ 且 $a \neq 1$、$N>0$。学生常常因为不理解而忽略约束条件，在解对数不等式时，易犯错误。这是由于忽略语言符号的条件引起数学语言理解障碍。

③不能归纳数学知识，不能建立章节以及概念、公式、定理之间的联系，从而产生错误。在学习新知识时，不能识别新知识与哪个旧知识有关系，也就不能顺利地提取旧的语言信息，同化新知识到原有的认知结构中。在解题时，学生对各种数学语言的转换能力决定了能否正确地选择储存数学语言加以联想、归纳、迁移。

3. 输出障碍

数学语言的输出就是表达，分口头表达和文字表达。这种障碍是指学生不能正确地运用数学语言把所思考的数学对象、解决问题的过程表达出来。究其原因，从大背景看，中国文化倡导含蓄、内敛，与西方比较，本身就带有一定的不自信产生的"不愿意说"。如我们课堂教学发言的主动性程度与学生年龄的增长成反比，到了高中就基本没有人再主动发言了。而不自信的原因又起源于识别、理解、加工障碍导致的不断的挫折，长而久之，势必产生障碍。

具体表现为：有的学生写得出符号、式子、推理证明，但说不出思维过程；有的学生知道怎么解，却不知如何写、如何说。前者为口头语言障碍，后者为书面表达障碍。

三、高中数学语言教学的策略

1. 充分认识数学语言的训练对人思维能力培养的必要性

首先要加强教育管理者的认识，建立必要的语言教学的机制与教学要求，教学研究部门应该认真探索数学语言认知的规律，确定语言教学的标准，在教学评价中提倡语言训练，为数学语言教学营造有利的外部环境。

其次在所有学段的教师中树立数学语言认知的观念，明确人的思维以语言作表象，语言的训练反过来促进思维的发展。在学科教学计划中，要确立对数学语言的教学内容、方法、评价的要求；在教学备课中，认真准备每一节课所涉及的数学语言和教学语言；上课时，认真落实计划，强化数学语言训练。

当然，最终的目的是要让学生认识这种必要性。英国著名数学教育家豪森（A·G·Howson）指出："没有必要引入任何符号或缩写，除非学生自己已经深深感到了这样做的必要性，以至于他们自己提出这方面的建议，或者至少，当教师提供给他们时，他们能够充分体会到它的优越性。"

2. 建立初高中数学学习的过渡方法

为了在高中给学生建立较统一的数学语言体系，我们有必要在高中学生入学时进行衔接教学。补充学生学习必要的知识，如二次函数的增减性、最值，直线与方程的关系等。

（1）弥补必要的知识

案例6：集合语言 $\{(x, y) \mid y = 2x + 1, x \in \mathbf{R}, y \in \mathbf{R}\}$ 的认知基础（2）

知识补充：轨迹、直线 $y=kx+b$ 与方程 $kx-y+b=0$ 的关系

①建立轨迹概念

我们在初中学习过角平分线、线段的中垂线、平行线、圆等图形，这些图形都有其性质与判定，若将性质、判定从另外的意义认识，就是这个图形的纯粹性和完备性，满足这样两个条件的图形，可以称为轨迹。

给出轨迹的一般概念：图形 M 上的点都满足条件 F；满足条件 F 的点都在图形 M 上。

②认识直线 $y=kx+b$ 与方程 $kx-y+b=0$ 的关系

当 $x\in\mathbf{R}$，$y\in\mathbf{R}$ 时，直线 $y=kx+b$ 上的任意一点所对应的坐标，都是方程 $kx-y+b=0$ 的解；而以方程 $kx-y+b=0$ 的解作为坐标的点都在直线 $y=kx+b$ 上。

用轨迹语言认识直线、认知方程为认识集合语言奠定良好的基础。

（2）强化训练，统一语言表述体系

（3）适当放慢教学进度，逐步过渡

3. 重视数学语言之间的互译训练，渗透对立统一的辩证思想

数学语言的"互译"，指将生活语言转化为数学语言（即数学化），以及不同形态的数学语言之间的转换。

比如由实际生活中的事件，抽象出未知量，找出对应关系，最后形成映射或函数的概念，是一个建模的过程，亦即"数学化"。再比如将充要条件用自然语言、符号语言及集合语言表示。当然，更重要的是解决数学问题时对题目信息的"转译"。

案例7：数学语言的"转译"

已知：$f(x)=\log_a x$，当点 $M(x,y)$ 在函数 $y=f(x)$ 的图像上运动时，点 $N(x-2,ny)$ 在函数 $y=g_n(x)$ 的图像上运动（$n\in\mathbf{N}$）.

（1）求函数 $y=g_n(x)$ 的表达式；

（2）求集合 $A=\{a\mid$ 关于 x 的方程 $g_1(x)=g_2(x-2+a)$ 有实根，$a\in\mathbf{R}\}$。

解：（1）由 $\begin{cases} y=f(x) \\ ny=g_n(x-2) \end{cases}$ 可得：$g_n(x-2)=nf(x)=n\log_2 x$，①

即 $g_n(x)=n\log_2(x+2)$，$x\in(-2,+\infty)$，$n\in\mathbf{N}$.

"点 $N(x-2,ny)$ 在函数 $y=g_n(x)$ 图像上的运动"这样的自然语言转换成符号语言就是"自变量 $x-2$ 的因变量是 ny，对应法则是 $y=g_n(x)$，所以得到①式"，$g_n(x-2)$ 到 $g_n(x)$ 实际是将自变量平移2个单位。

（2）题集合语言告诉我们集合的元素是 a，a 的属性是使关于 x 的方程 $g_1(x)=g_2(x-2+a)$ 有实根。

此问题最后要将方程问题转化为求函数 $a=\sqrt{x+2}-x$ 的值域。

令 $\sqrt{x+2}=t$，可得 $a=-t^2+t+2$.

通过语言的转译，我们把集合问题变为函数问题。

正规的"互译"训练，有助于激发学生学习兴趣，加深对数学本质的理解，增强辨析能力，互译的过程体现对立统一的思想，有助于不同思路的转换与问题化归。

4. 重视命题条件关系教学，强化条件意识，寓抽象性于具体实例之中

进入高中数学学习之后，一切的概念、结论均建立在一定的条件下。特别是代数知识出现了一种条件关系，如函数概念强调"三要素"，函数是建立在某个定义域之上的，一元二次方程的研究需要考虑系数的取值范围了。这实质是抽象的逻辑关系中证据支撑关系的具体表现，此时强化条件关系教学，有助于培养缜密的逻辑推理能力。

（1）借用集合语言、逻辑关系语言强化条件关系意识。

集合 $A = \{a \mid$ 关于 x 的方程 $g_1(x) = g_2(x-2+a)$ 有实根，$a \in \mathbf{R}\}$，告诉我们元素是谁，这个元素满足的条件是什么；

两直线 $a_i x + b_i y + c = 0$（$i = 1, 2$）平行的充要条件是 $a_1 \cdot b_2 = a_2 \cdot b_1$，并非两直线的斜率相等（直线的斜率有不存在的情形）。

（2）强化函数概念的再学习，明确定义域是函数的一部分。

（3）强化图形语言的作用，变抽象为具体。

如认真体会借助二次函数图像解一元二次不等式的方法。

5. 注重思想方法教学，寓数学语言学习于数学思维培养之中

（1）重视符号学习的心理过程

历史上，数学符号的形成过程往往既曲折又漫长，充满了许多动人的故事。让学生了解一些数学史，了解数学家们的研究探索历程可以激发他们对符号认识的兴趣，增强学习的动机，培养审美观念，培养好奇心，往往可以从历史人物认知的心理过程中折射出现代学子的精神世界。这本身就是通过认知规律的学习进行思想教育，学习数学家们发现学习的奥秘、探索的精神和严谨的态度，更好地理解符号（规则）的来龙去脉及其意义，进而熟练地掌握它们的各种用法，正确地进行等价交换，达到理性认识的高度。

（2）认识符号化、集合对应、公理化是数学思想方法的"三大基石"

数学语言的教学不能只停留在操作层面，还应上升到从抽象层面去理解数学，符号化、集合对应、公理化三种数学意识都与数学的符号语言相关。语言的学习只有上升到数学的思想方法才具有生命力。弗赖登塔尔认为：人们不懂音乐理论仍可以唱歌，不学机械力学照样可以获得熟练的手艺与实验技能，而数学必须将学生提高到更高层次，如果不能全面提高，也至少要在某一部分上提高，那样他才能理解最低层次活动的意义。

（3）寓数学语言学习于思维培养之中

既然数学语言是思维的表征，那么语言的学习既反映思维的深刻，又考虑思维的灵活。

如逻辑语言：$A \Rightarrow B$，我们说命题 A 是命题 B 的充分条件，反过来，命题 B 是命题

A 的必要条件。这是集合一章学习的难点。

从思维的深刻性来说，我们应该追问：为什么"如果命题 A 是命题 B 的充分条件，那么命题 B 就是命题 A 的必要条件"？应该用命题的等价关系加以解释。若 $A \Rightarrow B$，则 $\overline{B} \Rightarrow \overline{A}$，这是等价命题，只有将这个逻辑语言的合理性搞明白了，才能较深刻地理解充分条件和必要条件。

从思维的灵活性来说，$A \Rightarrow B$ 可以用多种方式加以解释。如可以命题解释，也可以用集合与子集的关系解释。

数学语言教学不能是孤立的，我们应当有意识地总结、归纳数学语言教学的一般方法，提炼和升华思想方法，通过不断地实践与研究，将零星的观点汇聚成有用的思路，将有效的思路演变为系统的方法和策略，以至于最终升华为科学思想。

第三节　高中数学课堂中使用恰当的教学语言

前面两节我们重点讨论了高中数学语言的类型、学习困难以及教学策略，明确了数学语言与教学语言还是有区别的，而数学语言的学习与呈现大多发生在课堂，即大多要依赖于教学语言来完成，所以，数学语言如何由学术形态转化为教学形态，即在高中数学课堂中如何使用恰当的教学语言，是这一节要研究的任务。

一、高中数学语言的教学要求

查阅课程标准与义务教育数学课程标准，将数学教学语言的教学要求摘录如下。

课程标准叙述的中学数学语言教学要求

初中数学语言学习要求	高中数学语言学习要求
体验数、符号和图形是有效地描述现实世界的重要手段，认识到数学是解决实际问题和交流的重要工具。	提高数学地提出、分析和解决问题（包括简单的实际问题）的能力，数学表达和交流的能力，发展独立获取数学知识的能力。

新世纪国家教育管理部门从课程标准的高度对数学语言的地位、功能和掌握标准提出了明确要求，在"基本理念"和"设计思路"中指出："数学为其他科学提供了语言、思想和方法，是一切技术发展的基础"，"数学是人类的一种文化，它的内容、思想、方法和语言是现代文明的重要组成部分"，"课程内容的学习，强调学生的数学活动，发展学生的数感、符号感、空间观念、统计观念，以及应用意识与推理能力；在与他人交流的过程中，能运用数学语言合乎逻辑地进行讨论与质疑"。同时在"课程目标"中，分知识与技能、数学思考、解决问题、情感与态度四大块对数学语言的掌握标准分学段提出了具体的要求。

一般来说，教学语言的形式有口头语言、肢体语言、图形语言、影像语言等。

二、高中数学课堂使用恰当教学语言的原则

根据上述教学要求，针对目前教学中存在的主要问题，我们确定了高中数学课堂使用恰当教学语言的原则。

1. 追求数学化

数学课堂教学，思维能力的培养是核心，本体知识的掌握最重要，表达数学知识的语言首先需要"数学化"。这里有两方面的要求，即非文字化形式和文字化形式的"数学化"。非文字化形式包括口头语言、肢体语言、图形或影像语言，这里一定要从数学的本质属性去考虑。比如我们随手拿起一张 16K 白纸说这是"矩形"，就是口头语言的不严谨，有的教师为了语言"形象生动"，举一些不恰当的例子类比数学概念就是"非数学化"；文字（或符号）形式主要指书写内容要"数学化"。

2. 激发主体性

教学语言的设计应该符合"以学生的发展为本"的现代教育理念，而以教师为主导、教材为主线又是关注教育主体的必由之路。教学语言的设计和运用对象是学生，其目的自然是希望学生逐步学会用数学语言表达、交流思想。所以，数学课堂上，教师要运用教学语言激活学生思维的火花，激发学生使用数学语言表达的热情，鼓励他们认真阅读教材，积极面对人生，正确、主动地表现自我。教师要给学生以自由、活动的空间，真正体现学生的主体性。

激发学生的主体性，常常是在一定的教学情境中，创设学习情境、优化课堂情境，使学生产生学习数学的渴望，充分感受数学，主动探究数学，主动运用数学。这是教学语言激发主体性的重要内容。

3. 激励求知欲

人的求知欲望往往和学习的动机相联系，而动机一般又和理想、抱负相统一。教师要成为帮助学生树立良好愿望的引路人，在端正自己做人品行、时时处处为学生做好榜样的前提下，以数学专业的语言感染人，以欣赏的眼光看待人，以积极的热情鼓舞人，以平等的态度对待人。有了这些，我们的语言会很精彩。

数学语言的运用在传递信息的同时，在对学生的评价、激励方面也发挥着很重要的功能。要培养求知欲，在回答问题时，以正面肯定为主，否定为辅，切忌讽刺挖苦；在设计问题时，以现实情景、科学故事、未知探索为主，培养学生的好奇心；在教学设计时，考虑学生的认知基础，考虑创设问题的情境，以激发学生解决问题的动机，让其获得积极的心理满足。

4. 渗透教育性

教学语言在传授知识的同时，更要育人。数学教育如何对学生进行思想道德教育？许多教师认为数学育人好像不现实。实际上，数学教育的思想性本身就是教给人们思维方式，即做人的道理，实事求是、坚忍不拔、一丝不苟、灵活机动等都是可以通过

数学学习培养的良好品格。

另外，我们还可以利用数学史渗透思想性。通过中华民族悠久、光辉灿烂的数学史料，教育学生继承先人的治学精神，增强民族自信心，也拓宽学生的视野，激励学生奋发向上，形成爱科学、学科学的良好风气，这种爱国主义教育，对于提高学生素质有着重要作用。

5. 贯穿实践性

数学语言教学设计一定要理论联系实际，语言情境的设计尽可能联系学生生活，既注重"情感"，又提倡"学以致用"，努力使二者有机地统一起来。实际问题的教学分为两种：一种是引例或课堂内师生共同讨论的材料；另一种就是为学生的探究、体验设计的活动。教师要通过实际应用来强化学生学习取得成果所带来的快乐。

三、高中数学课堂使用恰当教学语言的初探

顾名思义，所谓教学语言就是指数学语言以及数学课本上明文之外的教学用语。就每一堂数学课而言，教学语言占有很大的比重，如按其在教学过程中的不同作用和不同方式而言，有导语、阐释语、问答语、辨析语、点评语、过渡语、应变语、比喻语、渲染语等。

笔者曾经从事 25 年的数学教学与教研工作，根据实践经验，我们将上述各种教学语言概括起来，把高中数学课堂教学语言按照时间先后进行划分：教学起始阶段，教学用语界定为引导语；教学进行阶段，即前后环节的中间，教学用语界定为过渡语；两个问题之间，教学用语界定为衔接语；课堂教学结束时，教学用语界定为总结语。下面我们分别从四种"教学用语"入手，联系平时听课、评课中发现的不良行为，探索较好的数学教学用语。

1. 引导语

每次上课，教师都会进行教学的"引入"，比如数学概念的引入、数学结论的导入、复习课主题的介入等，此时，所用的教学语言都可以叫做"引导语"。

问题表现一：教师课堂引入的目标不清晰。复习或讲评前一天的作业时，引导语经常表现得情绪化，随心所欲的语言较多，批评语言较多，学生感觉毫无学习情绪。

问题表现二：为了"联系实际"，生搬硬套，而设计问题又与实际不符，此时的教学语言不自信、不自然、不专业，学生听了会觉得很奇怪。

正确的导入应该联系生活、联系学生实际，积极创设有意义的问题情境，使学生带着浓厚的兴趣去积极思考。此时，教学语言才能按照正常的要求展开，做到自然、流畅，连贯性较好。在下面这个经典事例中，教师用引导语积极启发学生思考。

案例 8：等差数列求和公式的引入（片断）

学校：一般高中

教师：中级职称，任教 10 年

学生：基础相对薄弱

在学习"等差数列求和公式"时，很多数学教师常常以德国的"数学王子"高斯在小学读书时的故事为例进行引入，语言描述生动，故事娓娓道来，可以激起学生求知欲，激发主体性，渗透教育性，否则，也就是一个数学题！

师：同学们，前面我们学习了等差数列的概念及其通项公式，今天学习它们的求和。下面的题目会作吧！$1+2+3+\cdots+10=?$

生：（算了一会儿）45！

师：这道题目变为："$1+2+3+\cdots+100=?$"时，也是一道算术题，但恐怕不好算了吧！

生：老师，也能算，不过要用10分钟！

师：啊？长时间计算人人都可以，但有人只用一分钟算出了结果，而且还是小孩！

生：老师，有这么神的人？

生：我好像听说过，是一个著名数学家！

师：对！是童年的高斯。一次，数学教师刚读完题目"$1+2+3+\cdots+100=?$"，高斯就在他的小黑板上写出了答案：5050，此时，其他同学还在一个数一个数地挨个相加呢。那么高斯是用什么方法解得这样快呢？

生：老师，有公式么？

用这样层层递进的方式，学生会被教师引出惊疑，会产生出一种较强烈的探究欲望。

当然，这种方法在重点中学不适用，因为大多学生在小学或初中课外辅导班就学过了，已经知道等差数列的求和公式，再这样引入，无论你语言怎样生动，他都会觉得你很傻。

这个例子若直接告诉学生高斯的求法，也就是一个解题技巧了。

案例9：集合概念的引入（片断）

学校：区级重点高中

教师：高级职称，任教15年

学生：基础相对较好

师：观察下列例子，说出每个句子的研究对象：

①1～30以内的所有质数；

②我国从2000～2010年的10年内发射的所有人造卫星；

③大众汽车厂2009年生产的所有汽车；

④所有的正方形；

⑤方程 $x^2+2x-3=0$ 的所有实数根；

⑥新华中学2004年9月入学的所有的高一学生。

高中数学教师专业能力必修

Gao Zhong Shu Xue Jiao Shi Zhuan Ye Neng Li Bi Xiu

生：研究的对象各不相同，这好像没有什么联系。

师：在每一问题中，所反映的对象各有什么特征？

……

师生共同概括6个例子的特征，得出结论，给出集合的含义：把研究对象统称为元素，把一些元素组成的总体叫做集合。

这是引入集合概念时，教师希望用较多的实际问题，说明集合元素的属性，但教学时，语言并不生动，也没有什么启发，学生当时并没有觉得集合元素有什么特性。语言的贫乏导致较好内容无法落实到学生身上。

2. 衔接语

上课时，两个问题之间的顺延或转换需要联系，比如概念的导入问题与正式讲课的问题、讲课所用例题与学生练习问题等，转换时所用的数学语言叫"衔接语"。

问题表现：问题的转换语启发不够，"拼盆"式的例题、习题教学、就题论题加苍白无力的讲解，必然谈不上什么衔接。

两个问题之间的转换应该遵循"同类问题找联系，不同问题找差异"的原则，教师在充分了解数学本质属性的基础上，语言表述要前后联系、具有启发性。如：

案例10：例题与练习之间的衔接（等差数列的前 n 项和）

一位高级教师的公开展示课（片断）

师：前面我们已经学会利用求和公式解决简单的问题，下面换个角度来认识等差数列的前 n 项和。

师：等差数列 $\{a_n\}$ 的前 n 项和 $S_n = \dfrac{n(a_1 + a_n)}{2}$，是否可以视为函数？

生：将 $a_n = aM_1 + (n-1)d$ 代入上式，就得到关于 n 的二次函数形式。

师：上述问题是什么意思？

生：是把问题倒过来了！

师：什么叫把问题倒过来？

生：老师，就是将命题的条件与结论互换。

师：前面口头语言表达是不严谨的！从函数的观点看，等差数列的前 n 项和 S_n 是字母 n 的不超过二次的整式函数，且不含常数项，反之，成立吗？

练习1：若数列 $\{a_n\}$ 的前 n 项和 $S_n = an^2 + bn$（a、b 为实常数），那么数列 $\{a_n\}$ 是否为等差数列，为什么？

S：……

点评：逆向探索追求"对称思维"，使学生思维迅速得以集中，其效果与不顾及知识间的内在联系而直接"捧出"例题当然不一样。此时，学生会有种跃跃欲试的感觉！

在上述教学结束后，为引出练习2，教师又设计了概括性的衔接语："公差不为零

的等差数列的前 n 项和与常数项为零的二次函数间存在着一一对应的关系，那么其最值情况又如何呢？"这种衔接是一种递进式的！

练习 2：已知 $\{S_n\}$ 是等差数列 $\{a_n\}$ 的前 n 项和，若 $a_1 = a > 0$，$S_3 = S_{11}$，试求 S_n 的最大值及此时 n 的值。

此题可深化学生对等差数列前 n 项和公式的认识，巩固等差数列中的"基本量"方法，揭示函数的思想方法在数列中的应用。

案例 11：函数概念的引入（片断）

学校：某市级重点高中

教师：初级职称，任教 5 年

学生：基础较好

师：问题 1：在初中我们是怎样认识函数概念的？

师：问题 2：（根据教材中的 3 个例子提出）这些例子中，是否确定了函数关系？为什么？

师：问题 3：如何用集合的观点来理解函数概念？

师：问题 4：如何用集合的语言来阐述上面 3 个例子中的共同特点？

师：问题 5：如何用集合的观点来表述函数的概念？

师：问题 6：你认为对一个函数来说，最重要的是什么？

……

问题的设计尽管有些超前，但作为青年教师，在概念建立时，能够这样较全面地思考问题，很不容易！但在教学时，因为中间缺少了"衔接语"，使得课堂上学生感觉枯燥、思维迟钝、没有激情，达不到问题设计的目的。

3. 过渡语

在课堂教学中，两个教学环节之间的教学语言连接，叫做过渡语。

问题表现：教学中，不注意学生的反应，没有适度地过渡语加以调节（如：没有鼓励的语言，也没有评价语言），各环节教学只按照预先设计照本宣科。

学生的基础差异、智力因素差异和家庭背景的差异等，使得他们的信息反馈呈现出多样性和随机性。教学的效果，有些可以预料，但有些则是难以预料的。所以，教师必须随时从学生的反馈信息出发，及时地运用和发挥教学语言的功能和作用，进行有效地调控。

案例 12：与抛物线有关的最值问题（片断）

学校：某市级重点高中

教师：中级职称，任教 8 年

学生：基础较好

知识铺垫：

例题：求抛物线 $y = x^2$ 上一点，使它到直线 $y = \sqrt{3}x - 1$ 的距离最短。

师：同学们，此题是我们学习"曲线与方程"后需要学会解决的问题，大家思考一下，用方程的思想如何考虑？

生1：设与已知直线平行的直线，使其与抛物线相切时，切点 P 到直线 $y = \sqrt{3}x - 1$ 的距离最小。

师：请这位同学将自己的解法在投影仪上解释。

……

知识综合应用：

师：这个同学的解法是对的！刚才我在课间巡视时，看到大多数同学能够正确解答，说明大家已经初步了解了解析几何的基本方法，具备了一定的解题能力。但从知识的综合运用上考虑，以上问题是否可以按照函数的观点加以思考？（在学生大多已经掌握方程思想解决问题后，将知识转换到函数思想的过渡语）

师：（巡视中发现了生2的不同解法）把你的想法与大家说一说！

生2：我是利用抛物线方程设出点 P (x_0, x_0^2)，再利用点 P 到直线 $y = \sqrt{3}x - 1$ 的距离公式，将其转化为关于 x_0 的二次函数，求出此函数的最值，就解决了问题。

师：可以，请大家课后利用这种想法，尝试求解；其他同学还有别的解法吗？实际上将来学了微积分，还可以利用导数的几何意义，结合待定系数法求出切点的坐标。这种方法更加直观。

课堂教学中，要对同学们的热情态度和取得的成绩给予正确的评价和适当的鼓励。此时，教学语言发挥较大的作用，这种"过渡语"在联系解析几何、二次函数的同时，激励、评价、点拨学生，增强了学生学习的勇气和信心，激发了学生探索新方法的兴趣，提高了学生的知识整合能力。

4. 总结语

一堂好课，不仅应当有良好的开端，还应该有耐人寻味的结尾。课堂教学结束时的归纳、总结，其形式可以是教师概括，学生记录；也可以是学生发言进行小结，教师点评。上课结束时，对本节课的内容有目的、有计划地进行归纳概括的语言，叫做"总结语"。

问题表现：有的教师将总结作为例行公事，教学结束时，把所学内容像报"流水账"一样叙述一下，既没有强调重点，也无难点解析。

好的教学总结语言有条理、有系统，承上启下，内容前后一致，具有"言有尽而意无穷"的效果。

案例 13：反函数教学的总结语（片断）

学校：某市级重点高中

教师：高级职称，任教 18 年

学生：基础较好

师：同学们，今天我们再次研究了反函数的概念及其性质，现在哪位同学说一下函数与反函数应满足的条件？

生1：自变量和因变量满足一一对应关系。

师：还可以如何表述？

生1：不知道。

生2：是否可以说：原函数的定义域就是反函数的值域，原函数的值域就是反函数的定义域。

师：很好！还有一些性质，大家回去总结。那么为什么要研究反函数呢？（借以激发学生的求知欲），前面我们学习了指数函数及其性质，接下来就要通过反函数概念辅助研究另一种函数，大家想知道是什么函数吗？明天再讲！

生：……

（学生此时有一种意犹未尽的感觉，但已经下课了！）

数学教师一定要从知识学习的价值上认识教学内容，这样立意会较高，上面这位教师属于成熟教师，自然明确反函数、奇偶函数等内容研究的意义，所以，这节课最后的总结语就利用这种联系，卖了一个"关子"，对此，学生感觉很神奇。这个"关子"卖得好！

案例 14：陈景润中学数学教师的一次上课总结

著名数学家陈景润的中学数学老师沈元，在一节数列课学习结束时，向学生介绍200 多年来难倒无数数学家的"哥德巴赫猜想"："自然科学中的皇后是数学，数学的皇冠是数论，而'哥德巴赫猜想'则是皇冠上的明珠。"

诗一般的语言描绘使学生一下子就了解了数学在自然科学中的地位和"哥德巴赫猜想"的深奥及位置。

接着沈元老师又意味深长地说："我昨夜做了一个梦，梦见你们中的一位同学，真了不得，他证明了'哥德巴赫猜想'，摘取了皇冠上的明珠。"这句话也许是沈老师随口而言，但却对其中一位学生产生了神奇的力量，打动了他的心灵，激发他产生了浓厚的兴趣和强烈的知难而进的欲望，进而使他登上了摘取数学皇冠上明珠的漫漫征程，这不正是教师语言艺术的魅力所致吗？当我们一起在教学实践中不断探索，不断总结，不断完善自己的数学教学语言时，说不定第二个、第三个陈景润就出现在我们班级里呢！

老师上课前，了解一些相关的数学史知识，在讲课的恰当时间加以引用，语言若能切题、适当、生动、富有诗意，一定可以打动学子们，并成为最好的情感、态度、价值观的教育。

数学课堂教学语言除了上述四种以外，还有提问语、交流语、答疑语等，我们这里就不一一讨论了。

研修建议：

1. 请回答数学语言、教学语言有什么关系。

建议：参阅本文内容，查阅相关资料，提出自己的看法，叙述自己上课时的做法、习惯、问题以及今后改进的意见。

2. 请回答数学语言有什么作用。

建议先阅读下文：

（1）明确数学语言是数学知识的重要组成部分，掌握数学语言是学习数学知识的基础。

数学语言是数学知识的载体，所以它是数学知识的重要组成部分。各种定义、定理、公式、法则和性质等出现在教材上，是文字和符号语言；出现在课堂里，是通过数学语言、教学语言来表述的。反过来，数学知识是数学语言的内涵，对数学知识的理解、掌握，反映出的是对数学语言的理解、掌握。

（2）明确语言是人们思维的外部表象，掌握数学语言，有助于发展人的思维能力，有利于思维品质的形成。

数学能力具有逻辑思维和形象思维之分，所以，推理也就有逻辑推理（合理推理）和非逻辑推理（合情推理）之分。这有时称为数学的"二重性"。语言是思维的物质外壳，什么样的思维依赖于什么样的语言。具体形象语言有助于具体形象思维的形成；严谨缜密、具有高度逻辑性的数学语言则是发展逻辑思维的依托。课堂上对学生进行语言的训练，就是进行思维的训练。

数学语言的特点决定了数学语言对思维品质的形成有重要作用。明晰、简洁的语言对培养思维的独立性与深刻性有特效，严谨、规范的语言是培养思维的逻辑性、周密性与批判性的"良方"。

其他的作用请你自己补写。

3. 高中数学课堂教学的问题提问如何设计？在课堂上如何实施？

4. 阅读下列文字：请写出你对这些问题的认识。

（1）语言的表征就是语言材料所负载的信息在头脑中存在的方式，语言的表征具有层次性。

（2）语言加工是对输入的语言信息进行编码、转换、存储、提取的过程。语言的加工可分为自动加工和受控制加工、系列加工和平行加工、模块化加工和交互作用式加工。

（3）影响句子理解的因素是句子的类型、词序、语境、句法分析和语义分析；影响话语理解的因素是推理、语境、图示作用。

（4）数学语言能力的界定和基本数学语言能力的分类。目前尚存争议的数学语言能力，从看、听、读、想、说、写六个方面可以概括为核心的"三个能力"，即理解能力、转译能力、表达能力。

第三章　帮助学生体验数学文化的魅力

体现数学的文化价值是新一轮数学课程改革的重要理念。课程标准强调，"数学是人类文化的重要组成部分。数学课程应适当反映数学的历史、应用和发展趋势，数学对推动社会发展的作用，数学的社会需求，社会发展对数学发展的推动作用，数学科学的思想体系，数学的美学价值，数学家的创新精神。数学课程应帮助学生了解数学在人类文明发展中的作用，逐步形成正确的数学观"。标准要求，"通过在高中阶段数学文化的学习，学生将初步了解数学科学与人类社会发展之间的相互作用，体会数学的科学价值、应用价值、人文价值，开阔视野，寻求数学进步的历史轨迹，激发对于数学创新原动力的认识，受到优秀文化的熏陶，领会数学的美学价值，从而提高自身的文化素养和创新意识"。这就是说，数学文化已进入到了课程形态。但课程形态的数学文化只有走进中小学课堂，渗入实际数学教学之中，成为教育形态的数学文化，才能真正发挥其功能与效应，使得学生在学习数学的过程中真正受到文化感染，产生文化共鸣，体会数学的文化品位，体察社会文化和数学文化之间的互动。如何帮助学生体验数学文化的无穷魅力，是进一步深化高中数学课堂教学改革不可忽略的重要问题，也是新时期高中数学教师学科教学专业发展所必备的重要能力。

第一节　认识并理解数学文化

1. 数学是一种文化

文化，显然是现代文化人使用得最频繁、最广泛的词语之一。我们在生活中无时无刻不以某种方式"遭遇着"文化，也都在以某种方式被"文化着"。文化，作为人类的创造物，是人类宝贵的精神产品与财富。当我们提到种种文化概念（如东方文化、西方文化等等）的时候，不难体会到文化的一个重要属性——群体性。即文化是相对于一个群体的概念，正因为如此，不同的国家、地区或不同的民族有其不同的文化。并且，不同文化之间的差异也深刻影响着人们的生活方式以及行为方式。

文化，通常有广义与狭义之分。广义的文化是一个与自然相对的概念，是指通过人的活动对自然状态的变革而创造的物质财富与精神财富的总和，即一切非自然的、由人类所创造的事物或对象都应看做文化物。狭义的文化则是指社会的意识形态或观念形式，即人们的精神生活领域。

广义的文化概念强调的是文化对人类创造活动的依赖性。数学作为一种量化模式，显然是描述客观世界的，相对于认识主体而言，它具有明显的客观性。但是，数学对象并非物质世界中的真实存在，而是人类抽象思维的产物，是一种人为约定的规则系统。在数学中我们仅仅保留了事物或现象的量的特性，而完全舍弃了它们质的内容。如在数学中点是没有大小的，线是没有宽度的，面是没有厚度的，这些都是非自然的，是现实生活中找不到的。而这些都是数学家通过人为活动，从自然状态中变革而创造的结果。因此，从这个意义上来说，数学就是一种文化。

狭义的文化概念强调的是文化对人的行为、观念、态度、精神等的影响。数学除了在科学技术方面的应用外，其在精神领域的功效，特别是在人类理性精神方面的影响也是有目共睹的。数学是一种精神，一种理性的精神，正是这种精神激发、促进、鼓舞和驱使人类的思维得以适用到最完善的程度，亦正是这种精神，试图决定性地影响人类的物质、道德和社会生活；试图回答有关人类自身存在提出的问题；努力去理解和控制自然；尽力去探求和确立已经获得知识的最深刻的和最完美的内涵。今天，数学已经在一定程度上渗透到以前由权威、习惯和风俗所统治的领域，成为人们思想解放和行动的先导之一。数学史上一些重要数学成果（如无理数与非欧几何的发现）对人类精神生活所产生的力量，并不亚于对数学本身产生的影响，它们对认识论、伦理观乃至人生观都产生了巨大的影响。因为数学它提供给人们的不仅仅是思维模式，同时又是一种有力的解决问题的工具和武器，既反映了思维上的合理性和价值趋向，又因为它常常否定自己，拓展了人们的思想解放之路。因此，从这种意义上说数学还是一种文化。

现代文化学强调的是文化与群体、传统等概念的密切关系，也即文化的整体性。在现代社会中，数学家显然构成了一个特殊的群体——数学共同体。这个群体里的人由于专业背景相似，而形成相对稳定的数学传统。因为个人的研究工作必然以对前人研究成果的继承作为必要的前提，而各个数学家又必须通过与群体的联系才能及时了解最新的发展动态，掌握最新的、更为有效的方法等。因此，数学家的数学行为必然受到共同体里数学传统潜移默化的影响，并自觉的成为共同体的积极成员。也就是说，在这一共同体内，每个数学家都必然地作为该共同体的一员从事自己的研究活动，从而也就必然处在一定的数学传统之中，这种传统正好可以看作一种成套的行为的系统，并具有相对的稳定性。例如，中国古代的数学家注重数学的应用，有强调算法的传统，从而也就形成了以《九章算术》为代表的中国传统数学文化的整体特色；而古希腊的数学家崇尚思辩，注重演绎，形成了以欧几里德《几何原本》为代表的古希腊数学文化的特色。因此，从这个意义来说，数学也构成了一种文化。数学共同体和数学传统正是数学文化整体性的体现。

我们还可以从文化的历史性角度去考察。作为一门有组织、独立的理性学科，数学不管它发展到怎样的程度，都离不开历史的积淀过程，即数学的社会历史性。数学发展的历史既是一部文明史，也是一部文化的发展史。数学共同体和数学传统也不乏其历史性成分，因而数学传统的不断变革及数学知识的延续性，就可以看成数学发展的重要特点。这一特点也是数学之所以成为文化的一个重要原因。

  2. **数学文化的基本内涵**

  应该指出的是，以上的分析，不过是从数学对象的人为性，数学活动的整体性和数学发展的历史性这几个层面上表明了数学是一种文化，数学与文化的关系是天然的。我们称之为数学文化，是因为它能够涵盖人类数学活动的各个方面，既能够整体地描述出数学的外在结构，也能够深刻地表现数学的人文特性。并且，这一概念的提出从一开始就拒斥了关于数学的虚无主义和强加在数学头上的神秘光环，所意欲表达的是一种广泛意义下的数学观念，即不仅超越把数学视为一门科学知识和理论体系的单纯的科学主义观念，特别是从对数学的单纯的科学性（特别是其自然科学性）理解中摆脱出来，而且超越把数学作为以本体论、认识论、方法论为主线的数学哲学观念。而把数学置身于其真实的历史情境、文本语境、数学共同体以及迅猛变革的现实社会文化背景之中，超越数学分支过度的专业化藩篱，从更为广阔的视角去透视数学，领悟数学的社会意义和文化含义，从宏观角度探讨数学自身作为人类整体文化有机组成部分的内在本质和发展规律，并进而考察数学与其他文化的相互关系及其作用形式。简而言之，数学文化旨在对数学的意义、本质和价值进行阐述、界定、澄清和诠释。在这一视角下，数学自身的科学性将被重新审视，并被赋予超越其单纯甚至有些偏颇的科学主义的新的文化意义。这样一种广泛意义下的数学观念是一种关于数学的理性重建，它对全面、准确、深刻地理解数学的本质及其在人类文明进步中的作用有重要价值。

  还应该指出的是，关于什么是数学文化的问题，许多学者都有自己的不同见解。有的把数学文化看成是以数学科学体系为核心，包括数学精神思想的动态系统；有的把数学文化看成是物质财富——数学知识体系和精神财富——数学思想、方法和观念；有的把数学文化看成是数学共同体的数学传统；有的把数学文化看成是一种理性的精神。我们认为，数学的知识系统和观念系统应该是数学文化的基本成分，也就是说，数学文化是由知识性成分（数学知识系统）和观念性成分（数学观念系统）组成的有机整体。其中，知识性成分是数学这门学科的具体内容，包括数学概念、定理、公式、法则等等；观念性成分是数学共同体在长期数学活动中形成的价值观与行动规范，数学精神、数学思想方法等都是数学观念系统的重要元素。知识性成分是数学文化的基础，观念性成分是数学文化的核心。

  观念性成分的产生依赖于知识性成分，反过来又影响知识性成分的发展。例如，数学精神、数学思想方法等观念性成分并不是某个数学家凭空想象出来的，而是在发现、应用知识性成分的过程中不断总结、提炼出来的，并在数学共同体内部达成广泛共识以后，成为数学传统的一部分，进而支配人类的探索活动，对知识性成分的发展产生影响。

知识性成分是观念性成分的传承载体。观念性成分可以通过学习获得继承与发展，但要借助于具体的数学知识才能实现。例如，数学中各种重要思想方法的获得要在具体的数学知识内容的学习中才能奏效，离开知识性成分，观念性成分就将成为无源之水，无本之木。

观念性成分在数学活动中发挥作用可以脱离知识性成分，因此与知识性成分相比，观念性成分具有更广泛的应用性。正如日本数学家米山国藏所指出的，数学的精神、思想、方法都是创造数学著作、发现新的东西、使数学得以发展的根源。学生在学校学的许多数学知识，如果毕业后进入社会没什么机会去用的话，不到一两年，很快就忘掉了。然而，不管他们从事什么工作，唯有深深铭刻在头脑中的数学精神、数学思维方法、研究方法和着眼点等（若培养了这方面的素质的话），却随时随地发生作用，使他们受益终生。

第二节　体验数学文化魅力的案例分析

1. 体验数学文化魅力的视窗之一：数学史

数学是社会文化的产物，是历史最悠久的人类知识领域之一，从远古的结绳计数到近代电子计算机的发明，从量地测天到抽象严密的公理化体系的建立，在五千余年的数学历史长河中，众多数学史料构成了数学文化魅力无穷的基本素材。

> 如果我们希望预知数学的将来，适当的途径是研究这门科学的历史和现状。
>
> ——庞加莱
>
> 每一位中学和大学数学教师都应该知道数学史，有很多理由，但最重要的一条理由或许是：数学史是教学的指南。
>
> ——克莱因

选择数学史料，适当融入到课堂教学之中，可以让学生产生文化归属感。丰富的数学史料是数学文化的重要载体，在实际教学中可以通过数学史料的展现让学生感受数学文化的魅力。

（1）还原数学的历史原貌，让学生亲近数学

任何科学都有其发展的历史，数学科学具有悠久的历史。数学史的相关研究表明，数学的发展并不合逻辑，或者说，数学发展的实际情况与我们今日所学的数学教科书很不一致。我们今日中学所学的数学内容基本上属于17世纪微积分学以前的初等数学知识，而这些知识也已经过千锤百炼，是在科学性与教育性要求相结合的原则指导下经过反复编写的，是将历史上的数学材料按照一定的逻辑结构和学习要求加以取舍编纂的知识体系。这样就必然舍弃了许多数学概念和方法形成的实际背景、知识背景、演化历程以及导致其演化的各种因素，因此仅凭数学教材的学习，难以获得数学的原貌和全景。

在一般人看来，数学是一门枯燥无味的学科，因而很多人视其为畏途，从某种程

度上说，这是由于我们的数学教科书呈现的往往是一些僵化的、一成不变的数学内容，如果在数学教学中渗透一些数学的史料而让数学活起来，这样便可以激发学生的学习兴趣，也有助于学生对数学概念、方法和原理的理解与认识的深化。

19 世纪，德国生物学家海克尔（E·Haeckel, 1843 – 1919）提出了著名的生物发生定律——"个体发育史重蹈种族发展史"。这一理论的提出不仅开创了生物学界的新纪元，同时也引发了其他领域的巨大变革，尤其是在教育界，一个将发生定律运用于教育中得到的新生代理论——"历史发生原理"，即"个体知识的发生遵循人类知识发生的过程"的原理也因此孕育而生。就数学教育而言，又可以理解为"个体数学理解的发展遵循数学思想的历史发展顺序，学生在认知上会重蹈历史的覆辙"这样一个基本原理。有经验的教师都知道，学生在开始接触虚数、微积分等概念时，很容易感到困惑，因为这正是数学对象含义发生变化的时期。今天学生们理解上的困惑，在一定意义上正是历史上思想困惑的逻辑"重演"。因此考察数学对象的历史演变，总结前人在理解数学对象演变时的经验教训，无疑对今天的数学教育有着重要的启发意义。在数学教育中，教师通过对历史的研究，把握历史上出现的、现在可能在课堂中重新出现的各种困难甚至障碍，优化教学设计，就能够帮助学生更好地理解数学。

案例 1：复数学习中介绍复数的发展史

1545 年，意大利数学家卡尔丹在所著的《重要的艺术》的第 37 章中，列出并解出了把 10 分成两部分，使其乘积为 40 的问题，方程是 $x(10-x)=40$。他求得根为 $5-\sqrt{-15}$ 和 $5+\sqrt{-15}$。然后说，"不管会受到多大的良心责备"，把 $5-\sqrt{-15}$ 和 $5+\sqrt{-15}$ 相乘，得乘积为 $25-(-15)$，即 40。卡尔丹在解三次方程时，又一次运用了负数的平方根。卡尔丹肯定了负数的平方根的用处。

数学家为此创造了"虚数"，以符号 i 表示，并规定 $i^2=-1$，-1 的平方根当然就是 ±i 了。这样一来，负数开平方的难题就迎刃而解。这就是科学的创新精神。然而，用 i 表示虚数的单位，却是直到 18 世纪著名的数学家欧拉提出的，这看似简单的符号却经历了两百多年才出现，这就是数学发展的艰辛历程。"实数"、"虚数"这两个词是由法国数学家笛卡尔在 1637 年率先提出来的。后人在这两个成果的基础上，把实数和虚数结合起来，记为 $a+bi$ 的形式，称为复数。

在虚数刚进入数的领域时，人们对它的用处一无所知。实际生活中也没有用复数来表示的量，因而，最初人们对虚数产生怀疑和不接受的态度。18 世纪对于"虚数"的争论让很多数学家非常困惑，到 19 世纪仍然对此争论不休。对于 $\sqrt{-1}$，柯西说："我们可以毫无遗憾地完全否定和抛弃一个我们不知道它表示什么，也不知道应该让它表示什么的数。"哈密尔顿也置疑："在这样一种基础上，哪里有什么科学可言。"大数学家欧拉对于虚数概念也是不甚了解。在《代数学引论》中，他写道："因为所有可以想象的数要么大于零，要么小于零，要么等于零，所以负数的平方根显然是不能包含在这些数之中的。因此我们必须说，它们是不可能的数……它们通常被称为想象的数，因为它们只存在于想象之中。"

复数的学习是数的概念的又一次扩充，由于刚刚接触复数，很多学生感觉不易理解、无法接受，这时他们往往把原因归咎于自身的智力，甚至对自己的学习能力产生怀疑。该案例通过复数发展历史的简要回顾，让学生了解他们遇到的困难也正是在18世纪困扰着当时的数学界的难题，他们遇到的困惑也曾经同样困扰着很多伟大的数学家。还原历史的原貌，可以使学生更加亲近数学，增强学习数学的信心。更进一步地说，历史文化中的数学教学应该是很有吸引力，它使得每一个数学概念不再是"魔术师帽子里的兔子"，也使得学生的好奇心与求知欲得到满足，还能够告别沉闷，消除枯燥，开拓视野，印证了数学文化的多元性。

(2) 古题新用，让学生喜欢数学

在数学历史的长河中有许多数学问题，对数学发展、数学应用和数学教学等方面起过或仍起着重要作用。这些数学问题来自于不同的国家，不同的时代，历经成百上千年，由众多数学爱好者或著名数学家发现并提出，引导着当时或后来成千上万的数学爱好者甚至于中学生投身其中，不懈地去思考和探索，从而大大拓广了数学的研究领域，加速了数学的发展。

对普通公众而言，学习数学名题、研究数学名题有助于人们了解新的数学概念是如何诞生的，新的数学方法是如何形成的，新的数学方向是如何开辟的，并扩展自己的数学视野，提升自己的数学素质。

对于学生来说，历史上的问题往往可以提供生动的人文背景，是真实的，因而更为有趣。历史名题的提出一般来说都是非常自然的，它或者直接提供了相应数学内容的现实背景，或者揭示了实质性的数学思想方法，这对于学生理解数学内容和方法都是重要的。许多历史名题的提出与解决与大数学家有关，让学生感到他本人正在探索一个曾经被大数学家探索过的问题，或许这个问题还难住了许多有名的人物，学生会感到一种智力的挑战，也会从学习中获得成功的享受，这对于学生建立良好的情感体验无疑是十分重要的。此外，在挖掘数学史中古题的思想方法的基础上，将之用于新的数学问题思考中，即古题新用，也可以培养学生的创新意识。

案例 2：从分羊问题到喝汽水

【古题】阿拉伯分羊故事：有个牧羊人，在临终前要把他所有的财产——17 只羊，分给他的 3 个儿子，要求大儿子得羊总数的一半，二儿子得羊总数的三分之一，小儿子得羊总数的九分之一，但羊不能杀死或卖掉，3 个儿子绞尽脑汁，也想不出分羊的办法，于是他们只好求助于一位草原上众所周知的智者。智者带来了他自己的一只羊，再让三兄弟重新分，于是大儿子牵了 18 只羊的一半——9 只，二儿子拉了 18 只羊的三分之一——6 只，小儿子领走 18 只羊的九分之一——2 只，剩下 1 只归还给聪明人，问题终于解决了。

这分羊问题在实际上能行得通，但不合常理，而在数学上是完全合理的，但这一借一还的巧妙思维，却给我们解决一些真正的数学问题有很大的启发和帮助作用。

【新用】在求无穷等比数列前 n 项和的教学中，有这样一题，某汽水商店有个规定，3 个空汽水瓶可以换 1 瓶汽水喝。有位顾客买了 10 瓶汽水，问题是他最多能喝几瓶汽水？

我们不妨这样想：这位顾客先喝 10 瓶汽水，得到 10 个空汽水瓶，可以再换 3 瓶汽水又余一只空瓶，喝完这 3 瓶汽水后，他手上又有 4 只空瓶，可以再换 1 瓶汽水，余 2 个空瓶。于是这个人最多能喝 14 瓶汽水而余 2 个空瓶，那么，余下的 2 个空瓶不是浪费了吗？受分羊问题的启发，我们不妨让顾客先借 1 个空瓶，这样又可以换来 1 瓶汽水，喝罢再还别人 1 个空瓶，如此，就发挥了最大的效益，不浪费一只瓶子，共喝了 15 瓶汽水。于是，15 瓶才是正确答案。有人说这一思维方式和分羊问题一样，在情理上还讲得过去，但在数学理论上却是行不通的。而事实上，如果运用无穷等比数列的求和公式，这种思维的正确性是不难证明的。

根据公式：

$$S = \lim_{n \to \infty} S_n = \lim_{n \to \infty} \frac{a_1 (1 - q^n)}{1 - q} = \lim_{n \to \infty} (1 - q^n) \cdot \lim_{n \to \infty} \frac{a_1}{1 - q} = \frac{a_1}{1 - q}$$

结合汽水问题，有 $a_1 = 10$，$q = \frac{1}{3}$，于是这一数列为 $\{10,\ 10 \cdot \frac{1}{3},\ 10 (\frac{1}{3})^2,\ \cdots\}$，所以，某人最多可喝到汽水的瓶数，正是数列各项和 S，从而

$$S = 10 + 10 \cdot \frac{1}{3} + 10 (\frac{1}{3})^2 + \cdots = \lim_{n \to \infty} \frac{10 [1 - (\frac{1}{3})^n]}{1 - \frac{1}{3}} = \lim_{n \to \infty} [1 - (\frac{1}{3})^n] \cdot$$

$$\lim_{n \to \infty} \frac{10}{1 - \frac{1}{3}} = \frac{10}{1 - \frac{1}{3}} = 15$$

因此，最多喝 15 瓶是有理论根据的，理论上也是可以行得通的，这一思维方式不但合情，而且也合理。

数学教学历来重视解题，"问题解决"更是一度成为数学教育改革的潮流。然而教学中题目层出不穷，"题海战术"令人生畏，如何精选题目起到事半功倍的效能，长期以来一直是数学教师探讨的任务。数学历史源远流长，许多名题历经几百上千年流传至今，必定有其独特的魅力和教育价值，对数学名题进行系统研究，探索其历史地位和影响，古为今用，对当前数学教育改革有重要意义。在数学教学中，如何结合相关内容，充分利用数学名题的宝贵资源，值得我们深入探讨。

（3）讲数学家的故事，让学生热爱数学

我们的数学教学历来重视"双基"训练，追求扎实的基础知识和熟练的基本技能。在一定时期内，"类型 + 方法"题目演练，甚至题海战术的确提高了学生的"应试"能力，但我们不得不注意到，在高考的指挥棒下，数学的功利性价值取向十分明

高

中数学教师专业能力必修

Guo Zhong Shu Xue Jiao Shi Zhuan Ye Neng Li Bi Xiu

显，中学数学教学成为纯粹的"目标教学"——为高考服务几乎成为数学教育惟一的动力和目标。学校里的数学，原本是青少年喜爱的学科，却成为过滤的"筛子"、打人的"棒子"。

有关的调查报告显示，我们的学生普遍认为："数学就是解题"、"学数学就是通过解题求得一个结果"、"数学就是一堆定理公式的集合"，学生把数学看作"一堆绝对真理的总集"，或者是"一种符号的游戏"，学习数学按照"数学遵循记忆事实——运用算法——执行记忆得来的公式——算出答案"的模式。这与西方一些国家学生认为"数学是过程，是活动，学数学就是做数学，就是去解决一个问题，获得一种体验"有较大不同。从现状看，学生一般缺乏对数学学习的兴趣，较多学生对学习难以形成愉快的体验。普遍状况是，随着年级的升高，学生在数学学习上情感体验却逐渐下降。教学实践中频繁的考试和高强度的解题训练，日积月累的、枯燥的逻辑证明和成堆的模仿练习，日渐消磨学生学习数学的信心和兴趣，并造成了较多学生的"失败者"心态，"一次赶不上趟，以后就次次都不行"，甚至有的学生讨厌数学。造成这种现象的原因是多方面的，但我们不得不承认，我们的数学课堂上确实缺少某种元素，对数学的火热思考往往被淹没在形式化的海洋里。

其实，在数学发展的过程中，许许多多数学家的逸闻、趣事、故事也是人类精神生活的宝贵财富。在课堂上介绍一些数学家的趣闻、逸事、故事，不但能激发学生对数学的兴趣，而且还能使学生感受到隐藏在理性认识与规律背后的数学家的智慧和意志，体会到数学家的高贵品格和无私奉献精神，对陶冶情操，形成良好的个性品质有极好的教育意义。

案例3：祖暅原理与球体积

师：既然柱体和锥体的体积公式都是根据祖暅原理推导出来的，那么祖暅原理是从哪儿来的呢？祖暅是怎么提出祖暅原理的呢？

（一石激起千层浪，学生积极思考、并讨论）

师：介绍刘徽的数学成就及其质疑《九章算术》中球体积公式的故事。为了推求正确的球体积公式他创立了一新的几何体：即取棱长一寸的正方体模型八枚，拼成棱长二寸的正方体。然后由纵、横两个方向各作内切圆柱，两圆柱体公共部分外表像上下对称的正方形的伞，刘徽称之为"牟合方盖"，如图1。古代称伞为"盖"，"牟"与"侔"通，相同的意思，"牟合方盖"即合于一起的两个全同的方伞。

师："牟合方盖"与立方体的内切球有怎样的位置关系？

生：回想"牟合方盖"的构造过程，并相互讨论、交流，归纳探究结果，"牟合方盖"恰好把立方体的内切球包含在内并同它相切。

师：如果用一个水平面去截"牟合方盖"和球，他们的截面有怎样的关系呢？

（教师引导学生：结合"牟合方盖"的构造特点，让学生考察用一个水平面去截横放着的两个互相垂直的相同的圆柱。这样，截每一个圆柱得到的截面都是长方形，让这两个长方形中心重合且垂直相交得到的图形必定是正方形。）

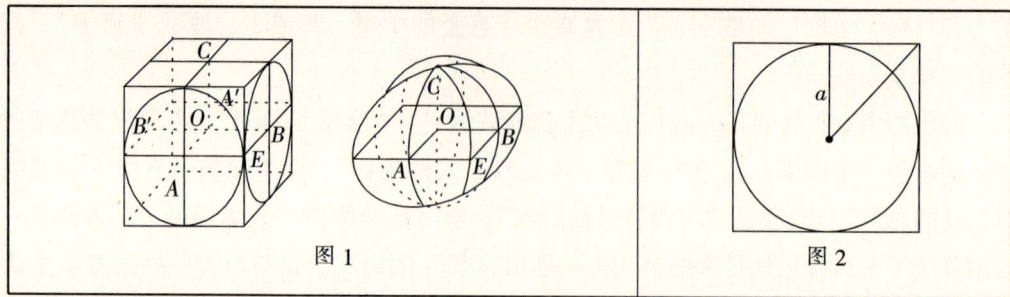

图1　　　　　　　　　图2

在教师引导下探究得出结论：如果用一个水平面去截"牟合方盖"和其内切球，就得到一个正方形（牟合方盖的截面）和它的内切圆（内切球的截面），其面积比为 $4：\pi$（图2）。

师：刘徽构造"牟合方盖"是为了推求球体积，既然"牟合方盖"与其内切球的水平截面有这样的关系，那么它们的体积有怎样的关系呢？刘徽构造出"牟合方盖"后，说："按盒盖者，方率也。丸居其中，即圆率也。"即任意作与底平行的截面，"牟合方盖"与其内切球的截面为正方形与其内切圆，故球体积与牟合方盖体积比为在每一高度上的水平截面圆与其外切正方形的面积比为 $\pi：4$。（刘徽在这里实际也已用到了祖暅原理，可惜没有将它总结为一般形式）而 $V_{圆柱} > V_{牟合方盖}$，所以刘徽进而指出 $V_{球} < \frac{9}{16}D^3$。这样，刘徽不仅证明了古人的球积公式不正确，而且找到了推求球积公式的正确途径 $V_{球} = \frac{\pi}{4}V_{牟合方盖}$，关键是要求出"牟合方盖"的体积。可是刘徽并没能求出"牟合方盖"的体积，但他推证球体积公式的思路是正确的，这为后人解决这个问题打下了良好的基础。

师：介绍祖暅的故事及其把"牟合方盖"的求积问题转化为八分之一"牟合方盖差"的体积计算。

师：在高 h 处用一水平面去截八分之一"牟合方盖差"，其截面面积是多少？有何特点？由此你能想到什么？

学生在教师引导下根据"牟合方盖差"的结构特点，探究出八分之一"牟合方盖"的截面也是正方形，若设其边长为 a，球的半径为 r，如图3。$\triangle QPO$ 是直角三角形，由勾股定理得 $a^2 = r^2 - h^2$，这正是八分之一"牟合方盖"的截面面积。在同一位置上，八分之一立方体的截面面积为 r^2，所以八分之一"牟合方盖差"在高 h 处的截面面积为 $r^2 - a^2 = h^2$，如图4。而且在教师引导下学生容易发现这个截面面积有一个非常突出的特点，即截面面积正好是截面高度 h 的平方。

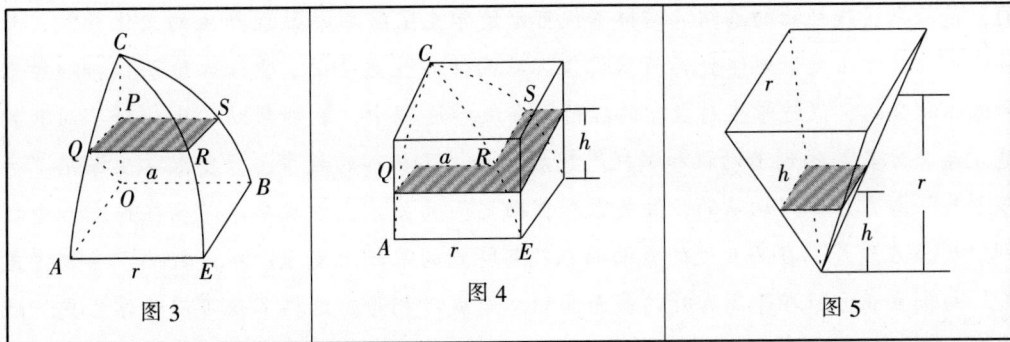

图3　　　　　　　　图4　　　　　　　　图5

教师引导学生根据截面面积的特点联想以前学过的几何体中是否有其截面也有这个特点的。在教师引导下学生可能会想到：底边为 r 高也是 r 的倒立正方锥的截面面积也有这个特点，如图5。

由此得出：八分之一"牟合方盖差"与倒立正方锥在任意等高 h 处的截面面积总是成对相等。

师：刚才同学们探究八分之一"牟合方盖差"与其倒立正方锥截面之间关系的方法，就是祖暅的巧妙构思。他按照上述思路通过研究也发现，八分之一"牟合方盖差"与倒立正方锥在等高 h 处的截面面积总是成对相等。那么它们的体积有何关系呢？这时祖暅提出了"幂势既同，则积不容异"的原理，把刘徽曾多次用到的"经验"提升为"理论"。从而得出八分之一"牟合方盖差"与倒立正方锥的体积相等。

生：体味祖暅巧妙的构思，了解祖暅原理的产生过程。

师：有了"八分之一'牟合方盖差'与倒立正方锥的体积相等"这个结论，能否求出"牟合方盖"与球的体积？

生：整理思路，计算、推导"牟合方盖"与球的体积：

$$\frac{1}{8}V_{牟合方盖差} = V_{倒立正方锥} = \frac{1}{3}r^3,$$

$$V_{牟合方盖差} = 8r^3 - V_{牟合方盖差} = 8r^3 - \frac{8}{3}r^3 = \frac{16}{3}r^3.$$

由刘徽给出的结论 $V_{球}:V_{牟合方盖} = \pi:4$ 得

$$V_{球} = \frac{\pi}{4}V_{牟合方盖} = \frac{\pi}{4} \cdot \frac{16}{3}r^3 = \frac{4}{3}\pi r^3.$$

最后教师强调，这是中国数学史上第一次获得的正确的球体积公式。

该教学设计以数学史知识为主要内容，采用教师引导学生探究的教学方式，使数学教学活动过程成为数学史实的生动再现。其中，讲了两个故事。向学生介绍刘徽的事迹，以及构造"牟合方盖"否定《九章算术》中的球体积公式，可以让学生更好地体味刘徽的质疑批判精神和实事求是的治学态度，从而有助于培养学生的数学理性精神。在教师引导下学生模拟刘徽和祖暅探求球体积的过程，也使学生在经历球体积公式的探求过程中，了解到祖暅原理不是凭空产生的，而是在推求球体积的过程中提出的，是长期实践经验的总结。这样不仅可以使学生了解祖暅原理产生的文化背景，而且还可以让学生更好地体会其应用价值。从而使学生更全面、更深入地认识祖暅原理和球体积公式，促进学生对数学的理解。在教学过程中，教师帮助学生分析了刘徽构造"牟合方盖"的创造动机和深刻思想后，又讲了祖暅的故事，并要求学生探究"牟合方盖"与立方体内切球的位置关系和截面之间的关系，以及要求学生在探究八分之一"牟合方盖差"在高 h 处的截面面积及其特点的基础上发现：八分之一"牟合方盖差"与倒立正方锥在等高 h 处的截面面积总是成对相等。这样不仅可以让学生更好地体会刘徽的创新精神与构造思想以及祖暅巧妙的构思，而且也有助于培养学生自身的构造性思维和探索、创新能力。

数学史在数学教育中的贯穿，是数学教学的一个方面，也是一个极重要的课题，它的运用关系着学生对数学学习的兴趣，关系着数学未来的发展方向。课堂教学中讨论数学的发展、数学的作用以及数学的价值，让学生不仅从数学自身的思想方法和应用角度，而且从文化的高度和历史的高度鸟瞰数学的全貌和美丽。在教学过程中，教师要善于抓住教学的最佳切入口，探求数学史渗透的最佳方式，将数学史合理巧妙、恰如其分地渗透，循序渐进，丝丝入扣，将数学史真正地融入数学课堂教学。数学文化离不开数学史，但是不能仅限于数学史。当数学文化的魅力真正渗入教材、到达课堂、融入教学时，数学就会更加平易近人，数学教学就会通过文化层面让学生进一步亲近数学、喜欢数学、热爱数学。

2. 欣赏数学文化魅力的视窗之二：数学美

数学美具有科学美的一切特性，数学不仅具有逻辑美，更具有奇异美；不仅内容美，而且形式美；不仅思想美，而且方法美、技巧美，简洁、匀称、和谐到处可见。从文化的角度来看，数学美是人类一种理性的审美心智活动，在更高的层次和更丰富的内涵上发展了美的文化。

> 我的工作总是尽力把真和美统一起来，但当我必须在两者中挑选一个时，我通常选择美。
>
> ——魏尔
>
> 我认为数学家无论是选择题材还是判断成功的标准，主要都是美学的。
>
> ——冯·诺伊曼

要领悟数学美，就要善于捕捉数学美的因素，领悟数学美的内涵。对美的感悟能力是人文素质的一个重要方面，而只有通过一定的科学实践和对科学理论的审美实践，才能形成较强的科学审美能力。教师要有意识地引导学生从审美的角度进行探索性思维，用美学的眼光审视所学习的数学知识，研究数学发现的过程，达到培养学生的审美能力的目标。

（1）数学美的简洁性

案例4：公式 $e^{i\pi}+1=0$ 的数学美

这个公式是欧拉在1748年得到的。几乎在所有的复数学习都提到复数的三角形式

$$e^{i\theta} = \cos\theta + i\sin\theta$$

当 $\theta = \pi$ 时，就可以得到 $e^{i\pi} + 1 = 0$。这个公式集简洁、和谐、奇异等美学要素于一身，是人们提到数学美时经常要提到的一个例子。

在这里，我们不能把它简单地看成只是一个公式而已。事实上，只要我们稍微仔细分析，就会发现它的神奇和不可思议。

正整数1：它是实数中最基本的单位，有丰富的内涵。它是整数的单位，数字的始祖。它是真分数（纯小数）和整数的分水岭。远古人类能抽象出1这个概念的时候，便是数学的真正萌芽。1也可以代表事物的整体，或者各部分的总体，甚至整个宇宙，这就是所谓"浑一"。可以这样说，如果没有1，也就没有一切数。

中性数0：它是正数与负数间的一个分界数，是坐标系的原点，是运动过程的起点，单个"0"表示"无"，但在各种进制的数字里，只有它参与才能进位。例如1到9都是一位数字，而10便成了两位数字，即一位进到了两位。

虚数单位 i：i 是复数的基本单位，它来源于解负数的开平方问题。由于虚数闯进数的领域时，人们对它的实际用处一无所知，在实际生活中似乎没有用复数来表达的量，因此在很长一段时间里，人们对它产生过种种怀疑和误解。笛卡尔称"虚数"的本意就是指它是虚假的。但是，虚数不虚，我们可以在平面直角坐标系中画出虚数系统。如果利用横轴表示全体实数，那么纵轴即可表示纯虚数，于是，复数获得了一块坚实的大地——复平面。

圆周率 π：π 是在科学中最著名和用得最多的一个数。一位德国数学家曾说过，在数学史上，许多国家的数学家都找过更精密的圆周率，因此，圆周率的精确度可以作为衡量一个国家数学发展水平的标志。

自然对数的底 e：e 作为数学符号最先由欧拉使用，这正是 Eular 名字的第一个字母，后来人们确定用 e 来作为自然对数的底，以此纪念欧拉。以 e 为底的对数之所以叫自然对数是因为它能反映自然界规律的函数关系。因此，在自然科学中，e 的作用不亚于 π，在微积分中，以 e 为底时公式具有最简洁的形式。

数学家克莱因认为公式是整个数学中最卓越的公式之一。它漂亮简洁地把数学中5个最重要的数——1，0，π，i 以及 e 联系在一起。有人称这5个数为"五朵金花"，这是因为，它们在数学中处处盛开。法国巴黎数学史陈列室的一面墙上就悬挂着这个公式。由这个公式就可以看出人类创造出的数学、符号、算式是何等巧妙神奇地体现了数学的简洁美。

（2）数学美的和谐性

和谐是宇宙完美的体现。所谓和谐指事物之间按一定规律相互联系，匀称，有一定秩序以及明确的变化规律。数学的和谐美，其实质就是以严格的数量关系表现出来的和谐性。

数学美的和谐性无处不在。如解析几何中的定比分点公式，令 $\lambda = \dfrac{n}{m}$，则有

$$x = \frac{mx_1 + mx_2}{m + n}, \quad y = \frac{my_1 + my_2}{m + n}$$

这与物理学质点系的重心公式

$$x = \frac{\sum m_i x_i}{\sum x_i}, \quad y = \frac{\sum n_i y_i}{\sum x_i}$$

在形式上完全一致。不同的三角形，却有统一的面积公式；圆台、圆锥、圆柱的体积公式有统一的形式；椭圆、双曲线、抛物线它们有种种不同的性质，其图形也有极大的差异，但随着极坐标的出现，它们可以统一于公式 $\rho = \dfrac{ep}{1 - e\cos\theta}$ 之中，随着 e 的变化而表示不同的曲线。学生在学习、运用这些知识的时候，一次又一次体验到数学的和谐。

案例 5：探究纵横路线图的问题

师：如图 1 是城市的部分街道图，纵横各有 5 条路，如果从 A 处走到 B 处（只能由北到南，由西向东），那么有多少种不同的走法？

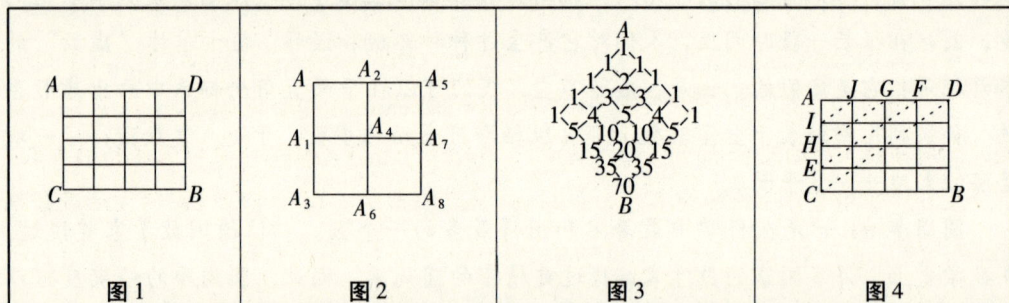

图1　图2　图3　图4

教师提出问题后，让学生思考或和附近的同学讨论。

生 1：问题转化到 4 条横线"—"与 4 条竖线"│"的组合问题，故从 A 到 B 的方法数应为 $C_8^4 = 70$。

师：精彩！从 A 到 B 不管如何走，只要符合题目的要求，都必须走 4 条横线"—"与 4 条竖线"│"，把原来的问题转化到这样的排列问题很精彩，是否大家都这样想，还有其他的方法吗？

生 2：我是一条条数的，可惜没数出来。（其他同学微笑，似乎觉得这种方法不太好）

师：这个方法很好，很朴素，只需再改进一些。能否将问题先简化一下？

生 3：可以先让方格子少些，如图 2。

师：（教师适当引导）如图 2，从 A 点出发，按照原题的要求，到 A_1，A_2，…，A_8 各点分别有多少种走法？

学生经过研究，有些同学道破了其中的玄机。

生 3：（惊喜）老师，和杨辉三角是一致的。上面的问题 1，也是一样的。把图顺时针转 45 度，使 A 在正上方，B 在正下方（如图 3），请在各交叉点标上到达那里的方法数，我们就可惊喜地发现这些数就是相应的杨辉三角数。

全班同学由于刚才的发现沉浸在喜悦中。

师：是巧合吗？

生4：看上去似巧合，事实上中间交叉点的方法数都等于该交叉点上方的两交叉点方法数的和，故它们是吻合的。

师：上述两种方法都很好的解决了这个"纵横线路图"的问题，其中第二种方法，我们采用了递推的思想从简单到复杂，那么这两种方法之间有联系吗？

学生从刚才发现的喜悦中又静了下来，开始冷静地思考这两种方法的联系。

生5：它们的统一点就是二项式定理。方案1中的横线"—"可以用字母 x 来表示，而竖线"｜"则可用字母 y 来表示，而从 A 到 B 方法数即为 $(x+y)^8$ 展开式中 x^4y^4 项的系数。方案2中的杨辉三角本身就是二项式展开式的系数。

师：很好，下面再让我们思考这样一个问题：如果从 A 处走到图（如图1）中对角线 CD 上（只能由北到南，由西向东），那么有多少种不同的走法？

生：（齐声）16种。

师：对这个问题，如果我们将走法改变一下，由北往南时，每行到下一路口就休息一次，而由西向东可以一口气走到任意路口（当然也可以选择休息），问从 A 点出发，到对角线 CD 的走法有多少种？这里的"走法"包括路线的选定以及休息的方式。

生6：可再用归纳推理的思想，如图4，令到线段 IJ、GH、EF、CD 的方法数分别为：a_1、a_2、a_3、a_4，则 $a_1=2$，$a_2=2a_1+1=5$，$a_3=2a_2+a_1+1=13$，$a_4=2a_3+a_2+a_1+1=34$.

师：对这个数列能给出一个通项公式吗？

生：（惊喜）这些数分别是斐波那契数列的第3，5，9项，因此，通项公式为

$$a_n=f(2n+1)=\frac{1}{\sqrt{5}}\left[\left(\frac{1+\sqrt{5}}{2}\right)^{2n+1}-\left(\frac{1-\sqrt{5}}{2}\right)^{2n+1}\right].$$

上述案例中，以杨辉三角与牛顿二项式定理及其斐波那契数列之间的奇妙联系作为问题设计的文化背景，通过"纵横线路图"的走法，巧妙地设置问题，不仅使三者完美的联系起来，而且使学生的思维在问题的引导下，不断深入，最终在解决问题的同时感受着数学文化，而这样的做法，也正符合当前课程改革中关于数学文化的教学，即要通过多种渠道，对学生进行数学文化的熏陶，要采用多样化的教学方式实施数学文化的数学。案例中的问题设计始终围绕杨辉三角中的数学文化，这些文化元素使问题更具有艺术性，更值得学生在思考的同时品味问题所带来的艺术氛围，因此，学生在解决问题的过程中始终处于喜悦的状态，始终都处于数学所特有的美感中。杨辉三角与牛顿二项式定理及其斐波那契数列之间的奇妙联系是人们对数学不断认识理解的结果，上述案例中的问题设计，使学生的思维处在一个比较高的层次上，可谓是踩在巨人的肩膀上，其思维的结果，可以使学生更快的理解相关的数学知识与方法，更深

入的理解这些数学知识之间的联系，而无须再走很多曲折的道路。

（3）数学美的奇异性

奇异美就是数学文化中的创造性美。培根说："没有一个极美的东西不是在调和中有着某些奇异！"奇异美是建立在求异思维的基础上的。奇异与突变是一种奇特的数学美。学生在解题时，经常不止一次地为自己发现新颖奇妙的证法和出人意料的发现而感到由衷的喜悦。可以说，数学家的工作无非就是在调和中追求奇异性的结果。在数学中，奇异美的例子举不胜举，如回文素数、孪生素数、黄金分割、斐波那契数列等等。

案例 6：蒲丰投针试验

你知道吗？我们计算 π，除了用几何法、数列法、连分数法和现代计算机计算，还有一种不用繁杂计算的稀奇方法——实验法。

法国自然哲学家蒲丰，在研究偶然事件的规律时发现，有时数学问题无须进行繁杂的计算而只需通过实验就会有其必然性的结果。由他设计的投针计算圆周率的实验就是应用这种方法的一个著名例子。

蒲丰试验的过程：在一张纸上，用尺画出一组组距为 d 的平行线，用一根粗细均匀长度为 l 的小针随机扔到画了线的纸上，并记录小针与平行线相交的次数。

如果投针的次数非常之多，则由扔出的次数和小针与平行线相交的次数，通过某种运算便可求出 π 的近似值。蒲丰一共投了 2 212 次，结果与平行直线相交的共有 704 根，总数 2 212 与相交数 704 的比值为 3.142。蒲丰得到更一般的结果是：如果纸上两平行线间的距离为 d，小针的长为 l，投针次数为 n，所投的针中与平行线相交的次数为 m，那么当 n 相当大时有：

$$\pi \approx \frac{2ln}{dm}$$

后来有许多人步蒲丰的后尘，用同样的方法计算 π 值，如下表所示。

试验者	年份	针长 l	投针次数 n	相交次数 k	π 的试验值
Wolf	1850	0.8	5 000	2 532	3.1596
Smith	1855	0.6	3 204	1 219	3.1554
De. Morgan	1860	1	600	383	3.137
Fox	1884	0.75	1 030	489	3.1595
Lazzerini	1901	0.83	3 408	1 801	3.1415929
Reina	1925	0.54	2 520	859	3.1795

可以看出，由投针实验所得出的结果与 π 的值的确相近。其中，最为神奇的是意大利数学家拉兹里尼（Lazzerini）所得到的 π 的值为 π 的精确值相比，一直到小数点后 7 位才出现不同。用如此巧妙的方法，求到如此高精确的 π 值，这真是天工造物！同时，也可以看出，拉兹里尼实验次数比 Wolf 少，但精确度反而高。由此知，并非实

高 中数学教师专业能力必修 Guo Zhong Shu Xue Jiao Shi Zhuan Ye Neng Li Bi Xiu

验次数越多，精确度就会越高。

为什么从一些随意投针实验中，会与圆周率发生联系呢？有一个简单而巧妙的证明。找一根铁丝弯成一个圆圈，使其直径恰恰等于平行线间的距离 d。可以想象得到，对于这样的圆圈来说，不管怎么扔下，都将和平行线有两个交点。因此，如果圆圈扔下的次数为 n 次，那么相交的交点总数必为 $2n$。现在设想把圆圈拉直，变成一条长为 πd 的铁丝。显然，这样的铁丝扔下时与平行线相交的情形要比圆圈复杂些，可能有 4 个交点，3 个交点，2 个交点，1 个交点，甚至于都不相交。由于圆圈和直线的长度同为 πd，根据机会均等的原理，当它们投掷次数较多，且相等时，两者与平行线相交点的总数可望也是一样的。这就是说，当长为 πd 的铁丝扔下 n 次时，与平行线相交的交点总数应大致为 $2n$。现在转而讨论铁丝长为 l 的情形。当投掷次数 n 增大的时候，这种铁丝跟平行线相交的交点总数 m 应当与长度 l 成正比，因而有：$m = kl$，式中 k 是比例系数。为了求出 k 来，只需注意到，对于 $l = \pi k$ 的特殊情形，有 $m = 2n$。于是求得 $k = \dfrac{2n}{\pi d}$。代入前式就有：$m \approx \dfrac{2ln}{\pi d}$，从而 $\pi \approx \dfrac{2ln}{dm}$。如果取 $l = 0.5d$，则有 $\pi = \dfrac{n}{m}$，即投掷总次数与相交总次数之比。

蒲丰投针试验，首创用偶然性方法作确定性计算，其意义十分重大。这不但为圆周率的研究开辟了一条新路，并逐渐发展成为一种新的数学方法——统计实验法（又叫"蒙特卡罗"法）。现在，这个工作尽可全部交给计算机，在几秒之内便可完成。蒲丰投针试验计算 π 的方法，用几何概率的知识能够证明（如下）。圆周率 π 竟然可以用随机试验的方法求得，出乎学生的意料之外，让学生体验到了数学的奇异美。

设 X 表示针的中点到最近的一条平行线的距离，Y 表示针与平行线的夹角（如右图），如果 $\dfrac{X}{\sin Y} < \dfrac{l}{2}$，或 $X < \dfrac{l}{2}\sin Y$ 时，针与一条直线相交。

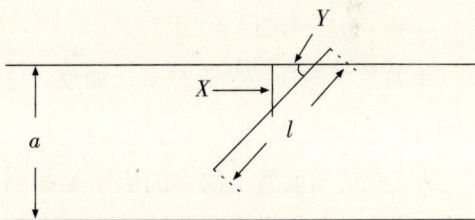

由于向桌面投针是随机的，所以用来确定针在桌面上位置的 (X, Y) 是二维随机向量。并且 X 在 $\left(0, \dfrac{a}{2}\right)$ 上服从均匀分布，Y 在 $\left(0, \dfrac{\pi}{2}\right)$ 上服从均匀分布，X 与 Y 相互独立。由此可以写出 (X, Y) 的联合概率密度函数：

$$f(x, y) = \begin{cases} \dfrac{4}{\pi a} & \left(0 < x < \dfrac{a}{2}, \ 0 < y < \dfrac{\pi}{2}\right) \\ 0 & \cdots\cdots \end{cases}$$

于是，所求概率为：

$$P\left\{X < \dfrac{l}{2}\sin Y\right\} = \iint\limits_{x < \frac{l}{2}\sin y} f(x, y)\, dxdy = \int_0^{\frac{\pi}{2}} \int_0^{\frac{1}{2}\sin y} \dfrac{4}{\pi a}\, dxdy = \dfrac{2l}{\pi a}.$$

罗素曾经说过，"数学，如果正确的看待它，不仅拥有真理，而且也具有崇高的美，正像雕刻的美，是一种冷而严肃的美，这种美不是投合我们天性的微弱的方面，这种美没有绘画或音乐那些华丽的装饰，它可以纯净到崇高的地步，能够达到严格的只有最伟大的艺术才能显示的那种完满的境地。"克莱因也高度评价数学的美："数学是人类最高超的智力成就，也是人类心灵最独特的创作。音乐能激发或抚慰情怀，绘画使人赏心悦目，诗歌能动人心弦，哲学使人获得智慧，科学可改善物质生活，但数学能给予人一切。"高中数学教材中隐含着大量的数学美的素材，作为教师要有一定的美学修养，善于挖掘教材中的具有审美价值的知识作为切入点，适时地引导学生领悟数学美，在课堂教学中受到数学美的熏陶。

第三节　彰显数学文化魅力的基本策略

1. 加强数学应用

学生的数学应用意识淡薄，已是不争的事实。我国中学生在国际数学奥赛上夺取金牌犹如中国乒乓球队一样囊中取物，而在有关实际操作技能的比赛中则显得技不如人，缺乏应有的创造性，这在"数学化"日益加重的当代社会，不能不使每个关心数学教育的人感到担忧。张奠宙教授在《数学的明天》中指出："搞数学的应用教育，非不能也，乃不为也，数学教育理论若不正视这一问题，不给予充分的研究，实在不能称为真正的理论。"

> 一门学科，只有成功地应用了数学时，才真正达到了完善的地步。
>
> ——马克思
>
> 不管数学的任一分支是多么抽象，总有一天会应用在这实际世界上。
>
> ——罗巴切夫斯基

从文化的角度看，数学的应用是相当广泛的。20 世纪见证了数学的繁荣与应用。数学，作为一种科学语言和认识工具，已经在解释自然现象、刻画自然规律的各门科学中得到了淋漓尽致的反映与体现，并且，科学的发展，其数量化的趋势也越来越显著；数学的思想与方法，作为一种具有普适性的思想框架，对哲学、人文社会科学和其他人类文化的发展以及人类的现代化生活都产生了重大的影响。数学的现代发展以及广泛应用，不仅推动着社会的进步，促进了经济的发展，而且还促进了数学价值观的深刻变革。这一变革对数学教育的影响同样深刻，最为直接的启示就是学校的数学教育不仅要高度重视数学学科的思维价值，而且要同等重视数学学科的应用价值，两者不可偏废，片面强调其中的任何一个方面都会削弱并极大地损伤数学学科应有的文化教育功能。

从教学论的角度看，学以致用始终是数学教学的起点与终点。反思我国数学教育的现状，"数学是理性的音乐"、"数学是思维的体操"或者"数学是科学的语言"已经成为人所共知的名言，但对于数学与实际、数学与其他学科的联系未能给予充分的重视。针对这一现状，不少数学家呼吁要"重视数学应用，还数学以本来的面目"。

众所周知，数学具有高度的抽象性，严密的逻辑性和广泛的应用性。正是因为数学所研究的对象并不是客观现实中的事物，而是抽象思维的形式，数学才能超越特定情境与实际问题，并把其触角延伸到社会的各个领域之中。正如恩格斯所说："正因为数学可以暂时脱离物质形式而进行研究，所以它在这里提出，却可以在另外的地方应用。"因此，我们的数学教学，应该使得学生认识到现实生活中蕴涵着大量的数学信息，数学在现实生活中有着广泛的应用；面对实际问题时，能主动尝试从数学的角度运用所学知识和方法寻求解决问题的决策；面对新的数学知识时，能主动寻找其实际背景，并寻求其应用价值。唯有如此，培养学生的应用意识、实践能力、创新精神才能真正落到实处。

其实，培养学生的数学应用意识和应用能力，能帮助学生对于所学的数学内容、思想和方法有一个更加直观和深刻的理解。它还有助于学生认识数学乃至科学的发展道路，了解数学用以分析问题和解决问题的思维方式，可以使学生真正懂得数学究竟是什么。同时，我们也必须认识到，从知识的掌握到知识的应用并不是一件简单的、自然而然就能实现的事情，必须经过充分的、有意识的训练。因此，我们的数学教学应该给学生提供大量的机会，使他们在解决实际问题的过程中逐步形成数学应用的意识和初步的数学应用能力。

案例8：数学期望在风险与决策中的作用

求职面试问题：小张得到三个公司的面试通知，每个公司都有三种不同的空缺职位：一般的、好的、极好的，其月工资分别为2 500元，3 000元，4 000元。小张得到一般、好的和极好的职位的可能性分别为0.4、0.3和0.2，另外还有0.1的得不到任何职位的可能性。每家公司都要求小张在面试结束时表态接受或拒绝他们提供的职位，那么小张应遵循什么策略呢？

首先分析未来的决策。

我们考虑一下如果小张尚未接受职位而要去进行第三次面试。可能的结果（及其相应的月工资）以及他们各自的概率：

第三次面试结果	月工资（元）	概率
一般	2 500	0.4
好的	3 000	0.3
极好的	4 000	0.2
没有工作	0	0.1

那么公司提供的工资期望容易计算如下：

$$2\ 500 \times 0.4 + 3\ 000 \times 0.3 + 4\ 000 \times 0.2 + 0 \times 0.1 = 2\ 700 \text{（元）}.$$

知道了第三次面试的期望值，我们就能向后推，以决定第二次面试时应采取的行动。我们早就知道：我们肯定会接受极好的职位，如果没有工作提供的话我们一定会去进行第三次面试。如果向我们提供的是一般的工作，那么我们必须在接受这一工作（期望值＝2 500）和试着碰碰第三次面试的运气（期望值＝2 700）中做出选择。出于选择后者有比较大的期望值，这就是我们应该采取的行动。另一方面，如果第二家公司的雇主提供好的工作，那么其期望值较高（3 000 对 2 700），因此，我们应该接受并放弃第三次面试。

综述第二次面试，我们的最佳策略是接受一个好的或较好的工作，拒绝一般的工作。在这样的策略下第二次面试的期望值是什么？

第二次面试结果	期望值（元）	概率
一般：进行第三次面试	2 700	0.4
好的：接受	3 000	0.3
较好的：接受	4 000	0.2
没有工作：进行第三次面试	2 700	0.1

期望值为：$2\,700 \times 0.4 + 3\,000 \times 0.3 + 4\,000 \times 0.2 + 2\,700 \times 0.1 = 3\,050$（元）

现在我们返回到第一次面试。如果提供的是一般的工作，那么我们面临一次选择：如果接受，期望值为2 500；如果拒绝，期望值为3 050。我们为了更高的期望值而拒绝一般的工作。对于好的工作，期望值是3 000。可供我们选择的是：期望值3 050 的继续面试和期望值为3 000 的接受这个工作。为了极大化期望值，我们也应在这个阶段放弃好的工作。

因此第一次面试时我们的最优策略是仅当提供较好的职位时才接受该工作职位，若不是的话，去进行第二次面试。

第一次面试结果	期望值（元）	概率
一般：进行第二次面试	3 050	0.4
好的：进行第二次面试	3 050	0.3
极好：接受	4 000	0.2
没有工作：进行第二次面试	3 050	0.1

结论：我们对面试问题的最佳总策略现在清楚了：第一次面试只接受极好的职位，否则继续进行第二次面试，第二次面试接受好的和极好的职位，否则继续进行第三次面试，这时小张要接受提供给他的任何工作。

与这种策略对应的期望值为

$3\,050 \times 0.4 + 3\,050 \times 0.3 + 4\,000 \times 0.2 + 3\,050 \times 0.1 = 3\,240$（元）.

该案例从分析到建模，充分体现了数学的应用价值，说明了数学中不仅有丰富的科学素养，而且蕴藏着深厚的人文精神。通过对面试求职问题的分析、解决，不仅有利于树立和强化学生的数学应用意识，也有利于学生从中体察社会文化和数学文化之

高

中数学教师专业能力必修

Guo Zhong Shu Xue Jiao Shi Zhuan Ye Neng Li Bi Xiu

间的互动。在这个意义上说，所谓有价值的数学就应该与学生的现实生活和以往的知识经验有密切的联系，是对他们有吸引力、能使他们产生学习兴趣的内容。

案例9：解析"命运的数学公式"

王蒙在他的新著《王蒙自述：我的人生哲学》中记述了在北戴河海滨看到的一个游戏："经营游戏者放四种不同颜色的玻璃球在口袋里，每种颜色的球都是5个，然后让人从中摸10个球，并规定了不同出球的比例下的不同的奖惩方法。他的规定是摸出来的球是3322的（即两种颜色的球各为3个，另两种颜色的球各为2个），玩者要罚款5元；如果摸出来的是4321或3331，玩者罚2元；如果摸出来的是4222，为五等奖，奖励一个小海螺或一个钥匙链之类；如果是4330或4411，为四等奖，奖励一盒进口香烟；如果是5311，为三等奖，奖励一个机器人玩具；如果是5410为二等奖，奖励一条进口香烟；而如果是5500为大奖，奖励一台摄像机。"

这是一个概率问题。设A、B、C、D分别表示不同颜色的球，那么"3322"表示四种不同颜色的球的个数分别为3、3、2、2这个事件，其中包括A色球3个，B色球3个，C色球2个，D色球2个，等等，共6种情况。因为每种颜色的球都是5个，所以出现这6种情况的概率相等。于是出现事件"3322"的概率为

$$P(3322) = \frac{C_5^3 C_5^3 C_5^2 C_5^2 \cdot C_4^2}{C_{20}^{10}} \approx 0.324\,753;$$

同样可以求得出现事件"4321"的概率为

$$P(4321) = \frac{C_5^4 C_5^3 C_5^2 C_5^1 \cdot A_4^4}{C_{20}^{10}} \approx 0.324\,753;$$

出现事件"4330"的概率为

$$P(4330) = \frac{C_5^4 C_5^3 C_5^3 C_5^0 \cdot A_4^2}{C_{20}^{10}} \approx 0.032\,475;$$

出现事件"5500"的概率为

$$P(5500) = \frac{C_5^5 C_5^5 C_5^0 C_5^0 \cdot C_4^2}{C_{20}^{10}} \approx 0.000\,033.$$

从以上的结果可以看出，事件"5500"出现的概率大约十万分之三，这个概率太小了，对于这个所谓的"免费游戏"，难怪王蒙先生冷眼旁观：十之八九摸出来的都是3322，十分之一二摸出来的是4321或4330，偶然有人摸出4222或4411或4330。至于摸到5500的从未一见。用扑克牌或麻将牌试一试，同样是十之八九摸出来的都是3322，十分之一二摸出来的是4321或4330。

王蒙先生借用上述游戏阐述了自己对于命运的理解：……命运是数学的公式和规律，数学就是上帝，就是主，你想占有一切好运，或者你埋怨一切霉头都降临于你，这就与声称自己总是得到5500一样，不是完全不可能的，但机会极少。真得到这种点数，就像买彩票中了特等奖，就像坐飞机碰到了空难，谁也挡不住，谁都得认命。想

明白了这一点，我们就可以少一点怨天尤人，少一点愤愤不平，少一点妒火中烧，少一点含屈抱怨，少一点悲观失望……只有不断奋斗，不断地摸索，你才能从无数个相似的3322之中，在不断支付罚金之后，最终找到自己需要的彩球。

数学课堂中引入文学内容，无疑是非常新颖的一件事，王蒙先生借用数学来破除命运迷雾、注解人生哲学是极有创意的，学生通过对王蒙先生命运的数学公式的解析，感悟数学的文化意义，在数学课堂中得到人生的思考。如果从更广泛的角度看，文学和数学这两个貌似风马牛不相及的两条道上跑的车，实则有着奇妙的同一性。这种同一性来源于人类两种基本的思维方式——艺术思维和科学思维的同一性。文学"以美启真"，数学"以真启美"，方向不同，实质则为同一。一为重建世界的和谐，一为提高人类的素质。人类文明经历了两次分化——艺术与科学的分化以及艺术、科学本身的分化。如今又在进行两次综合——艺术本身的综合以及文学（艺术）与数学（科学）的综合。这将为数学文化的课堂实践提供崭新的视角。

2. 注重数学思考

学生的发展是多方面的，掌握知识是发展，学会技能是发展，能够数学思考是发展，会解决问题是发展，喜欢数学并热爱数学都是发展。新课程从知识与技能，过程与方法，情感、态度与价值观三个维度来设计课程目标。传统教学中不是没有三维目标，而是没有引起高度重视，在整个课堂教学中，知识、能力、情感、态度、价值观是始终存在的，时时刻刻起着作用，并且，情感、态度、价值观还有积极和消极的区别，积极的态度、情感、价值观会促进学生的学习，相反，消极的态度、情感、价值观会影响学习。

三维目标是一个有机的整体，它们是相辅相成的，三维目标也并非简单的并列关系，而是彼此渗透，相互融合，统一于学生的成长和发展之中的。知识与技能是实现过程与方法、情感态度与价值观两个目标维度的载体，过程与方法是链接知识与技能、情感态度与价值观两个目标维度的桥梁，情感态度与价值观是教学中知识与技能、过程与方法的进一步升华。而数学思考则是过程与方法的关键要素，没有数学思考，就没有真正的数学学习。教师应该使学生能够认识并掌握数学思考的基本方法；使学生能根据已有事实进行数学推测和解释，并养成"推理有据"和反思自己的思考过程的习惯；使学生能够理解他人的思考方式和推理过程，并能与他人进行沟通。

学生在数学上的发展集中体现在学生数学素养的发展上。从理论上说，数学素养属于认识论和方法论的综合性思维形式，它具有概念化、抽象化、模式化的认识特征。具有数学素养的人善于把数学中的概念结论和处理方法推广应用于认识一切客观事物，具有这样的哲学高度和认识特征。具体说，一个具有"数学素养"的人在他的认识世界和改造世界的活动中，常常表现出三个特点：第一，在讨论问题时，习惯于强调定义（界定概念），强调问题存在的条件；第二，在观察问题时，习惯于抓住其中的（函数）关系，在微观（局部）认识基础上进一步做出多因素的全局性（全空间）考虑；第三，在认识问题时，习惯于将已有的严格的数学概念如对偶、相关、随机、泛涵、非线性、周期性、混沌等概念广义化，用于认识现实中的问题。比如可以看出价格是商品的对偶，效益是公司的泛涵等等。

> 数学是符号加逻辑。　　　　　　　　　　　　　　　　　——罗素
> 没有大胆的猜想，就做不出伟大的发现。　　　　　　　　——牛顿

数学素养是一种能力，人们在学习数学和运用数学解决问题时，不断地经历直观感知、观察发现、归纳类比、空间想象、抽象概括、符号表示、运算求解、数据处理、演绎证明、反思建构等思维过程，这些过程是数学思维、数学思考能力的具体体现。数学素养是一种习惯，退进互用，正难沟通，数形结合，等价转化，分类讨论，模式构造。这些习惯的养成，需要教师精心培育，也需要学生自己不断尝试、探索、总结、反思。数学素养还是一种态度，积极进取、探索未知、求新求异、灵活应变、追求效率、节约经济。良好的学习态度，一旦成为稳定的个性结构中的一个组成部分，它会影响一个学生今后，乃至一生。

下面举一个例子，看看数学素养在其中如何发挥作用。

案例 10：七桥问题与一笔画

18 世纪时，欧洲有一个风景秀丽的小城哥尼斯堡，那里有 7 座桥。如图 1 所示：河中的小岛 A 与河的左岸 B、右岸 C 各有两座桥相连结，河中两支流间的陆地 D 与 A、B、C 各有一座桥相连结。当时哥尼斯堡的居民中流传着一道难题：一个人怎样才能一次走遍 7 座桥，每座桥只走过一次，最后回到出发点？

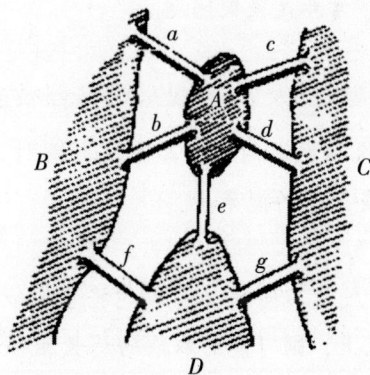

图 1

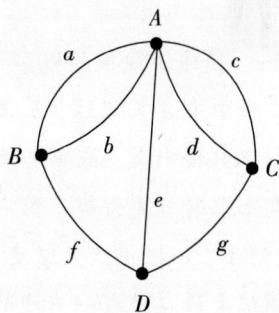

图 2

这个问题好像与数学关系不大，它是几何问题，但不是关于长度、角度的欧氏几何。于是不少人去思考实验，但最终都失败了。事实上，要走遍这 7 座桥的所有走法共有 $A=7!=5\,040$ 种，要想一一试验过，谈何容易。这就是著名的"哥尼斯堡七桥问题"。

1735 年，有几名大学生写信给大数学家欧拉，请他帮忙解决。欧拉以敏锐的数学家眼光，猜想这个问题可能无解（这是合情推理）。然后他以高度的抽象能力，把具

体七桥布局化归为图2所示的简单图形，于是，七桥问题就变成一个一笔画问题：怎样才能从A、B、C、D中的某一点出发，一笔画出这个简单图形（即笔不离开纸，而且a、b、c、d、e、f、g各条线只画一次不准重复），并且最后返回起点。

以下开始演绎分析，一笔画的要求使得图形有这样的特征：除起点与终点外，一笔画问题中线路的交岔点处，有一条线进就一定有一条线出，故在交岔点处汇合的曲线必为偶数条。如果起点和终点重合，那么这个点也与偶数条线相连；如果起点和终点是不同的两个点，那么这两个点都是与奇数条线相连的点。也就是说，一笔画出的图形中的各点或者都是与偶数条线相连的点，或者其中只有两个点与奇数条线相连。

七桥问题中，图2中的A点与5条线相连结，B、C、D各点各与3条线相连结，图中有4个与奇数条线相连的点，所以不论是否要求起点与终点重合，都不能一笔画出这个图形。

1736年，当欧拉向彼得堡科学院递交论文《哥尼斯堡的七座桥》，震惊了当时的数学界，人们赞叹这位数学天才的创造能力。不仅如此，欧拉解决七桥问题还开创了一个新的数学分支——图论。他所使用的方法是图论中常用的方法，用点表示事物，用连接点的边表示事物间的联系方式，便可得到图论中的图。

哥尼斯堡的7座桥如今只剩下3座，但七桥问题留下的遗产不像这些桥那样容易破坏，欧拉卓越的解答将永载史册。实际上，欧拉解决"七桥问题"的方法就是"数学模型方法"，属于数学思想方法的一种。它是处理数学理论问题的一种重要的思想方法，也是处理各种实际问题的一般数学方法。如果我们希望所有学生都能用数学视角观察世界，数学思维思考世界，发展学生的数学素养是关键问题。

案例11：摸球游戏中的概率

问题：袋中有 a 只黑球，b 只白球，它们除颜色不同外，其他没有差别。现在把球随机地一只只摸出来，求第 k 次摸出的一球是黑球的概率。

教师在上课时首先讲解了第一种解法。

师：（解法1）把 a 只黑球及 b 只白球都看成是不同的（可设想将它们编号），若把摸出的球依次放在排成一直线的 $a+b$ 个位置上，则可能的取法的总数相当于把 $a+b$ 个元素进行全排列，总数为 $(a+b)!$（基本事件总数），有利于 A 发生的场合数为 $a \cdot (a+b-1)!$。这是因为第 k 个位置放黑球有 a 种放法，其余 $(a+b-1)$ 个球在剩下的 $(a+b-1)$ 个位置进行全排列，有 $(a+b-1)$ 种方法。于是所求概率是

$$P(A) = \frac{a \cdot (a+b-1)!}{(a+b)!} = \frac{a}{a+b}$$

师：请同学们考虑本题还有其他的解法吗？

生1：既然这 a 个白球和 b 个黑球是不加区别的，为什么一定要考虑它们是可辨的？

师：你是如何想的？请你讲讲你解这道题的思路。

生1：我认为可以抓住白球和黑球是不加区别这两个特点去解这道题。

（解法2）把 a 只黑球看作没有区别的，b 只白球也看成是没有区别的。把摸出的球放在排成一直线的 $a+b$ 个位置上。若把 a 只黑球的位置固定下来，白球的位置也就随之固定了。而固定黑球位置的方法有 C_{a+b}^a 种（基本事件总数）。有利于 A 的放法是第 k 个位置上固定一黑球，剩下的 $(a-1)$ 只黑球可以在其他 $(a+b-1)$ 个位置上任取 $(a-1)$ 个位置固定下来，因此有 C_{a+b-1}^{a-1} 种放法，故所求概率是 $P(A)=\dfrac{C_{a+b-1}^{a-1}}{C_{a+b}^a}=\dfrac{a}{a+b}$。

师：很好，你对问题的理解比较深刻，能合理设置基本事件空间，恰当地调整解题的角度。还有其他想法么？

生2：（突然插嘴）不一定要考虑所以的球嘛。

师：（一愣）笑着请生2谈谈他的看法。

生2：（稍犹豫）从上面解法看，对于同一个随机试验，可以用不同的概率模型来描述，它们的基本事件总数发生变化并不影响解题的正确性，而本例题假设是第 k 次摸到一黑球，因此我想它的基本事件空间可否考虑前 k 次？

师：（思索片刻）把你的解法说出来行吗？

生2：（有点尴尬）我还没想好。

此时下面许多同学开始轻声讨论，讨论的焦点集中在如何在不同的基本事件空间里解这个题。过了一会儿一学生说出了这种思路的一个解法。

生3：（解法3）把 a 只黑球及 b 只白球都看成是不同的（设想把它们编号），只考虑前 k 次摸球的情况。若把摸出的 k 个球依次放在排成一直线的 k 个位置上，则可能的取法的总数相当于从 $a+b$ 个元素中取出 k 个元素的排列，有 A_{a+b}^k 种（基本事件总数）方法，有利于 A 发生的场合数为 $a\cdot A_{a+b-1}^{k-1}$，这是因为第 k 个位置放黑球有 a 种方法，其余 $(k-1)$ 个位置有 A_{a+b-1}^{k-1} 种放法。则所求概率是：

$$P(A)=\frac{a\cdot A_{a+b-1}^{k-1}}{A_{a+b}^k}=\frac{a}{a+b}.$$

不一会儿，又一个学生又提出了一个新的解法。

生4：（解法4）把 a 只黑球及 b 只白球都看成不同的（设想把它们编号），只考虑第 k 次摸球的情况。可能取法总数相当于从 $a+b$ 个元素中取出 1 个元素的排列，有 A_{a+b}^1（基本事件总数）方法，有利于 A 发生的场合数为 A_a^1（即从 a 只黑球中取出 1 个球）。故所求概率是

$$P(A)=\frac{A_a^1}{A_{a+b}^1}=\frac{a}{a+b}.$$

师：同学们真是思路清晰，解法简捷！

还有一个学生提出了新的解法。

生5：（解法5）把 a 只黑球及 b 只白球都看成不同的（设想把它们编号），考虑包含第 k 次摸球的 r（$1 \leqslant r \leqslant a+b$）次摸球的情况，则可能取法的总数相当于从 $a+b$ 元素中取出 r 个元素的不重复排列，有 A_{a+b}^r 种（基本事件总数）方法；有利于 A 发生的场合为 $a \cdot A_{a+b-1}^{r-1}$。故所求的概率是

$$P(A) = \frac{a \cdot A_{a+b-1}^{r-1}}{A_{a+b}^r} = \frac{a}{a+b}.$$

解法5中，若 $r=1$，则就是解法4，它是最简解法之一；若 $r=k$，且考虑的 k 次摸球正好是前 k 次摸球，则就是解法3；若 $r=a+b$ 则就是解法1。（全班学生报以热烈的掌声）

很难说这一片段已经成功地体现了数学文化之真义，因为我们没有看见数学史料的痕迹。然而，该片段最为成功也最能彰显数学文化魅力的恰恰在于师生之间围绕问题所展开的精彩对话。粗粗看来，内容朴素无华，似与文化相去甚远，但细细琢磨，这当中所体现出的对于数学思维的有效关注和引导，对于数学思维品质与思考能力的培养，以及由于思考而带来的智力愉悦，恰恰体现了更为本质的数学文化魅力。文化不是外在的附属品，同样，数学的文化诉求不应从数学外去找寻。数学最内在的文化特性应该是数学本身，体现数学思维、数学思考的灵动。如果数学课堂使得学生真正感受到了思维的快乐，并且思考的方式方法与思维的能力得到提升，那么数学文化的张力也就得到了真正的实现。

研修建议：

1. 复习思考题
（1）如何理解数学文化的丰富内涵？
（2）如何理解数学的文化价值与数学文化的价值？
（3）在数学课堂教学中，如何体现出数学文化的独特魅力？
2. 建议进一步阅读的书籍

[1] 方延明. 数学文化. 第2版. 北京：清华大学出版社，2009.

[2] 顾沛. 数学文化. 北京：高等教育出版社，2008.

[3] 邹庭荣. 数学文化欣赏. 武汉：武汉大学出版社，2007.

[4] 胡炳生. 陈克胜编著数学文化概论. 合肥：安徽人民出版社，2006.

[5] 张维忠. 数学文化与数学课程：文化视野中的数学与数学课程的重建. 上海：上海教育出版社，1999.

[6] 幸克坚. 数学文化与基础教育课程改革. 重庆：西南师范大学出版社，2006.

高中数学教师专业能力必修

Guo Zhong Shu Xue Jiao Shi Zhuan Ye Neng Li Bi Xiu

技 能 修 炼

新课程标准实施后，高中数学教师要具备组织学生进行数学探究，指导学生进行数学建模等技能，加强数学课堂教学的研究，并能准确评价学生的数学学习。

第四章 组织学生进行数学探究的方法

近年来，我国新的基础教育课程改革强调变革学习方式，将倡导探究性学习放在了突出的地位，强调在学科领域，要为学生创设探究性学习的空间。根据 2001 年 6 月全国基础教育会议精神，我国新颁布的课程标准和相应教材都将培养学生的探索、创新和实践能力放在了突出地位。课程标准在课程的基本理念中指出："学生的数学学习活动不应只限于接受、记忆、模仿和练习，高中数学课程还应倡导自主探索、动手实践、合作交流、阅读自学等学习数学的方式。这些方式有助于发挥学生学习的主动性，使学生的学习过程成为在教师引导下的'再创造'过程。"

那么，如何将这教育理念转化为我们教学的行为，落实在我们的课堂中？笔者认为，首先应该是对高中数学探究的认识与理解，其次是对一些教学规律与原则的把握。本章将就高中数学探究的定义、类型和特征以及组织学生开展数学探究活动的策略进行讨论，同时将对如何认识与指导高中数学竞赛做一个简单的介绍。

第一节 高中数学探究的类型和特征

研究某一个问题时，我们通常先对有关概念做一个界定，也就是先明确"是什么"，而后再探索"为什么"、"怎么做"，这里，我们也首先研究高中数学探究的内涵。

一、高中数学探究的概述

（一）数学探究

"数学探究"其核心词是"探究"，是一个动词，表示某一种活动，在这里表现为有关于高中（学段）数学（学科）的学习活动。《美国国家科学教育标准》对探究的定义是：探究是多层面的活动，包括观察、提出问题、制定调查研究计划、根据实验证据对已有的结论做出评价，用工具收集、分析、解释数据，提出解答、解释和预测以及交流结果。探究要求确定假设，进行批判的、逻辑的思考，并且考虑其他可以替代的解释。

如果从教学的角度来看，数学探究性课题学习可以宽泛拓展到数学探究性学习。因为让学生体验数学研究的过程，培养学生形成发现、探究问题的意识，鼓励学生发挥自己的想象力和创造性为目的的学习应该是渗透在日常的数学教学中的，可以是课内的问题探究，也可以是课外的课题探究；可以是小型的如对一个数学命题的探究，也可以是大型的如对数学建模的研究。所以可以认为，数学探究既是数学教学的一种理念、策略和方法，也是数学课堂教学的一种组织形式。它的教学过程是以问题（课题）为载体，创设一种探索和研究的情景，让学生通过自己收集、分析和处理相关信息，猜测、论证和改进所得结论，从而实际感受和亲自体验数学知识的产生过程。

那么，我们可以进一步认为数学探究就是教师通过各种措施和途径，把学生数学学习过程中的发现、探索、研究等认识活动凸现出来，使数学学习过程更多地成为学生发现问题、提出问题、解决问题过程的一种学习方式。

（二）高中数学探究

在九年义务学习阶段，因受学生认知特点的影响，数学学习较多以看得见、摸得着、较单纯、少变化的知识为主体，这时的数学学习是建立在对形象事物的感知基础上，数学的逻辑性和严密性还没有得到充分的体现。因此，义务教育阶段中的数学探究主要表现为感性的、形象的、浅表的探究。

例如，在小学的数学学习中经常有让学生通过动手操作、观察比较、量一量、看一看、折一折、比一比、议一议等探索活动，使之获得感性的数学知识。又如有些知识有较大的相似程度，规律较为明显，例如加减乘除的运算定律、商不变的性质，小数、分数、比、比例的性质等，教师通过先呈现与规则有关的若干例证，再由学生通过自己观察、操作验证等探究活动逐步概括、归纳出一般的结论，从而获得规律、性质、法则等。通过这样的数学探究，使学生眼、耳、手、脑、口多种感官并用，实践探究、操作验证、合作交流……让学生能始终处于比较主动积极的参与状态，使学生的观察能力、动手操作能力都能得到充分的锻炼和发展。

到了初中以后，数学知识逐渐变得抽象、复杂、综合，这时数学的学习少不了对数学思维和方法的掌握。因此，数学探究的重点开始落到了对数学知识、数学思维和数学方法的掌握上，提高到了思维深度和分析解决问题的能力上。

案例 1：三角形全等判定的探究

在初二几何"直角三角形全等的判定"中有这样一个例题："求证：有一条直角边及斜边上的高线对应相等的两个直角三角形全等"。

证明完毕后，进一步引导学生进行多方面的探索。

探索 1：能否将斜边上的高线改为斜边上的中线和对应角的平分线？

命题 1：有一条直角边及斜边上的中线对应相等的两个直角三角形全等。（真）

命题 2：有一条直角边及对应角的平分线相等的两个直角三角形全等。（真）

探索 2：能否把直角三角形改为一般三角形？

命题 3：有两边及第三边上的高线对应相等的两个三角形全等。

让学生分组讨论，命题错误，因为三角形的形状不同，高线的位置不同。那么在什么条件下命题成立？学生自然提出下面三个命题。

命题4：如果两个锐角三角形的两条边和第三边的高线对应相等，那么这两个三角形全等。

命题5：如果两个直角三角形的两条边和第三边的高线对应相等，那么这两个三角形全等。

命题6：如果两个钝角三角形的两条边和第三边的高线对应相等，那么这两个三角形全等。

大多数学生认为这样分类以后，三个命题肯定都正确，对命题6教师引导学生画图探究，可以发现结论未必成立。

探索3：把命题3的高线变为中线或角平分线呢？

命题7：有两边及第三边上的中线对应相等的两个三角形全等。（真）

命题8：有两边及这两边夹角的平分线对应相等的两个三角形全等。（真）

案例1中的所有命题没有都在课堂上一一证明，有的是让学生在课外继续探究。课堂上教师利用初中生刨根问底的心理，不断发问，让学生不断提出新问题，充分调动学生探究问题的积极性。通过动手证明或是举反例来强化对数学方法的掌握。但是，为什么有些条件是可替换的，而有些却不行？命题6结论不成立的原因是什么？这些探究对于初中生来说，还是有困难的。

由于真正的学科探究必须具备一定的学科知识基础，而学生的认知水平的发展也是一个渐进的过程，所以，在九年义务学习阶段，数学探究还是处于较为直观、浅表的阶段。相较之，高中数学探究更倾向于探究数学学科内在的、本质的规律，更注重让学生在学习数学知识的同时，掌握知识间的内在逻辑联系，从而对本学科有一个全面、系统的理解。

案例2：

师：已知：过抛物线 $y^2 = 2px$ $(p > 0)$ 的焦点 F 作一条直线 l，和此抛物线相交于 $A(x_1, y_1)$、$B(x_2, y_2)$ 两点，在大家昨天思考的基础上，围绕过焦点的弦，提出问题：

生1：$\dfrac{1}{|FA|} + \dfrac{1}{|FB|} = \dfrac{2}{p}$．

生2：（1）$y_1 y_2 = -p^2$；（2）$x_1 x_2 = \dfrac{p^2}{4}$．

生3：$|AB| = x_1 + x_2 + p = \dfrac{2p}{\sin^2 \theta}$．

生4：……

师：请大家对这些结论进行点评（评价）并证明．

生：我来证明第三条，由定义可得：

$|AB| = |AF| + |BF| = \left(x_1 + \dfrac{p}{2}\right) + \left(x_2 + \dfrac{p}{2}\right) = x_1 + x_2 + p$．我认为，在

上述问题中，应该补充，若已知直线 l 的倾斜角为 θ，则弦长 $|AB| = \dfrac{2p}{\sin^2\theta}$．

（1）若 $\theta = \dfrac{\pi}{2}$ 时，直线 l 的斜率不存在，此时 AB 为抛物线的通径，

所以 $|AB| = 2p$，所以结论成立．

（2）若 $\theta \neq \dfrac{\pi}{2}$ 时，设直线 l 的方程为：$y = \left(x - \dfrac{p}{2}\right)\tan\theta$，即 $x = y \cdot \cot\theta + \dfrac{p}{2}$，代入抛物线方程得 $y^2 - 2py \cdot \cot\theta - p^2 = 0$，由韦达定理 $y_1 y_2 = -p^2$，$y_1 + y_2 = 2p\cot\theta$．

由弦长公式得 $|AB| = \sqrt{1 + \cot^2\theta}\,|y_1 - y_2| = 2p\,(1 + \cot^2\theta)\,\dfrac{2p}{\sin^2\theta}$．

师：由这位同学的证明，你们能发现什么？

生：他考虑得比较周密，并且在证明过程中，已经出现了生 2 提出的结论。

师：很好！由此结论，你们还能发现什么？

生：应该考虑弦长的最小值！

生：对的，可作为推论：过焦点的弦中通径长最小．因为 $\sin^2\theta \leqslant 1$，所以 $\dfrac{2p}{\sin^2\theta} \geqslant 2p$，所以 $|AB|$ 的最小值为 $2p$，即过焦点的弦长中通径长最短．

师：刚才已经有同学提出下列结论，我来补充完整：抛物线准线为 $x = -\dfrac{p}{2}$（直线 $A_1 B_1$），$AA_1 \perp A_1 B_1$ 于 A_1，$BB_1 \perp A_1 B_1$ 于 B_1，M_1 为线段 $A_1 B_1$ 的中点，则（1）$AM_1 \perp BM_1$；（2）以 AB 为直径的圆与抛物线的准线相切．

学生证明略．

师：请大家联系平面几何知识，想想在哪里见过这样的结论？

在案例 2 中，学生们积极思考，出现了不同意见，指出问题的根源，有思辨、反驳、矫正，体现出较好的思维性．这个问题实际上是一个平面几何证明题：即上下底长的和等于斜腰长的直角梯形 $ABCD$ 中，$\angle A = \angle B = 90°$，$M$ 是 AB 的中点，则有（1）$CM \perp DM$；（2）以 CD 为直径的圆与 AB 相切．通过问题变式，将一个高中数学问题与初中平面几何问题联系起来，让学生看到了与此问题相关的结论，本质上是由一个几何图形决定的，揭示了所研究问题的内在规律与本质属性。

在课程标准中，对于高中数学探究给出了这样的定义：数学探究即数学探究性课题学习，是指学生围绕某个数学问题，自主探究、学习的过程。这个过程包括：观察分析数学事实，提出有意义的数学问题，猜测、探求适当的数学结论或规律，给出解释或证明。

二、高中数学探究的价值

从人们对高中数学探究内涵的界定中，我们不难发现其价值。

（一）有利于学生对科学思维和科学方法的掌握

在探究性学习的过程中，一方面，教师要提供必要的数学思想和方法，学生将这些思想和方法运用于实际问题的解决过程中，使得这些方法得到强化和掌握；另一方面，学生在自我探究的过程中，在假设和论证地尝试解决问题的过程中，领悟、探索出一些数学的思想方法，对于这些"自我习得"的数学思想方法，学生的领悟更深，掌握也就更为牢固。

在课程标准中，明确提出："数学探究是高中数学课程中引入的一种新的学习方式，有助于学生初步了解数学概念和结论产生的过程，初步理解直观和严谨的关系，初步尝试数学研究的过程，体验创造的激情，形成严谨的科学态度和不怕困难的科学精神；有助于培养学生勇于质疑和善于反思的习惯，培养学生发现、提出、解决数学问题的能力；发展学生的创新意识和实践能力。"

（二）有利于学生问题解决能力和创新实践能力的培养

数学探究是一种基于数学学科或社会生活中的问题、并以这些问题为中心的学习。问题的解决是没有现成方法的，需要学生综合运用已有的知识和科学思维方法，创造性地进行探究。而这种创造性就是在经历猜想——验证的过程中表现出来。学习过程中经常进行探究训练，可以获得解决问题的能力。同时，数学探究活动的内容领域并不局限于数学学科，还涉及到社会生活领域。这就需要学生在社会生活中展开探究，进行必要的观察、实验、调查、访谈等活动以收集信息，这为学生数学创新实践能力的培养提供了平台。

（三）有利于学生知识、技能、情感、态度的协调发展

数学探究有利于学生数学知识的巩固和丰富。数学探究强调将学生已有的数学知识应用于实际问题的解决，使学生的已有知识得到巩固；同时，问题的解决又使学生的数学知识得到进一步丰富和完善。数学探究的重点是学生的学习过程，通过延长或深化学习过程，来强调学习过程中的方法和技能，要求学生采取各种策略进行探索，使这个过程成为学生解决问题技能的培养和训练过程。在探究过程中，学生遇到的问题往往是从未见过的、陌生的，解决问题带有一定的挑战性和刺激感，所以，一定意义上，学习需要、动机和兴趣得以强化。同时，通过小组合作学习，促使学生在与他人共同学习、分享经验的过程中，养成良好的情感交流、相互尊重、责任分工、一丝不苟的态度。

（四）有利于形成良好的师生关系

数学探究是在老师的指导下，学生主动地进行探究活动，这与传统的接受性学习是不同的。在探究性学习中，教师在学生需要的时候才参与进来，学生是整个探究性活动的真正主体，学习活动要由学生自主地完成。因此，在探究性学习中，教师成为学生活动的指导者、协助者，学生是学习活动的实施者、主体。因为师生对于探究的问题一般都处于同一起跑线上，关系是平等的，完成任务需要相互提醒、相互协助，

在克服困难、合作交流、同尝辛苦与喜悦的过程中，师生成为朋友，成为伙伴。

三、高中数学探究的类型

高中数学探究从内容来看，主要涉及下面几个类型。

（一）在概念学习、体验知识的形成过程中进行探究

概念的形成有一个从具体到表象再到抽象的过程，学生获得概念的过程，是一个抽象概括的过程。对抽象数学概念的教学，更要关注概念的实际背景与形成过程，让学生体验一些熟知的实例，经历知识的形成过程，尽量避免机械地记忆概念的学习方式。

案例3：弧度制的引入

师：我们知道重量、长度都有不同的度量单位。例如，测量距离时，除了我们常用的厘米、米、千米等单位，在天文学上，我们还使用光年作为度量天体之间的距离的单位。

所有的度量单位都不受被测物体的影响，所以当我们建立一种新的度量单位时，同样需要遵循这个原则。

师：以前我们学了角的一个度量单位：度。请回忆："1度"是如何定义的？

说明：利用几何画板演示，体现"1度"的定义是合理的。

学生探究：在圆心角确定的扇形中，弧长和半径是否是定值？弧长和半径之间有什么关系？如何利用这种关系建立一种度量角的新的方法？

（学生以四人为一小组合作学习）

（利用几何画板演示扇形的圆心角确定时，弧长和半径的比值是个定值）

师：利用技术手段直观验证了弧长和半径的比值是一个定值，请同学对此结论做出严格的证明。

（全班交流，获得结论）

引导学生得到：既然扇形的圆心角确定时，弧长和半径的比值是个定值，那么我们可以用这个比值的不变性来定义一种度量角的新的单位。

师：当比值为1即弧长等于半径时，弧所对的圆心角叫做1弧度的角。用"弧度"作单位来度量角的制度叫做弧度制。

案例3中教师利用与长度、重量单位类比，激发学生探究另一种角的度量单位的兴趣；通过小组讨论及全班交流，让学生体验弧度制的发生过程；通过课件演示，促进学生对1弧度角形成直观的感受，同时让学生了解建立一种新的度量单位时需要遵循的一个原则。整个引入过程简洁，注重概念的实际背景与形成过程。

（二）在定理、法则的发现过程中进行探究

前人的知识对学生来说是全新的，学习应是一个再发现、再创造的过程，教师要引导学生置身于问题情境中，揭示知识背景，从数学家的废纸篓里寻找探究痕迹，让

学生体验数学家们对一个新问题是如何去研究创造的，从中体会思维过程，感悟探索的真谛。

案例 4：平面向量的分解定理

师：前面我们学过向量的正交分解，知道在直角坐标平面内一个向量可以表示成两个互相垂直的向量 i，j 唯一的线性组合。但是在实际问题中，一个向量还要求分解成两个不平行的向量的线性组合。如下：

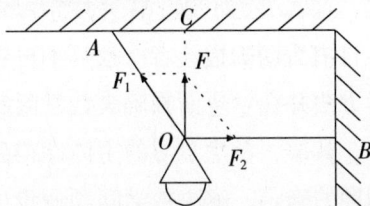

一盏电灯，可以由电线 CO 吊在天花板上，也可以由电线 OA 和绳 BO 拉住。CO 所受的力 F 与电灯重力平衡，拉力 F 可以分解为 AO 与 BO 所受的拉力 F_1 和 F_2。若变动图中 A 的位置，则拉力 F 对应的向量可以分解成两个不平行拉力对应向量的线性组合。

师：如果 e_1，e_2 是平面内的两个不平行的非零向量，a 是该平面内的任意一个向量，（若 a 按 e_1，e_2 所在的直线分解，）那么 a 与 e_1，e_2 之间有什么关系呢？

通过几何画板动画演示向量分解，让学生体会对于任意向量都可以分解。

提问 1：平面内任意向量 a 是否都可以写成给定 e_1，e_2 的线性组合形式？

提问 2：平面内向量 a 是否都可以写成任意确定的 e_1，e_2 的线性组合形式？

提问 3：当 e_1，e_2 确定时，这种线性组合的表达形式是否唯一？

学生思考，并做适当的小组讨论。

案例 4 中，教师通过回顾向量的正交分解和受力分析实例出发，创设情景（物理中"力的分解"），让学生感知力的分解的现实需求，进而引出问题，激发学生探究力学中这种处理方式的合理性与科学性。同时以学生的认知基础作为教学起点，使学生在熟悉的背景中，自然地进入对平面向量分解定理的探究。先让学生尝试对探究结果的概括，然后通过层层推进的问题，将平面向量分解定理的关键语言逐一剖析，让学生完整地感悟知识发生、发展和完善的过程，进而对这一概念的内涵产生深刻的认识。

（三）对数量关系、变化规律进行探究

数学中的很多内容充满了用来表达各种数学规律的模型，如方程、函数、不等式等，教师要引导学生进行观察、实验、猜测、验证、推理与交流等数学活动，探索事物的数量关系、变化规律。

（四）对生活中实践性问题进行探究

数学知识来源于生活，又应用于生活，生活中的实践问题为数学探究的展开提供了丰富的题材。教师应尽可能多提供一些现代生活中学生感兴趣的事例进行探究。如在学习了函数和不等式的知识后，可以让学生计算有关经济问题。诸如市场销售问题、办厂赢亏测算、股票风险投资、贷款利息计算、道路交通状况、环境资源调查、有奖销售讨论、体育比赛研究等。这些素材可从报刊杂志、计算机网络中查找。（具体案例参见案例 7）

四、高中数学探究的特征

（一）学生探究的主动性

数学探究活动是在教师的指导下，学生主动地发现数学问题、解决数学问题的过程，这就决定了数学探究性学习中师生的关系。首先，教师从知识的传授者转向了学生自主活动的指导者。教师不再告诉学生每一步该怎么进行，而是给学生提供各种数学方法并在学生面临解决数学问题出现各种困难而无法继续的情况下，适时地进行指导。其次，学生学习的主体性得到了充分的张扬。在数学探究性学习中，探究的数学问题的确定、解决数学问题假设的确立、论证和推导假设的进行、结论的得到，都是在学生自主探究的情况下进行的，整个过程老师是无法包办的。

（二）探究主题的多样性

数学探究的主题是学生或老师提出的，这些主题涉及到的领域相当广泛。数学探究主题可以是教材的知识点、课后的习题、教材内容的拓宽；也可以是其他学科中的数学问题；还可以是学生在日常生活中遇到的数学问题。因此，探究的主题是多样的。

（三）探究过程的开放性

开放性是数学探究的基本特点。数学科学体系本身是开放的，学生的思维活动也是开放性的，数学探究为学生个体施展才华提供了广阔的知识空间，显现出多元的开放性。

1. 在探究性学习中，研究的课题需要学生在课堂之外进行观察、实践、调查，进行充分的探索活动，这体现了学习时间、地点的开放性。

2. 探究问题的方式是多样的，不再是以教师讲授数学知识为主，而更多的是要求学生进行自主探索以及与他人进行合作交流。在探究性学习中，学生的活动方式有个人独立探索、小组合作探索和教师指导探索等。这些方式的存在说明学生学习方式的开放性。

3. 在探究性学习中，由于学生采用不同的探究形式，对问题研究获得的最终结论也不一样，这体现了结果的开放性。

（四）探究方法的抽象性

数学是"一种研究思想事物的科学"，决定了数学探究性学习较高的抽象性。这种抽象性表现在抽象的内容、方法、程度上。如果说其他学科研究可以采用实验的手段，那么数学探究经常借助的是"思想实验"。数学探究性学习的展开，要求学生面对错综复杂的事物，能够把注意力集中到对所研究问题起关键作用的特征上，也就是要从数学情境的多种因素中抽象出最为本质的因素，并用抽象的数学符号和语言表示出来。

（五）探究思维的创新性

数学是培养创造性思维的优良载体，这决定了数学探究性学习有着较深刻的创新

高 中数学教师专业能力必修 Guo Zhong Shu Xue Jiao Shi Zhuan Ye Neng Li Bi Xiu

性。数学是具有创新意识的知识主体，由其开发创新潜能需要以探究性学习方式作为载体。因此探索和创新是数学探究性学习的核心。布鲁纳说："探索是数学的生命线。"学生通过数学探究性学习，探寻、揭示事物的本质规律和特点，获得探究过程的体验与解决问题的科学方法，发展其思维的探究性与创造性思维。在这个过程中，学生通过自我探究获得的数学思维、方法、规律，相对于原来的知识、方法、规律而言，就是一种创新。

第二节　组织学生开展数学探究活动的策略

在明确认识高中数学探究活动，理解其作用与意义之后，我们就可以在教学行为层面上进行探索与实践了。那么，在具体组织学生开展数学探究活动时，我们应该关注哪些方面呢？就笔者学习与实践的体会及经验做分享如下。

一、从选择合适的探究内容入手

并不是所有的高中数学教学内容都适合开展探究活动，选择恰当的探究内容才能激发学生探究的兴趣，体会探究的价值，从而达到培养学生能力的目的。一般，根据学生数学学习的特点和数学学科发展的需要，我们通常可以选择以下内容进行探究。

（一）基本概念与命题

数学作为一门学科有自己独特的内容与目标，如计算、解题、图形的认识与推理等，这是学习其他学科的基础性知识。在高中数学的核心内容中，如函数、方程与不等式，数列的递推与通项公式，几何知识中的点、线、面之间的位置关系等，数与式、数与形之间有着许多横纵联系，形成一张知识的网络。其中许多基本概念、运算法则、定理、性质就如"节点"，联系彼此。以一定的知识结构为依托，从知识网络的交汇点——认知节点处，寻找探究活动的切入点，让学生在适当的问题情境中自主研究，可以揭示知识发生的来龙去脉，积累研究问题的一般方法：特殊——观察——归纳——猜想一般结论——验证，或由特殊——观察——不完全归纳。

如在学习二项式定理杨辉三角的基础上，进一步探索杨辉三角的基本性质及其中蕴含的数量关系。因杨辉三角中蕴含着许多有趣的数量关系，所以适当记住杨辉三角的一些性质，对于发现某些数学规律是不无帮助的。又如，渐近线作为双曲线的重要性质，学生有必要弄清楚为什么双曲线有渐近线，而椭圆、抛物线却没有？为什么双曲线 $\frac{x^2}{a^2} - \frac{y^2}{b^2} = 1$ 的渐近线是 $y = \pm \frac{b}{a}x$，能否给出证明？在已知双曲线的方程求渐近线的方程，与已知渐近线的方程求双曲线的方程时有什么解题规律，基于什么道理？这些都是学生可以在老师的指导下进行探索和研究并得到的结论。

（二）核心思想与方法

数学教育不仅要关注学生对数学知识的获取，更应该关注学生的情感、认知、思维和一般能力的发展，即除了基础知识和技能外，还包括学生数学思想的熏陶与启迪。通过实验、猜测、模型化、合情推理、系统分析等研究方法，使学生在掌握所要求的数学内容的同时，进行数学思想方法的有效训练。数形结合、函数与方程、化归与转化、分类与讨论等数学思想方法是高中数学的核心思想。一种数学思想或方法往往会渗透到不同的数学内容中去，这就使这些不同的数学内容之间以这种思想或方法为纽带建立了纵向联系。选择这部分内容进行探究，可以使学生在探究过程中掌握解决某一类问题的思想与方法。

同时，在探究的情境下让学生发现问题，做多角度的思考，观察归纳问题特征，猜测论证，尝试从一般到特殊再回到一般的研究问题方法，以此激发数学学习的兴趣，感悟数学学习的方法与规律，逐步形成乐于进取的积极态度。

案例5：对数函数的图像与性质教学设计

对数函数的图像与性质这一节内容在教材中设置在指数函数、反函数之后，学生已具备清晰的知识背景。在此之前已重点学习研究了二次函数、幂函数等初等函数的性质，已初步体验过函数的研究过程，具备了用类比、转化进行自主探究的研究方法。基于以上两点思考，这节课的教学适合于探究性学习。

从教材的安排上来看，希望借助原函数与反函数的关系，利用类比的数学思想方法推出对数函数性质。而在实际教学过程中，数形结合思想一直是高中数学学习内容中渗透比较广泛的数学思想方法，教参上也作出了加强形数结合的建议，同时，例1的设置也是为了强调用列表、描点画对数函数图像，这是一种重要的方法。

我是从指数函数的反函数是什么的角度引入对数函数，希望学生在整个探究过程中能对互为反函数的函数之间的关系有进一步认识。同时，我也想为学生创设一个开放的情境，摒弃以往暗示学生直接从指数函数的性质类比得到对数函数的性质这一途径，我想放手让学生经历一个研究新的函数图像与性质的过程，让学生充分利用多种渠道获取知识。可以利用反函数与原函数图像关于直线对称，或是从一般到特殊再到一般的研究方式等。可以在这一过程中进一步体会，哪一种途径解决此项任务可以更便捷。总而言之，我想使这堂课呈现出自主性、开放性、探究性等特征。

我这样设置的教学目标是通过寻求指数函数的反函数过程，明确对数函数的定义，加深对互为反函数的函数关系的认识。

可以说，该案例让学生体验寻求指数函数的反函数以及这个函数性质的过程，进而明确对数函数的定义，加深对互为反函数的函数关系的认识。在探索对数函数的图像及性质的过程中，学会观察与归纳，感悟类比、分类讨论、数形结合的数学思想，体验从一般到特殊再到一般以及寻求新旧知识的联系来研究问题的方法，提升解决数学问题的能力。让学生在质疑、交流、合作过程中获得发现的成就感，形成良好的数学思维品质。整个过程充分体现探究活动的价值。

二、让学生经历数学知识发生与发展的过程

探究活动尤其要关注课程标准所提出的过程性目标：经历－过程。通过经历将一些实际问题抽象为数与代数的过程；经历提出问题，收集、整理、描述和分析数据，做出决策和预测的过程；经历运用数字、字母、图形描述现实世界的过程；经历观察、实验、猜想、证明等数学活动过程。由此，得到结果性目标——学会运算，能解方程，掌握性质（定理）等。

可以从数学故事和数学史实的角度创设探究问题的情境，如教授等比数列的前 n 项和公式，可用古印度国王用麦粒奖赏国际象棋的发明者的故事来创设情景，引入求一个首项为1、公比为2的等比数列的前64项和的问题，引发学生研究的兴趣。让他们了解数学知识的实际发生过程，学习数学家探索和发现数学知识的思想和方法，实现对数学知识的再发现过程。这种方法尤其适用于定理数学和公式数学，如棱锥体体积可用实验观察使学生发现结论。

案例6：等差数列的前 n 项和公式的引入

我们已经熟悉了等差数列的定义及其通项公式 $a_n = a_1 + (n-1) d$，这节课就来研究等差数列的前 n 项和公式．大家先听一个故事：高斯是德国伟大的数学家、天文学家、物理学家．在10岁那年，有一次，老师出了道题目：$1 + 2 + 3 + \cdots\cdots + 100 = ?$ 正当大家算得不亦乐乎的时候，高斯站起来答道："$1 + 2 + 3 + \cdots\cdots + 100 = 5050$"．

提问1：你能说出高斯解题的方法是什么吗？

提问2：你能很快的得出 $1 + 2 + 3 + \cdots + 48 + 49$ 的答案吗？

提问3：那么，$1 + 2 + 3 + \cdots + n = ?$ 又如何求呢？

提问4：既然结论 $S_n = \dfrac{n(n+1)}{2}$ 与 n 的奇偶无关，那是否有更简单的求和方法？

提问5：用什么办法，可以得到结论中的 $n+1$ 呢？

案例6中教师采用数学史料故事创设情景。这种方法既有趣，又饱含智慧。它既是学生学习的生长点，同时也是引发学习内容的催化剂。在探求求和思路的过程中，采用了从特殊到一般的方法，问题的设置层层铺垫，为学生发现"倒序相加法"提供了合理的台阶。

也可以让学生在经历知识发展过程中，体会知识的结构化，进而构建自己的数学知识体系。如，让学生通过向量坐标形式的加（减）来理解复数按多项式加（减）的合理性，同时也可探索分别按向量的平行四边形法则、三角形法则来实施附属的加法与减法，这一探索对学生来说并不困难。并且学习复数的三角表示，探索复数的乘法、除法、乘方、开方的可行性和几何意义。并可让学生按小组将复数的代数形式、坐标表示、向量表示、三角表示以及其中的运算进行对照，最好列出表格。这既能巩固数形结合这一重要思想，同时也能让学生体会数系发展的必要性。

三、让学生感受数学的广泛应用

数学应用的广泛性是数学科学的基本特征之一。学习数学就意味着学习尝试运用数学的语言去解决问题、探索论据并寻求证明，这里的问题指的不仅是数学问题。而最重要的活动则应该是从给定的具体情境中，识别或提出一个数学概念，从观察到的实例中进行概括，再通过归纳、类比，在直觉的基础上形成猜想，也就是学习使用数学的思维方式。

（一）应用在其他学科中

在高中学习的过程中有许多学科都会应用到数学知识，如物理、化学、生命科学等。

1. 数学在物理中的应用

例：用抽气机把压强为 1 Mpa 的气体从容积为 10 L 的容器中抽出，每一次可抽出气体 0.1 L，若在温度不变的条件下抽 5 次，容器内剩余气体的压强是原来的百分之几？

此题虽是一道物理题，但实质上是运用中学数学中的数列知识来解决的。

2. 数学在化学中的应用

例：甲乙两人用农药治虫，由于计算错误，在 A、B 两个喷雾器中分别配制成浓度为 12%、4% 的药水各 10 kg，实际上两个喷雾器中的农药浓度本应是一样的，现在只有两个容量为 1 kg 的药瓶，他们从 A、B 两个喷雾器中分别取出 1 kg 药水，将 A 中取得的倒入 B 中，将 B 中取得的倒入 A 中，这样操作了 n 次后，A 中药水成了含 a_n% 的药水，B 中药水成了含 b_n% 的药水。

①求证：$a_n - 8 = \dfrac{4}{5}(a_{n-1} - 8)$（$n \geq 2$）；

②按照这样的方法进行下去，他们能否得到浓度大致相同的药水？试证明你的结论。

此题利用了数列和极限的知识来求解溶液浓度。

3. 数学在生命科学中的应用

例：在伴性遗传中，比较典型的红绿色盲产生情况如下表。

	女性			男性	
基因型	XBXB	XBXb	XbXb	XBY	XbY
表现型	正常	正常（携带者）	色盲	正常	色盲

为什么红绿色盲的患者男性多于女性？

此题利用乘法原理计算上述基因型的男女个体两两婚配的方式，根据概率知识即可很快得到结论。

（二）应用在现实生活中

数学教学的内容，应该是"现实的数学"。如果过于强调数学的抽象形式，忽视了生动的具体的模型，过于集中内在的逻辑联系，割裂了与外部现实的密切联系，则会使学生失去对数学的兴趣与学习动机。因此应把培养学生的"应用数学意识"落到中学数学的教学中去，使学生了解数学在实际生活中的广泛应用，从而提高学生对数学学习的兴趣，形成在生活和工作中应用数学的良好习惯。使我们的学生最终能够提出、分析和解决带有实际意义的或在相关学科、生产和生活中的数学问题；会使用数学语言表达问题、进行交流，形成用数学的意识。

案例 7：

教师首先播放一段反映上海日新月异变化的录像，上海的金茂大厦与东方明珠塔是改革开放以来，上海超高层标志性建筑。由此引出本节课讨论的数学问题。

探究 1：在上海延安东路的外滩，你能否用测角仪和皮尺测得金茂大厦与东方明珠塔之间的距离？（假设所有建筑底部在同一水平面上）

探究 2：有位测量爱好者能否用测角仪和皮尺测得金茂大厦的高度？（假设所有建筑底部在同一水平面上）

探究 3：该测量爱好者在一座高层楼房的 15 楼 B 观测点和 20 楼的 A 观测点（B 与 A 在同一铅垂线上）进行测量，由于障碍物的遮挡，在 B 点无法测得金茂大厦底部的俯角。假设楼的层高均为 h，试问他能否测得金茂大厦的高度？

案例 7 中教师先进行正弦定理和余弦定理的知识回顾，为学习新的知识，探索实际问题作好铺垫。接下来就上节课作业中学生提出解决金茂大厦与东方明珠之间距离的方案进行交流，其目的在于使课堂成为学生交流的场所。紧接着要求学生进一步探究金茂大厦高度的测量问题，把学生的学习引向新的高度。这种教学设计既使学生认识到数学源于实践，又服务于实践的特点，又有利于培养学生观察、抽象和概括能力及他们的团队合作精神。本节内容是《解斜三角形》中的重要部分。它不仅体现了对正弦定理、余弦定理的综合运用，而且还是数学在实际生活中运用的典型范例，是理论和实践相结合的典型课例，充分体现了新课程标准对数学学习的指向与要求。

又如，研究性课题"分期付款的有关计算"。这类分期付款问题，是学生学习的一个难点，学生对于建立数学模型有相当大的困难。因此在教学中一定要以学生探究为主，教师点拨、介绍情况为辅，要充分发挥学生的创造才能，并注意解法中把实际问题具体化的思想方式和解法的一般性，使学生初步实现知识应用能力的迁移。例如在人口增长、城市住房规划建设、木材砍伐等问题中都有相似的模型。本课题解决问题的方法是开放的，给学生解决问题留下了足够的空间。可将全班学生分成几个小组分别调查了解分期付款的问题，并提出以下问题让学生调查研究。

1. 分期付款这种运作方式在今天的商业活动中，应用日益广泛，哪些实际问题采用分期付款比较划算？

2. 在分期付款的多种方案中，哪种方案最佳？

3. 商家采用的分期付款和课本中介绍的分期付款到底有多大距离？

4. 实际问题中的分期付款是否只有复利计算？

要求学生根据调查记录的相关数据整理成调查报告。

（三）应用在数学意识的培养中

我们还可以从对问题的引申推广来引导学生进行探究活动。可以是对一个命题进行推广，可以是从特殊到一般，也可以是对比条件进行引申或是用等价形式的变换来进行引申。可以让学生在引申推广的过程中，提高发现问题、提出问题和解决问题的能力，学会数学研究的方法，促进学生求异思维及发散思维的发展。而对一个命题进行推广是有多种途径可循的。比如可以把条件进行相似变换，即在数学元素的数量上或维数上进行推广。几何方面通常表现为线段数或边数（角数）的增加，或从平面到空间的推广；代数方面则通常表现为变量个数的递增。

案例8：

问题：在平面直角坐标系 xOy 中，设直线 l 与抛物线 $y^2 = 2x$ 相交于 A，B 两点，

(1) 若 l：$y = x - 3$，求 $\overrightarrow{OA} \cdot \overrightarrow{OB}$；(2) 若 l：$y = 2(x - 3)$，求 $\overrightarrow{OA} \cdot \overrightarrow{OB}$.

问题1：从这两组问题的解答中，你能概括出怎样的一个命题？它是真命题还是假命题？

结论1：在平面直角坐标系 xOy 中，设直线 l 与抛物线 $y^2 = 2x$ 相交于 A，B 两点，若直线 l 过定点 $(3, 0)$，则 $\overrightarrow{OA} \cdot \overrightarrow{OB} = 3$，真命题.

问题2：至此，我们已经在原来问题的基础上，对直线的斜率进行了推广，一般来说，对一个问题进行推广可以从"特殊到一般、数字到字母、具体到抽象"等方面考虑，那么，围绕这个命题，我们还可以进一步作怎样的探究？

拓展1：在平面直角坐标系 xOy 中，设直线 l 与抛物线 $y^2 = 2x$ 相交于 A，B 两点，若直线 l 过定点 $T(t, 0)$，则 $\overrightarrow{OA} \cdot \overrightarrow{OB} = ?$

结论2：在平面直角坐标系 xOy 中，设直线 l 与抛物线 $y^2 = 2x$ 相交于 A，B 两点，若直线 l 过定点 $T(t, 0)$，当点的横坐标在 x 轴正向或负向且直线斜率满足：$k^2 \leq -\dfrac{1}{2t}$ 时，$\overrightarrow{OA} \cdot \overrightarrow{OB} = t^2 - 2t$，即数量积只与点的横坐标有关而与直线的斜率无关.

拓展2：在平面直角坐标系 xOy 中，设直线 l 与抛物线 $y^2 = 2px$（$p > 0$）相交于 A，B 两点，若直线 l 过定点 $T(t, 0)$，则 $\overrightarrow{OA} \cdot \overrightarrow{OB} = ?$

结论3：在平面直角坐标系 xOy 中，设直线 l 与抛物线 $y^2 = 2x$ 相交于 A，B 两点，若直线 l 过定点 $T(t, 0)$，当点的横坐标在 x 轴正向或负向且直线斜率满足：$k^2 \leq -\dfrac{1}{2t}$ 时，$\overrightarrow{OA} \cdot \overrightarrow{OB} = t^2 - 2pt$，即数量积只与点的横坐标及抛物线焦参数有关而与直线的斜率无关.

拓展3：在平面直角坐标系 xOy 中，设直线 l 与抛物线 $y^2 = 2x$ 相交于 A，B 两点，若 $\overrightarrow{OA} \cdot \overrightarrow{OB} = 3$，则直线 l 过定点 T（3，0）吗？

结论4：在平面直角坐标系 xOy 中，设直线 l 与抛物线 $y^2 = 2x$ 相交于 A，B 两点，若 $\overrightarrow{OA} \cdot \overrightarrow{OB} = 3$，则当直线 l 与抛物线的交点 A，B 位于 x 轴两侧时，所有直线 l 过定点（3，0），当直线 l 与抛物线的交点 A，B 位于 x 轴同侧时且直线斜率满足：$k^2 \leqslant -\dfrac{1}{2t}$ 时，直线 l 过定点（-1，0）.

结论5：在平面直角坐标系 xOy 中，设直线 l 与抛物线 $y^2 = 2px$（$p>0$）相交于 A，B 两点，若 $\overrightarrow{OA} \cdot \overrightarrow{OB} = m$，（$m$ 为正常数），则当直线 l 与抛物线的交点 A，B 位于 x 轴两侧时，所有 l 直线过定点（$p + \sqrt{p^2 + m}$，0），当直线 l 与抛物线的交点 A，B 位于 x 轴同侧时且直线斜率满足：$k^2 \leqslant -\dfrac{p}{2t}$ 时，直线 l 过定点（$p - \sqrt{p^2 + m}$，0）.

第三节 认识与指导高中数学竞赛

近几年来，数学竞赛发展尤其迅猛，数学竞赛成为教育研究乃至社会聚焦的一个热点问题。然而数学竞赛的功能渐渐偏离了本该有的轨道，是否在数学竞赛中得奖变成一些学校挑选学生的依据，竞赛带上了一抹浓重的功利色彩。为了进入所谓的名校，不少学生不得不违背自己的兴趣爱好，忽视自身的知识基础，为了参加数学竞赛接受大量的机械性训练。在这样的背景下，大多数学生是得不到数学能力的提高的。

但笔者认为，数学竞赛教育所具有的功能不该由此而被抹杀。作为一名高中数学教师，该如何正确认识高中数学竞赛呢？对于竞赛指导，我们可以做些什么呢？

一、高中数学竞赛与数学探究

当代美国大数学家 P·R·哈尔莫斯说"问题是数学的心脏"。言下之意，研究解决问题则自然应当是数学的灵魂。数学问题研究，其求解方法琳琅满目、风格迥异，无一不闪烁着璀璨的现代数学思维特色。求解数学竞赛问题，必须摆脱固定模型的束缚，超越模仿的局限，跳出现成程序的框架，创造性地运用观察、分析、归纳、类比、分类、分步、变换、搜索、构造等探究型的思维方法。由此，笔者认为，数学竞赛并不适合全体学生，它不同于一般的高中数学探究活动，它仅适合于少数对数学有强烈兴趣和有天赋的学生。

数学竞赛的内容是以研究解决问题为主的探究型认知体系。也可以说，数学竞赛的问题解决就是数学探究。

1. 观察。必须眼观六路，耳听八方，用研究的态度从不同的角度去观察同一个问题，既观察已知条件，又观察求证结论；既观察数据特点，又观察形态特征；既观察明显结构，又观察隐蔽条件；既作正面观察，又作反面设想；既作直接观察，又通过转化作间接观察。

总之，要善于灵活地调整观察角度，通过不同观察结果的对比，方能抓住问题的本质特征。

2. 分析。必须通过把握问题各个部分的局部特征去把握问题的整体，通过问题的表层分析逐步深入问题的深层，通过局部分析或是整体分析，具体分析或是抽象分析，静态分析或是动态分析，来把握问题的本质。

3. 归纳、类比。在研究问题时可以从特殊入手，从个别特殊的事例推出同一类事物的一般性结论，作科学的归纳和猜想，在两个事物之间进行比较，找出它们的类似之处，进行科学的类比，发现新的事实和结论，为进一步的论证打下基础。

4. 分类、分步。在复杂问题面前，使用不同的分类方法，比如自然分类、难易分类、特殊分类等，将复杂问题分解为若干简单问题来解决，或者使用各种不同的分步方法，比如中途点法，迭代法等，将复杂问题分拆成几个简单的步骤来处理。

5. 变换。对于不易直接处置的问题，灵活运用各种变换将问题化归。比如代数中的恒等变换、同解变换、等值变换、变量代换，几何中的平移变换、对称变换、旋转变换、相似变换、维数变换等，从而将问题化繁为简，化难为易。

6. 构造。有许多问题推理难以奏效，需要根据题述数学对象的特征及其相关的公理、定理等为"构件"运用映射、变换、运动等数学思想方法将该数学对象或其模型直接构造出来，或者构造辅助函数、辅助方程、辅助几何模型、新的程序、新的结构，使论证得以实现。

因此研究解决数学竞赛问题，需要学生用自己的智慧和毅力去探寻方法。这样，学生自然而然地养成并掌握了探究型的思维习惯和方法，从根本上培养了他们探究型的智力和能力。当然，这是建立在一定基础之上的，或者明确地说，基于高中数学竞赛的难度与要求，只适合于少数学校中数学优秀的学生。

二、指导高中数学竞赛的策略

（一）研究数学竞赛问题特点

1. 新颖性与检验性

竞赛题中有不少学习型的试题，这种题往往是新定义一个概念，如新定义一个函数、集合、数列、一类数，新定义一种符号、一种运算法则等，然后要求应试者按新给的定义解题；或者给出处理问题的规律与要求，然后要求应试者设计出方案或给出实施方案。这类题的共同特点就是"新"，由此选拔思想敏锐、肯于钻研、具有创新精神的学生，这类题是检验应试者接受新事物，适应新情况能力的。

2. 开放性与探究性

为了考察应试者的探究能力，竞赛中某些试题只给出条件，而结论常常隐而未白，或指出一个探索方向和范围，结论需自己探究后做出判断。这类题在解答中需要有更多的独立思考与探求，要求对结论作出大胆合理的猜想，在解题方法上能出奇制胜，别出心裁，要善于剖析实例，发现结论；善于寻找反例，否定结论；善于合情推理，想象结论；善于运用原理，探索结论；善于辨证思维，发展结论等。

3. 背景性与启示性

竞赛题中的很多命题，不仅是高等数学和某些专门领域的问题、方法，通过"特殊化"、"初等化"、"具体化"移植而来，而且调动和活化了初等数学中很多潜在的知识、方法、原理，体现了题目的"出身"、"背景"。由于题目的背景使得题目"身份"提高，更加富有新意，构思的优美和精巧吸引着广大数学爱好者，通过对这些题的剖析、探索往往能获得新的成果，得到重要的发现。

（二）关注探究过程培养数学思维

根据高中数学竞赛题的特点，从组织数学探究活动着手，训练和培养数学竞赛解题思维能力，尤其应该关注以下几个方面。

1. 根据题目信息丰富想象，培养解题思维的敏捷性

敏捷的思维对解题者来说是非常重要的，特别是要求在限定的时间内解题。高中数学竞赛题不同于一般的数学题，其新颖性和艺术性特点不可能像解一般数学题那样有规律可循，这就需要解题者能敏捷地思考，能根据题目所给的信息迅速找到这些信息之间存在的联系。想象是培养思维敏捷性的一个有效的途径。可以根据题目的内容进行想象；通过空间的想象来帮助逻辑推理；从问题的外形入手；通过类比触发灵感，运用直觉思维将问题转化为熟悉的、简单的问题；也可以通过想象借助形象思维对抽象的问题构造一个现实的形象等。想象可以让解题者对问题进行快速地判断，重新构建信息使解题思维有明确的方向。

2. 多方位探索解题途径，培养解题思维的灵活性

数学竞赛解题的过程是一个不断探索的过程。在这个过程中，解题者的思路可能不是顺利地向着结论前进的，而是会出现一系列的问题。思维的灵活性表现为在解题过程中当思维受阻时能善于随机应变，自我调节改变思维的方向、转换解题思维的策略。思维的灵活性包括思维起点和思维过程的灵活性，而思维起点的灵活性与解题思路的敏捷性是相通的。在解题过程中，当正面考虑问题有障碍时，要打破思维定势灵活地改变思维方向，从问题的侧面或者反面来考虑问题，也就是采用逆向思维策略或转化思维策略，也可以采取整体思维的策略对问题进行整体判断。解答一道高中数学竞赛题往往可以采用不同的方法，这意味着不同的思维方式有着不同的解法，通过一题多解、一题多用、一题多变来探索不同的解题途径以培养解题思维的灵活性。

3. 深入地思考发现问题的本质，培养解题思维的深度

能迅速地理解问题所提供的信息，灵活地转换思路对高中数学竞赛的解题是不够

的。因为每一道竞赛题对于相应层次的竞赛选手而言都有一定的难度，特别是高层次的数学竞赛更是如此。因此，在很多情况下解答高中数学竞赛题不仅要灵活地思考，还必须将思维深入下去。如果对问题的理解只是停留在表面层次上，不能发现问题的本质所在，再怎么转换思路也很难找到问题的突破口，所以在分析问题时不能轻易地放弃正在进行的解题途径，要对问题进行深入地思考。只有将思维层层深入才能从现象到内部发现问题的本质，通过不断地排除问题解决中的障碍使问题得到解决。

4. 辨析和对比地转换问题，培养解题思维的批判性

思维的批判性特征是有能力评价解题思路选择是否正确，以及评价这种思路必将导致的结果如何，善于发现问题，提出问题所在。在寻找解题方法向结论进军的时候，如果说结论把解题的方向给指定了的话，那么条件的运用就像路标，但是有时候条件所显示的信息会误导我们的思维方向，导致我们采取错误的思维策略。因此，在运用条件时要辨证地分析，对所利用的条件要持科学的批判态度，肯定之肯定，否定之否定。一定要认清所利用的条件究竟要提供给我们什么样的信息，不要被它们的假象所迷惑。在解题过程中只有排除干扰因素，认定正确的信息，及时纠正错误的解题思路，才能保证正确的思维方向，因而在选取解题途径的时候一定要对比地分析问题，看采取哪种方法最为合理。

5. 总结、归纳和题后探索，培养创造性思维

在对竞赛选手的教学培训中，可以发现很多学生在题目解答完之后就把它放到一边，表现出思想上的满足。这样很容易导致心理封闭，形成保守的解题思想，思维没有创新。题后的探索对解题者的创造性思维和解题能力的提高有着非常重要的作用。正如数学教育家波利亚所说："没有任何一道题是可以解决得十全十美的，总剩下些工作要做，经过充分的探讨总结总会有点滴发现，总能改进这个解答，而且在任何情况下，我们总能提高对这个解答的理解水平"。当解答完问题时，我们应该对问题进行总结、归纳和反思，看解题过程中用到了哪些思维策略、采取了什么解题方法，问题有什么样的特点和规律，看有没有更好的解法，进行深一层地研究与挖掘，把对问题的思维延伸下去，进而优化解题方法，提高解题思维的创造力。在对问题解答之后，可以探讨问题的形成背景，认清问题本质，也可以对问题进行推广，通过自编题目来扩大考查的知识面，这样就能对掌握的知识进行同化、顺应和深化，从而培养创造性的思维能力。

案例9：富比尼原理

算两次原理又叫富比尼原理，我们要用这条原理来解答有些棘手的问题。什么是算两次原理？我们来看一个 $m \times n$ 的一个数表，这个数表中有 mn 个数，将之列出一个表：

a_{11}	a_{12}	...	a_{1n}
a_{21}	a_{22}	...	a_{2n}
⋮	⋮	⋮	⋮
a_{m1}	a_{m2}	...	a_{mn}

求这 mn 个数的总和。一种方法是先求每一行的和，然后在把它们加起来。例如第 i 行就是它的行标 i 不变，列标 j 从 1 到 n 得到 $\sum\limits_{j=1}^{n} a_{ij}$，再把每一行的和加起来得到总和为 $\sum\limits_{i=1}^{m} (\sum\limits_{j=1}^{n} a_{ij})$；另外一种方法也可以先按照列求和，然后再把所求到的和加起来，就得到总和为：$\sum\limits_{j=1}^{n} (\sum\limits_{i=1}^{m} a_{ij})$。很容易知道，这两种方法求得的和是相等的：即 $\sum\limits_{i=1}^{m} (\sum\limits_{j=1}^{n} a_{ij}) = \sum\limits_{j=1}^{n} (\sum\limits_{i=1}^{m} a_{ij})$，这个等式实际上就是交换双重和号。这就是富比尼原理的基本思想：同一量用两种不同的方法去计算。这条原理在数学竞赛当中可以解决一些比较困难棘手的问题。我们来看一道这样的题：

设平面点集 S 含有 n 个点，对于 S 中的每点 P，都至少有 k 个 S 中的点与 P 等距.

证明：$k < \dfrac{1}{2} + \sqrt{2n}$.

分析：根据题目条件，对每一个点，存在以该点为圆心的圆，圆上至少有 k 个 S 中的点。可以列一个数表如下，

0	1	...	...
	0	...	0
...	...	...	...
...	...	...	0

我们是这样来填上面的数表的：如果圆心 p_i 在圆 c_j 上，我们就在 j 行 i 列填上数字 1。当然一个点不可能在以它自己为圆心的圆上。比如说，若 p_2 在圆 c_1 上，就在 1 行 2 列填上数字 1，若 p_2 不在圆 c_2 上，就在 2 行 2 列填上数字 0。这样一来，数表的每一行当中，"1" 的个数实际上就是和 p 等距的点的个数。而根据已知条件知每一行的和至少是 k；在这个数表中，n^2 个数的总和就至少为 nk。另一方面作为每一列，例如它的第 j 列，它的和记为 a_j，表示的意义是：共点于 p_j 的圆的个数，即 p_j 是 a_j 个圆的公共点。所有的 a_j 加起来记为 $e = \sum\limits_{j=1}^{n} a_j$. 这样我们得到 $e = \sum\limits_{j=1}^{n} a_j \geq nk$，我们就通过算两次获得了这样一个不等式. 我们猜想若能获得 e 的上界，本题就有希望获得证明！

为了得出 e 的上界，现在我们转换思路，来考察所有的这些圆每两个圆所够成的对子，称为"圆对"。一方面：因为共有 n 个圆，每两个圆构成的对子有 c_n^2 个；另一方面，我们观察图表，考虑共点于 p_j 的圆，对 p_j 而言，有 a_j 个圆共点于 p_j，那么这 a_j

个圆构成的圆对有 c_{aj}^2 个，如果圆对按照重数计算，共有 $\sum\limits_{j=1}^{n} c_{aj}^2$ 个圆对。但是注意到，任意两个圆至多两个交点，那么这样一对圆，在计算其中一个交点的时候，这个圆对计算了一次，计算另一个交点的时候，又计算了一次，所以重复计算的次数至多是 2，那么至少共有 $\dfrac{1}{2}\sum\limits_{j=1}^{n} c_{aj}^2$ 个圆对，因此我们就得到了这样的一个不等式：$\dfrac{1}{2}\sum\limits_{j=1}^{n} c_{aj}^2 \leqslant c_n^2$. 这是不是又是在算两次？

对 $\dfrac{1}{2}\sum\limits_{j=1}^{n} c_{aj}^2 \leqslant c_n^2$ 进行化简：$\dfrac{1}{2}\sum\limits_{j=1}^{n}\dfrac{1}{2}a_j\ (a_j-1)\ \leqslant\dfrac{1}{2}n\ (n-1)$，

所以 $\dfrac{1}{2}\ (\sum\limits_{j=1}^{n}a_j^2-\sum\limits_{j=1}^{n}a_j)\ \leqslant n\ (n-1)$，再根据柯西不等式：$\sum\limits_{j=1}^{n}a_j^2\geqslant\dfrac{1}{n}\ (\sum\limits_{j=1}^{n}a_j)^2$，

所以 $\dfrac{1}{2}\ [\ \dfrac{1}{n}\ (\sum\limits_{j=1}^{n}a_j)^2-\sum\limits_{j=1}^{n}a_j]\ \leqslant n\ (n-1)$.

再结合前面的不等关系 $e=\sum\limits_{j=1}^{n}a_j\geqslant nk$，就能够解出答案.

教师给出解答分析：可以看出这样的解法很精妙。实际上，对问题进行研究首先就是选择适当的研究对象，从两个不同的方面进行考察这个"对象"。综合这两方面后，主要是列不等式解不等式，或是列不等式解应用题。实际上这个问题还有更加简洁解答方法。

分析二：我们考察这 n 个点间所连接线段的条数，用两种方式来估计。

一方面，n 个点共可以连 c_n^2 条线段。

另一方面，由于对每个点而言，都至少有 k 个点到这个点的距离相等。所以对每一点而言，存在一个以其为圆心的圆，圆上至少有 k 个 S 中的点，故这个圆上至少有 c_k^2 条弦。由于有 n 个点，按照重数计算，至少有 nc_k^2 条弦。而任何两个圆至多有一条公共弦，故至多重复了 c_n^2 条弦，所以至少有 $nc_k^2-c_n^2$ 条弦。从而可以列出不等关系：$nc_k^2-c_n^2\leqslant c_n^2$.

这个解法相当的简洁，是南京师范大学单墫教授想出来的。其中的关键还是选择什么样的"对象"来研究，对"对象"的选择要通过具体问题具体分析，反映出解题者对问题的本质的把握。综观前面两种解法，虽然都是采用的算两次的方法，但由于选取的"研究对象"不同，解答过程有本质的区别，明显第二种解法选择的"对象"就比较好，一步分析就能将问题彻底解决。从讲解方法来说，若在上课作为选题的依据，为了突出算两次的方法，第一种方法非常好，因为它突出了算两次，第一个不等式我们是通过列表来算两次，第二个我们是通过"圆对"来算两次，连续两次通过算两次学生能够觉得很精妙，当然第二种方法也是算两次，从两个不同的角度来列等式或不等式。

这是某老师的一堂竞赛指导课，你会觉得竞赛题在他手里只是一种载体，通过这个载体来表达、传递数学思想，提升学生的思维水平。他讲解的竞赛题，不会就题论

题，而是从简单处着手逐步展开，通过一个个"简单"的数学思想去攻克"竞赛题"，使学生感到思维是那么的"精妙"，可以触及到一样。通过这样的竞赛讲解，学生思维得到了锻炼和发展，但这种发展不是获得知识上的增多，而是数学能力的提升，数学思维能力的升华。

研修建议：

作为一名高中数学教师必须清晰地认识，我们教学的目标不仅是使学生掌握数学的基础知识、技能，更应该激发学生的数学学习兴趣，鼓励学生在学习过程中，养成独立思考的习惯、实事求是的态度、积极探索的学习品质和锲而不舍的精神。数学探究活动则是一种行之有效的教学方法，探究的内容、形式与难度可以灵活多变，无论课内或是课外，小问题或是大课题，简单的小学算术或是国际数学奥林匹克训练都可以进行这样的探究活动。关键在于我们对它的认识，学习，尝试，反思和总结。

首先，我们必须从教学理论的高度去认识它，学习它。数学探究是波利亚"数学发现"和弗赖登塔尔的"再创造"教育思想的继承和发展，是现代建构主义认知理论的具体实践。只有真正理解认同，我们才会付诸在教学行为之中。

其次，我们要敢于在教学行动中不断去尝试它，实践它。高中数学探究不能流于形式，不应该成为鸡肋。怎样的教学内容适合，怎样的组织形式匹配，怎样的问题设计适合学生最近发展区，这就需要我们在教学中不断尝试与摸索。只有教师迈出了勇敢的第一步，学生的学习方式才会跟着不断调整，能力才会不断提高。

再者，我们还要认真反思每一次的探究活动，总结与积累好的案例。同一个数学探究的内容对不同的学生、在不同的阶段，它的组织、实施的形式也各不相同，当然，最后教与学的效果也不尽相同。总结、积累、推广才能让更多的教师与学生受益！

当我们在教学实践中不断修炼提高组织探究的能力，学生也在不断提高实践、探索与创新的能力，这不正是教学相长吗？

推荐书目

［1］钟启泉. 研究性学习的国际视野. 上海：上海教育出版社.

［2］顾泠沅等. 寻找中间地带. 上海教育出版社.

［3］任长松. 探究式学习—学生知识的自主建构. 教育科学出版社.

［4］靳玉乐主编. 探究教学论. 西南师范大学出版社.

［5］余应龙. 数学探究性学习导读. 上海教育出版社.

［6］张奠宙、李士锜、李俊. 数学教育学导论. 高等教育出版社.

［7］孔企平、张维忠、黄荣金. 数学新课程与数学学习. 高等教育出版社.

第五章　指导学生进行数学建模的技能

20 世纪下半叶以来，数学应用的巨大发展是数学发展的显著特征之一。在当今知识经济时代，数学正在从幕后走向台前，数学和计算机技术的结合使得数学能够在许多方面直接为社会创造价值，同时，也为数学发展开拓了广阔的前景。我国的数学教育在很长一段时间内对于数学与实际、数学与其他学科的联系未能给予充分的重视，因此，高中数学在数学应用和联系实际方面需要大力加强。近几年来，我国大学、中学数学建模的实践表明，开展数学应用的教学活动符合社会需要，有利于激发学生学习数学的兴趣，有利于增强学生的应用意识，有利于扩展学生的视野。

新的课程标准（全国版）指出：数学探究、数学建模是贯穿于整个高中数学课程的重要内容，这些内容不单独设置，而是渗透在每个模块或专题中。高中数学课程应提供基本内容的实际背景，反映数学的应用价值，开展"数学建模"的学习活动，设立体现数学某些重要应用的专题课程。高中数学课程应力求使学生体验数学在解决实际问题中的作用、数学与日常生活及其他学科的联系，促进学生逐步形成和发展数学应用意识，提高实践能力。

新的高中数学课程要求把数学探究、数学建模的思想以不同的形式渗透在各模块和专题内容之中，并在高中阶段至少安排一次较为完整的数学探究、数学建模活动。

第一节　数学建模的过程和特征

随着新的课程标准的颁布，对学生数学应用能力要求提高，数学建模在中学数学教学中将越来越受到人们的重视，并已成为数学教育中稳定的内容和热点之一。可以说有数学应用的地方就有数学建模。

1. 什么是数学模型和数学建模？

当我们需要从定量的角度分析和研究一个实际问题时，往往就要在深入调查研究、了解对象信息、作出简化假设、分析内在规律等工作的基础上，用数学的符号和语言，把它表述为某种数学模型，然后用通过计算得到的模型结果来解释实际问题，并接受实际的检验。这个建立数学模型的全过程就称为数学建模。

1.1 数学模型（Mathematical Model），就是用数学语言（可能包括数学公式）去描述和模仿实际问题中的数量关系、空间形式等。对于现实中的原型，为了某个特定目的，作出一些必要的简化和假设，运用适当的数学工具得到一个数学结构。

1.2 数学建模（Mathematical Modeling）：把现实世界中的实际问题加以提炼，抽象为数学模型，求出模型的解，验证模型的合理性，并用该数学模型所提供的解答来解释现实问题，我们把数学知识的这一应用过程称为数学建模。

也可以说，数学建模是利用数学语言（符号、式子与图像）模拟现实的模型。把现实模型抽象、简化为某种数学结构是数学模型的基本特征。它或者能解释特定现象的现实状态，或者能预测对象的未来状况，或者能提供处理对象的最优决策或控制。

总之，数学建模是由对实际问题进行抽象、简化，建立数学模型，求解数学模型，解释验证步骤组成（必要时循环执行）的过程。

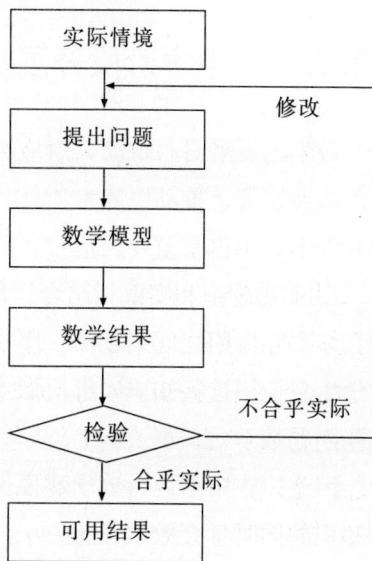

```
    ┌──────────┐
    │  实际情境  │◄─────────┐
    └──────────┘          │
         │            修改 │
         ▼               │
    ┌──────────┐          │
    │  提出问题  │          │
    └──────────┘          │
         │               │
         ▼               │
    ┌──────────┐          │
    │  数学模型  │          │
    └──────────┘          │
         │               │
         ▼               │
    ┌──────────┐          │
    │  数学结果  │          │
    └──────────┘          │
         │       不合乎实际 │
         ▼               │
       ╱╲               │
      ╱检验╲────────────┘
       ╲  ╱
        ╲╱
         │ 合乎实际
         ▼
    ┌──────────┐
    │  可用结果  │
    └──────────┘
```

2. 数学建模的一般过程有哪些？

事实上，从方法论角度看，数学建模是一种数学思想方法，是解决实际问题的一种强有力的数学工具。从具体教学角度看，数学建模是一种数学活动。一个较为完整的建模过程一般有以下几步。

模型准备：了解问题的实际背景，明确其实际意义，掌握对象的各种信息，用数学语言来描述问题。

模型假设：根据实际对象的特征和建模的目的，对问题进行必要的简化，并用精确的语言提出一些恰当的假设。

模型建立：在假设的基础上，利用适当的数学工具（尽量用简单的数学工具）来刻画各变量之间的数学关系，建立相应的数学结构。

模型求解：利用获取的数据资料，对模型的所有参数做出计算（估计）。

模型分析：对所得的结果进行数学上的分析。

模型检验：将模型分析结果与实际情形进行比较，以此来验证模型的准确性、合理性和适用性。如果模型与实际较吻合，则要对计算结果给出其实际含义，并进行解释。如果模型与实际吻合较差，则应该修改假设，再次重复建模过程。

模型应用：应用方式因问题的性质和建模的目的而异。

需要注意的是，数学建模的问题往往不是一个单纯的数学问题，它涉及到其他学科知识以及生活实际。数学建模的过程是一个多学科的合作过程，它促使学生把从各门课程中学到的知识加以融会贯通；促使学生根据需要查阅资料、获取知识；促使学生围绕问题收集信息，深化对问题的了解，并在此基础上解决问题。数学建模还可以培养学生推演、探索、猜想、计算以及使用计算器、计算机等的能力。

第二节　中学阶段开展数学建模研究的意义与数学建模的选题

数学的发展必将带动数学应用的发展，同时也促使与数学应用紧密联系的其他学科的快速发展，推动民族素质、社会经济向前发展。数学建模已在 21 世纪的数学教育及其他学科中占有重要的地位，其作用有以下几个方面。

1. 促进理论和实践相结合，培养学生应用数学的意识。数学建模课程为数学理论和具体实际应用之间架起了一座桥梁，现在的中学生已学习了很多数学知识，但大多数学生只会用这些知识来解决课本上习题，对于实际问题不会灵活应用所学知识，使实际问题数学化，更谈不上创新。

因此，在中学进行数学建模的教学时，数学建模的选题应立足于使学生在巩固所学知识的同时学会数学思想方法，帮助他们树立正确的数学观，增强数学建模的意识，从而进一步提高分析问题和解决问题的能力。

案例 1：限定区域的最短路问题

问题的描述：如图所示，在某山间有一圆形湖泊，现在要从湖泊的一边 A 地到另一边 B 地修一条公路，问选择怎样的方案才能使修建距离最短？

[问题分析]

通常情况下，平面上两点间的距离是以连接两点间的线段为最短。本问题的关键是在两点间设置了一"障碍"后，如何绕过"障碍"设计一条最短路线，因此，对"障碍"的图形进行数学抽象是问题的关键。

[模型假设]

因此作如下的假设。

1. 假设湖泊的边界为一个圆，半径为 R。

2. A、B 两点到圆心的距离已知，分别为 a、b。

3. 进行数学抽象后的数学模型如右下图。

[模型建立]

为了解决问题，我们首先研究限定区域最短路问题中的最简化的情况，给出的设计路线进行探讨证明，初步确定最短路线。

最简化的限定区域最短路线问题的描述：设 A，B 两地相距 4 km，它们之间有一个圆形湖泊，湖泊的圆心位于 A，B 连线的中点，湖泊的半径为 1 km，问从 A 地修一条到 B 地的路，选取怎样的路线可使路程最短？

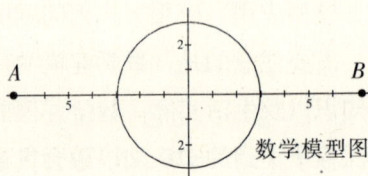

数学模型图

[模型求解]

对以上的特殊模型假设，不难得到以下 3 个比较典型的路线设计。

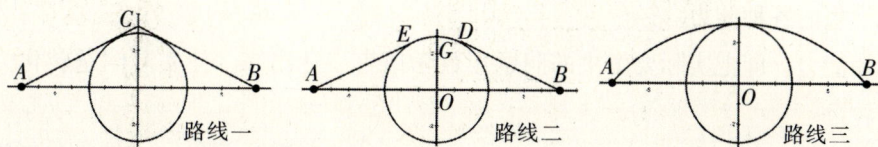

路线一　　　　　　　路线二　　　　　　　路线三

路线一：AC、BC 与圆相切；路线二：AE、BD 与圆相切，弧 DE 为圆弧；路线三：弧 AB 与圆相切。

路线一、二的比较：

从下图可以看出路线一、二的长短主要取决于线段 EC 与弧长 $\overset{\frown}{EG}$，设 $\angle EOC = a$（弧度），由此可以进行证明：

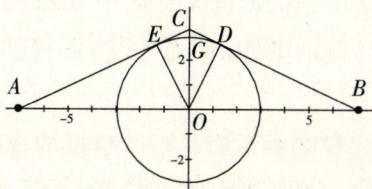

因为，$EC = OE \cdot \tan a = \tan a$，$\overset{\frown}{EG} = OE \cdot a = a$，而扇形 OEG 面积 $= \dfrac{1}{2}aR^2 = \dfrac{1}{2}a$，

$S_{\triangle OEC} = \dfrac{1}{2}OE \cdot EC = \dfrac{1}{2}\tan a$，而 $S_{\triangle OEC} < S_{扇}$，所以 $a < \tan a$，即 $\overset{\frown}{EC} < \overset{\frown}{EG}$。

所以，路线二较短。

同样，对路线三与二的比较后可知，路线二较短。

结论：路线二为最短路线设计。

[模型分析]

提出问题：上面我们解决了限定区域最短路线中最简化的问题，即 A，B 两地关于湖泊圆心对称的情况，那么如果不对称，最短路线如何选择呢？如果 A 的位置不变，这条最短路的选择与 B 的位置有什么联系吗？

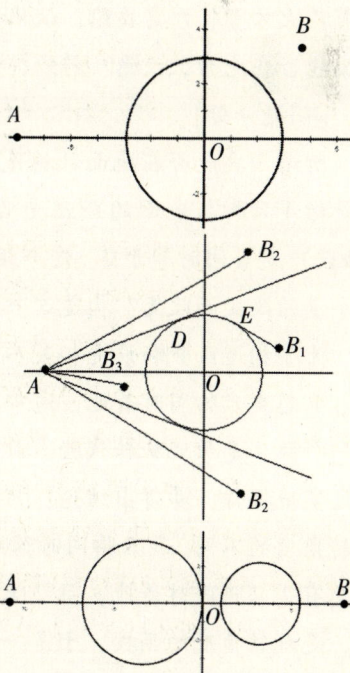

分析：利用上面的结论可得下面的结论。

过 A 作圆的切线，对点 B 的位置进行分类讨论：

如果点 B 在 B_1 所在的区域，则最段路线为 $AD + DE + EB_1$；

如果点 B 在 B_2、B_3 所在的区域，则最短路线为线段 AB_2、AB_3。

[模型应用] 如图，如何选择从 A 到 B 的最短路线？（略）

2. 数学建模培养了学生的各种能力。中学阶段开展数学建模活动，可以从不同方面培养学生的各种能力。

翻译能力。即把实际要解决的问题用数学语言表达出来，使实际问题转化为数学问题。

动手、钻研能力。数学建模不仅培养了学生热爱科学的思想，而且培养了他们在遇到困难时肯钻研、勤动手的科研态度。

交流合作能力。数学建模教学中特别强调提倡采用小组学习、集体讨论、论文答辩等合作团结的教学形式，这对于一些学习成绩不是很好的学生来说，他们在活动中可以扬长避短，作出较好的结果，这种互相合作的精神也正是社会生活中必需的。

创新、创造能力。"创新是一个民族的灵魂"，数学建模过程恰好体现了创新过程。这是因为，模型解并不是唯一的，也没有唯一答案，只有最优解，所以数学建模为学生提供了一个发挥创造才能的条件、气氛和空间，同时培养了学生的想象力和洞察力。

因此，在中学进行数学建模的教学时，数学建模的选题应立足于在建模过程中，学生可以自创问题，提出假设，然后根据所提问题求解、检验，在这个过程中，可以不断培养能力。也就是说，数学建模的选题应尽量让整个建模过程没有固定格式，而是一个很灵活的过程，同时对于要解决的实际问题的方法也应是多样的。

案例2：方桌问题

问题的描述：把方桌置于地面上时，常常是只有3只脚着地而放不稳，通常需要调整几次方可将方桌放稳，试用数学语言对此问题给以表述，并用数学工具给予说明：方桌能否在地面上放稳？若能，请给予证明并给出做法，否则说明理由。

[问题分析]

所谓方桌能否在地面放稳是指方桌的4只脚能否同时着地，而4只脚是否同时着地是指4只脚与地面的距离是否同时为0。于是我们可以转而研究脚与地面的距离（函数）是否同时等于0。这个距离是变化的，于是可视为函数，那么作为函数，它随哪个量的改变而改变？构造这个距离函数成为主要建模目的。

为了构造函数和设定相关参数，让我们实际操作一下，从中搜集信息，弄清其特征。要想4只脚同时着地，通常有两种方法，其一是将方桌搬离原地，换个位置试验，另一个做法是原地旋转试验。前者需要研究的范围可能要很大，这里采取第二种做法。通过实地操作，易得出结论：只要地面相对平坦，没有地面大起大落情况，那么随着旋转角度的不同，3只脚同时落地后，第4只脚与地面距离也不同（不仅如此，旋转中总有2只脚同时着地，另2只脚不稳定）。也就是说，这个距离函数与旋转角度有关，是旋转角度的函数。于是一个确定的函数关系找到了，不仅如此，我们的问题也顺其自然地转化为：是否存在一角度，使得4个距离函数同时为0？

综上分析，问题可以归结为证明函数的零点的存在性，遂决定试用函数模型予以处理。

[模型假设]

依前面的问题分析，我们可作如下假设。

1. 桌子的 4 只脚同长（这个假设显然合理，而且避免了问题与桌腿长度有关而使问题变复杂）。

2. 将方桌的脚与地面接触处看成是一个几何点，4 脚连线为正方形（这是因为问题本身考虑的是能否 4 脚着地而与方桌样式，桌腿粗细等无关）。

3. 地面相对平坦，即在旋转所在地面范围内，方桌在任何位置至少有 3 只脚同时着地（自然这是符合实际的合理假设）。

4. 地面高度连续变化，可视地面为数学上的连续曲面。

[建立模型]

依假设条件，4 只脚连线呈正方形，因而以其中心为对称点，令正方形绕中心旋转便表示了方桌位置改变，于是可以用旋转角度的变化表达桌子的不同位置。为了确定起见，我们以这个正方形中心为原点建立平面直角坐标系，并假设旋转开始时（角度 $\theta = 0$），4 只脚点 A、B、C、D 中 A、C 位于 x 轴上，则 B、D 位于 y 轴上，旋转角度 θ 后，点 A、B、C、D 变到点 A'、B'、C'、D'（如图），显然，随着 θ 的改变，方桌的位置也跟着改变，从而桌脚与地面距离也随之改变。注意到试验结果，尽管方桌有 4 只脚，因而有 4 个距离，但对于每个角度，总有点 A、C 同时着地而 B、D 点不同时着地或 B、D 点同时着地，而 A、C 点不同时着地，故只要设两个距离函数即可。

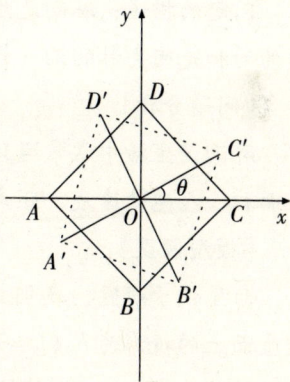

设 A、C 两脚与地面距离之和为 $f(\theta)$，B、D 两脚与地面距离之和为 $g(\theta)$，且作为距离函数的 $f(\theta)$，$g(\theta)$ 均为非负函数。

由假设 4，$f(\theta)$ 与 $g(\theta)$ 均为连续函数，而由假设 3，对任一角度 θ，恒有 $f(\theta) = 0$ 而 $g(\theta) \geq 0$，或 $g(\theta) = 0$ 而 $f(\theta) \geq 0 \Rightarrow f(\theta) \geq 0$ 由此推出 $f(\theta) g(\theta) = 0$ 对任意 θ 成立。

又为证明存在角度 θ_0，使 $f(\theta_0) = 0$，$g(\theta_0) = 0$ 同时成立，还需要条件支持。注意到在初始位置（$\theta = 0$），或 $f(0) = 0$，$g(0) > 0$，或 $f(0) > 0$，$g(0) = 0$，而旋转 90° 后，两组条件恰好交换。如此，方桌通过旋转改变位置能放稳的证明，便归结为证明如下的数学命题：

已知 $f(\theta)$，$g(\theta)$ 是 θ 的连续函数，对任意 θ，$f(\theta) g(\theta) = 0$，且 $f(0) = 0$ 时，$g(0) > 0$；$f(\frac{\pi}{2}) > 0$ 时 $g(\frac{\pi}{2}) = 0$。

求证：存在 $\theta_0 \in [0, 2\pi]$，使 $f(\theta_0) = g(\theta_0) = 0$。

这就是方桌问题的数学模型。易见只需引进一个变量 θ 及其一元函数 $f(\theta)$，$g(\theta)$，便把模型条件和结论用简单又精确的数学语言表述出来，从而形成所需要的数学模型。

[模型求解]

容易看出本模型属于一元连续函数的零点存在性问题，使用介值定理便可轻松证明它。这里从略。

[模型分析]

因本例非常直观和简单，模型的分析、检验和修改就略去了，但模型可推广为方桌的 4 只脚呈长方形情形的证明。

案例 3：淋雨问题

问题的描述：淋雨是生活中常常遇到的问题。有人说：淋雨没有必要跑，跑回去淋的雨和走回去淋的雨一样多！真是这样吗？

[问题分析]

淋雨是生活中常常遇到的问题。它涉及这样几个因素：雨量、雨速、风向、人体表面积、人跑的速度、距离等。

[模型假设]

为了便于研究，我们把人体抽象为长方体，设人体在水平面上的投影面积为 a、竖直面上的投影为 b（$b \approx 7a$）；单位体积内的雨滴数目为 m、人体的运动速度为 V、雨滴下落的速度为 v、其与竖直方向的夹角为 θ、人体运动的距离为 s。

[模型建立]

为了便于表述，将人体及下雨情况用图 1 和图 2 表示。根据矢量合成的三角形定理，可得雨滴相对于人体的速度为 v'，方向与水平面成 α 角（图 3）。

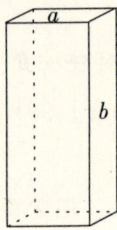
图 1

图 2

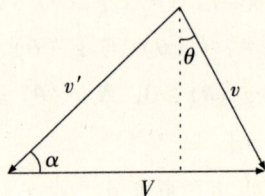
图 3

[模型求解]

下面分 3 种情况展开讨论。

1. 在顺风条件下

单位时间内落在水平投影面上的雨滴数 $n_1 = mav'\sin a = mav\cos\theta$，单位时间内落在竖直投影面上的雨滴数 $n_2 = mbv'\cos a = mb|V - v\sin\theta|$，单位时间内落在人体上的雨滴

数 $n = n_1 + n_2 = mavcos\theta + mb|V - sin\theta|$。因为人体淋雨的时间 $t = \dfrac{s}{V}$，所以落在人体上的雨滴总数 $N(V) = nt = \dfrac{(mavcos\theta + mb|V - sin\theta|)s}{V}$。如果转化为分段函数的形式，则有：

$$N(V) = \begin{cases} \dfrac{mvs(acos\theta - bsin\theta)}{V} + mbs, & V \geq vsina\theta \\ \dfrac{mvs(acos\theta + bsin\theta)}{V} + mbs, & V \geq vsina\theta \end{cases}$$

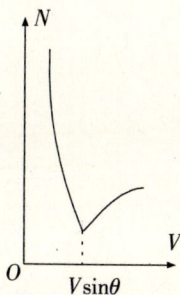 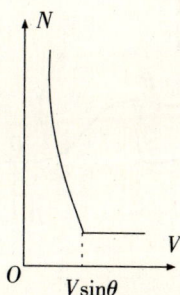 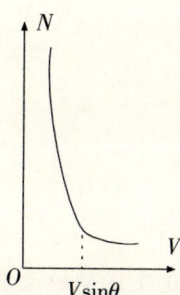

图4   图5   图6

图4、图5、图6是用函数绘图软件绘制的函数 $N(V)$ 图像。当时 $tan\theta > \dfrac{a}{b}$，函数 $N(V)$ 的图像如图4所示，当 $V = vsin\theta$ 时，落在人体的雨滴总数出现极小值 $N_{min} = msacot\theta$；当 $tan\theta = \dfrac{a}{b}$ 时，函数 $N(V)$ 的图像如图5所示，当 $V \geq vsin\theta$ 时，落在人体上的雨滴总数出现极小值 $N_{min} = msb$，此时落在人体上的雨滴总数与奔跑速度无关；当 $tan\theta < \dfrac{a}{b}$ 时，函数 $N(V)$ 的图像如图6所示，落在人体上的雨滴总数随人体移动速度的增大而减小。

2. 在逆风条件下

利用在顺风条件下的推导方法，可得淋雨量与奔跑速度的方程 $N(V) = \dfrac{msv(acos\theta + bsin\theta)}{V} + msb$，$N(V)$ 为减函数，落在人体上的雨滴总数随人体移动速度的增大而减小。

3. 在无风条件下

同理，得淋雨量与奔跑速度的方程 $N(V) = \dfrac{masv}{V} + mbs$，$N(V)$ 为减函数，落在人体上的雨滴总数随人体移动速度的增大而减小。

综上所述，在无风和逆风淋雨的情况下，奔跑速度越快越好；只有在顺风、奔跑速度 $V \geq vsin\theta$ 且 $tan\theta = \dfrac{a}{b}$ 时条件下，落在人体上的雨滴总数才与奔跑速度无关；而在顺风淋雨的大部分情况下，以奔跑速度 $V = vsin\theta$ 为宜（这里的 $vsin\theta$ 就是雨滴的水平速度）。

3. 数学建模发挥了学生的参与意识，体现了学生学习的主体性。教师的主导作用体现在创设好问题情境，激发学生自主地探索解决问题的积极性和创造性，而学生的主体作用体现在问题的探索、发现、解决的深度和方式等，尽量由学生自主控制。

因此，我们通过数学建模的教与学为学生创设一个学数学、用数学的环境，为学生提供自主学习、自主探索、自主提出问题、自主解决问题的机会，从而数学建模教学一改过去"满堂灌"的模式，教师与学生处于平等的地位，通过学生对学习的内容进行报告、答辩、讨论等形式极大地调动了学生自主学习的积极性。

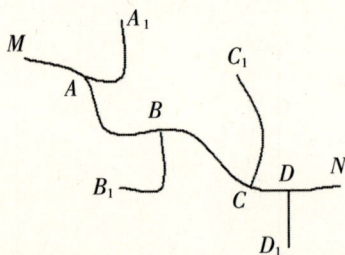

案例4：轨道交通站的设置问题

问题的描述：在轨道交通建设的过程中常遇到了这样的一个问题：在轨道交通沿线有若干个居民小区，每个小区都有街道与轨道交通站联接。如何设置轨道交通站点，可以最方便居民的出行。

[问题分析]

问题交通站点的设置需要考虑的因素较多。但对本问题而言，方便小区居民出行的主要因素是距离问题，我们可以主要考虑交通站点的设置如何使居民到交通站所走的路程总和最小。

[模型假设]

如图，轨道交通沿线 MN 的两侧有若干个居民小区 A_1、B_1、C_1、D_1、…等（n 个）通过街道与轨道线相连，各路口分别是 A、B、C、D、…（n 个）。

因为，每个居民区的居民要到交通站点乘车，从小区到轨交线 MN 的路程（如路程等）是不变的，所以主要考虑在轨交线 MN 上设置站点 P 使得 P 到各路口分别是 A、B、C、D、…等（n 个）的距离之和最短的问题。

为了便于表述，我们可以将轨交线 MN 抽象为直线（如图）

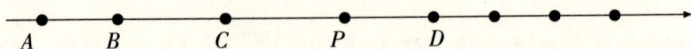

建立数轴，点 A、B、C、D、E、F、G…对应的坐标分别为实数 x_1，x_2，…，x_n 且 $x_1 < x_2 < \cdots < x_n$，$x \in R$，$n \in N^*$，点 P 对应的坐标为 x。问题的数学模型就是求函数 $f(x) = |x - x_1| + |x - x_2| + \cdots + |x - x_n|$ 取最小值时的 x 的值。

[模型求解]

为了解决问题，我们可以先研究特殊情况的情形。如：问 x 为何值时，函数

$$f(x) = |x+1| + |x-1| + |x-2| + |x-3|, \ ①$$
$$g(x) = |x+1| + |x-1| + |x-2| + |x-3| + |x-4|, \ ②$$

取得最小值。

将函数化归为分段函数结合函数图像很快就可以得到：函数①当 $1 \leqslant x \leqslant 2$ 时，函数取得最小值；函数②当 $x=2$ 时，函数取得最小值.

进而猜想：

设 $x_1, x_2, \cdots, x_n$ 为实数且 $x_1 < x_2 < \cdots < x_n$, $x \in \mathbf{R}$, $n \in \mathbf{N}^*$,

n 为奇数时，当 $x = x_{\frac{n+1}{2}}$ 时，$f(x) = |x-x_1| + |x-x_2| + \cdots + |x-x_n|$ 取得最小值。

n 为偶数时，当 $x_{\frac{n}{2}} \leqslant x \leqslant x_{\frac{n}{2}+1}$ 时，$f(x) = |x-x_1| + |x-x_2| + \cdots + |x-x_n|$ 取最小值。

证明：

[模型拓展]

设 $a_1, a_2, \cdots, a_n$ 为实数，$x_1, x_2, \cdots, x_n$ 为已知实数且 $x_1 < x_2 < \cdots < x_n$, $x \in \mathbf{R}$, 求函数 $f(x) = a_1|x-x_1| + a_2|x-x_2| + \cdots + a_n|x-x_n|$ 的最小值或最大值。

用同样的方法，可以先研究下列函数的最值：

$$f(x) = |x+2| + |x+1| - |x-1|,$$
$$g(x) = |x+1| - 4|x-1| + 2|x-2|,$$
$$h(x) = |x+2| - 3|x-1| + 2|x-2|.$$

结论：

$[f(x)]_{\min} = \min\{f(-2), f(-1), f(1)\} = f(-2)$, 且 $f(x)$ 无最大值.

$[g(x)]_{\max} = \max\{g(-1), g(1), g(2)\} = f(1)$, 且 $g(x)$ 无最小值.

$[h(x)]_{\min} = \min\{h(-2), h(1), h(2)\} = h(-2)$.

$[h(x)]_{\max} = \max\{h(-2), h(-1), h(2)\} = h(1)$.

可以证明模型的拓展问题：

若 $a_1 + a_2 + \cdots + a_n > 0$, 则 $[f(x)]_{\min} = \min\{f(x_1), f(x_2), \cdots, f(x_n)\}$, 无最大值；

若 $a_1 + a_2 + \cdots + a_n < 0$, 则 $[f(x)]_{\max} = \max\{f(x_1), f(x_2), \cdots, f(x_n)\}$, 无最小值；

若 $a_1 + a_2 + \cdots + a_n = 0$, 则 $[f(x)]_{\min} = \min\{f(x_1), f(x_2), \cdots, f(x_n)\}$, $[f(x)]_{\max} = \max\{f(x_1), f(x_2), \cdots, f(x_n)\}$。

[模型的运用]

(2009 年高考上海卷理 13) 某地街道呈现东—西、南—北向的网格状，相邻街距都为 1. 两街道相交的点称为格点。若以互相垂直的两条街道为轴建立直角坐标系，现有下述格点 $(-2, 2)$, $(3, 1)$, $(3, 4)$, $(-2, 3)$, $(4, 5)$, $(6, 6)$ 为报刊零售点。请确定一个格点（除零售点外）为发行站，使6个零售点沿街道到发行站之间路程的和最短。

解：设 $p(x, y)$ 为发行站，则问题转化为 $L = |x+2| + |x+2| + |x-3| + |x-3| + |x-4| + |x-6| + |y-1| + |y-2| + |y-3| + |y-4| + |y-5| + |y-6|$ 取最小值时的 x 和 y 的值。

利用上面的研究结论，易知：当 $x=3$，$3 \leqslant y \leqslant 4$ 时取得最小值。所以除零售点外的一格点为 $(3, 3)$。

案例5：席位分配问题

问题的描述：在生活中，我们经常会遇到席位分配问题，如选举中名额的分配问题，评选中的名额的分配问题等。如何进行席位分配，才能做到公平合理。

[问题分析]

关于席位分配问题，通常的做法是按人数的比例分配席位。比如，某学院3个系共200名学生，其中甲系100人，乙系60人，丙系40人，现要选出20名学生代表组成学生会。如果按学生人数的比例分配席位，那么甲乙丙系分别占10、6、4个席位，这当然没有什么问题，因为这是大家公认的公平分配。

但是，当按人数的比例分配的席位数不是整数，就会带来一些麻烦。那么，该怎样来解决这个问题呢？

[模型假设]

比如甲系103人，乙系63人，丙系34人，怎么分？

下表按"比例"（惯例）来分配20和21个席位，你认为这样分配公平吗？

系列	学生人数（人）	所占比例（%）	20个席位的分配		21个席位的分配	
			比例分配的席位（席）	参照惯例的结果（席）	比例分配的席位（席）	参照惯例的结果（席）
甲	103	51.5	10.3	10	10.815	11
乙	63	31.5	6.3	6	6.615	7
丙	34	17.0	3.4	4	3.57	3
总和	200	100	20.0	20	21.000	21

按"比例"分配20个席位：甲、乙、丙系分别应得10.3、6.3和3.4（席），舍去小数部分后分别得10、6、3（席），剩下的1席分给"损失"最大（即小数部分最大）的丙系，于是3个系仍分别占10、6、4（席）。

按"比例"分配21个席位：甲、乙、丙系分别应得10.815、6.615和3.57（席），舍去小数部分后分别得10、6、3（席），剩下的2席分给"损失"最大（即小数部分最大）的甲系和乙系，于是3个系分别占11、7、3（席）。

从上面分析中发现，在总席位数为 20 席时丙系可分到 4 席，而当总席位增加之后，丙系分到的席位数反降为 3 席。这一"矛盾性结果"同样不符合我们对一个好的席位分配算法的预期：假定各系人数已确定，考虑总席位数增加时，一个席位分配算法的结果至少须保证对每一系所最终分得的席位数不减。要解决这个问题必须舍弃所谓惯例，找到衡量公平分配席位的指标，并由此建立新的分配方法。

[模型建立]

席位分配问题，当出现小数时，无论如何分配都不是完全公平的。那么一个比较公平的分法是：应该找到一个不公平程度最低的方法，因此首先要给出不公平程度的数量化，然后考虑使之最小的分配方案。

设 A，B 两方人数分别为 p_1，p_2；分别占有 n_1 和 n_2 个席位，则两方每个席位所代表的人数分别为 $\frac{p_1}{n_1}$ 和 $\frac{p_2}{n_2}$。我们称 $|\frac{p_1}{n_1} - \frac{p_2}{n_2}|$ 为绝对不公平值。

例：$p_1 = 120$，$p_2 = 100$，$n_1 = n_2 = 10$，

则 $|\frac{p_1}{n_1} - \frac{p_2}{n_2}| = 2$；又 $p_1 = 1\ 020$，$p_2 = 1\ 000$，$n_1 = n_2 = 10$，则 $|\frac{p_1}{n_1} - \frac{p_2}{n_2}| = 2$.

由上例可知，用绝对不公平程度作为衡量不公平的标准，并不合理，下面我们给出相对不公平值。

若 $\frac{p_1}{n_1} > \frac{p_2}{n_2}$，则称 $\dfrac{\frac{p_1}{n_1} - \frac{p_2}{n_2}}{\frac{p_2}{n_2}} = \frac{p_1 n_2}{p_2 n_1} - 1$ 为对 A 的相对不公平值，记为 $r_A(n_1, n_2)$；

若 $\frac{p_1}{n_1} < \frac{p_2}{n_2}$，则称 $\dfrac{\frac{p_2}{n_2} - \frac{p_1}{n_1}}{\frac{p_1}{n_1}} = \frac{p_2 n_1}{p_1 n_2} - 1$ 为对 B 的相对不公平值，记为 $r_B(n_1, n_2)$.

上例中，相对 A 的不公平值分别为：0.2 和 0.02，可见相对不公平值较合理。

案例 6：订货方案问题

问题的描述：商场在经销商品时，经常遇到进货、退货的问题，如何制订一个好的订货方案，可以使得商场的收益最大化。

[问题分析] 商家为厂家代销产品，会遇到进货与退货的问题。如果进货价格与退货的价格一致，当然没有问题。但是，当进货价格与退货的价格不一致时，就存在一个订货策略问题。

[模型假设] 商家为厂家代销产品，遇到进货与退货的问题中，涉及到的变量有：订购价格、订购量；销售价格、销售量；退货价格、退货量等。相对订购量、销售量、退货量而言，订购价格、销售价格、退货价格更能起到决定作用。因此，我们可以从单件商品进行研究。

假设某零售商为厂家代销产品，早晨进货，晚上将没有卖掉的货物退回，每件货物订购价 a 元，零售价 b 元，退还价 c 元（$b>a>c$），请设计一个最佳订购方案。

[模型建立]

零售商每天卖出的货物和得到的收入都是随机变量 ξ，作为优化模型，不能是某天的收入，而应是长期的日平均收入，由大数定律看这相当于每天收入的期望值。

设每天订购 n 件，实际能卖出 r 件，则 $p\ (\xi=r)\ =p\ (r).$

若 $r<n$，则卖出增加收入 $(b-a)\ r$，退还减少收入 $(a-c)\ (n-r)$；

若 $r\geqslant n$，则卖出增加收入 $(b-a)\ \cdot n$。

所以收入的期望值为

$$f\ (n)\ =\sum_0^n\ \big[\ (b-a)\ r-\ (a-c)\ (n-r)\big]\ p\ (r)\ +\sum_{n+1}^{\infty}\ (b-a)\ \cdot np\ (r).$$

[模型求解] 当 r，n 都相当大时可视作连续变量。因此，

$$f\ (n)\ =\int_0^n\ \big[\ (b-a)\ r-\ (a-c)\ (n-r)\big]\ \phi\ (r)\ dr+\int_n^{\infty}\ (b-a)\ n\phi\ (r)\ dr.$$

因为，$\dfrac{df\ (n)}{dn}=\ (b-a)\ -\ (b-c)\int_0^n\phi\ (r)\ dr=0,$

所以 $\int_0^n\phi\ (r)\ dr=\dfrac{b-a}{b-c}$，从中解出的 n 即为零售商每天收入的最大期望值。

设 $a=35$，　$b=50$，　$c=12$，　$\xi\sim N\ (80,20^2)$，　解得 $n=75$.

若用计算机模拟产生服从 $N\ (80,20^2)$ 的 20 个随机数如下：

93，85，103，73，70，53，80，93，90，59，

81，97，38，64，86，79，69，87，53，88.

假设上述数据为零售商每天 20 天中实际卖出的件数，则当零售商每天订购 73 件时，其总收入达到最大 17 910 元，这一结果与本模型中制定的每天订购 75 件（总收入 17 902 元）的方案基本相同。

第三节　培养学生解决问题能力的策略

1. 影响中学生数学建模能力的主要因素

（1）动机、态度——建模的动力。动机是唤醒和推动学生进行数学建模的原动力。数学建模的问题不同于一般的数学问题，它是现实的、情境的、开放性的问题。在数学建模过程中，从提出问题到提出假设、分析问题、建立模型、解模型以及解释结果，每一个环节都不是一帆风顺的，必然会遇到挫折和失败。学生如果没有良好的动机和态度，就会产生数学建模太难而自己做不好的想法，就没有信心去解决实际问题。反之，如果学生在挫折和失败面前表现出很强的自信心和毅力，沉着冷静、理性思考、积极合作讨论、反复查阅资料，最后总能将问题解决。因此，积极的动机和态度，对于学生的数学建模具有明显的推动作用。要使学生对数学建模具有积极的动机

和态度，就要培养学生数学建模的兴趣和好奇心。兴趣可以激发学生的内在潜力，使学生保持持久的克服困难的信心。

（2）知识经验——建模的前提。数学建模作为一种认知活动或思维活动，与知识存在着密切的关系：一方面，知识影响数学建模；另一方面，数学建模是获取知识的重要途径。但后者往往被忽视。

丰富的知识经验是数学建模的基础。离开了基础知识，数学建模就会成为一句空话。数学建模的问题是实际问题，而实际问题涉及的知识面较广，因而数学建模需要跨学科的知识。已储存的知识经验可以帮助人们选择有关的信息，引导人们提取相关的知识和方法，形成解决问题的策略。研究表明：个体的创造力与其具有的相关知识的数量、性质及组织结构存在极大的正相关。

但是，强调知识经验的重要性并不意味着有了知识经验就一定有数学建模能力，知识经验是数学建模的必要条件而非充分条件。知识经验一方面是我们进行数学建模的基础，另一方面又可能束缚我们的建模思路，因为人们总喜欢用自己熟悉的方法去处理新问题，而较少考虑新问题与过去经验的不同之处。研究表明：数学建模能力强的学生并不全是数学基础知识成绩最好的学生。

具有一定数量的正确知识是形成良好表征的前提，良好的知识结构则是良好表征形成的保证。已有的知识经验的结构也是影响数学建模能力的一个重要因素。良好的认知结构有助于数学建模。反过来，数学建模也可以帮助学生形成良好的认知结构。仅仅有知识是不够的。我们常常遇到这样一种情况：学生虽然具备了数学建模所需要的所有知识，但仍然是苦苦思索而不能建立数学模型，一经指点便豁然开朗。其主要原因之一就是：学生头脑中的知识组织结构性差，运用时不能恰当表征。问题表征是对问题的理解过程，导致问题表征错误或不完整的因素是对题意不完全理解、理解错误、解题思路被已有的知识干扰、没有良好的认知结构等引起的。

[例] 两列火车站相距 160 km，分别从两个火车站同时出发相向而行。当火车驶出车站时，有一只小鸟从第 1 列火车出发飞向第 2 列火车，到达第 2 列火车后，立即返回飞，飞到第 1 列火车后，又立即返回飞到第 2 列火车，如此反复，直到两车相遇。如果两列火车的速度都为 40 km/h，小鸟的飞行速度为 50 km/h，那么，在两车相遇之时，小鸟总共飞行了多少千米？

如果把这个问题表征为一个距离问题，即依次求出小鸟在两列火车之间来回飞行的距离，再求出这些距离的总和，就显得麻烦。但是，如果把这个问题表征为时间问题，即不理会每次小鸟来回飞行的距离，只关注小鸟在空中飞行了多长时间，那么，由小鸟的飞行速度就很容易确定小鸟的飞行距离，即 $50 \times [160 \div (40 + 40)] = 100$ km。

虽然涉及行程问题的知识学生都已学过，但由于这个问题需要将行程问题转化为时间问题，学生如果不能将这些知识的结构组织好，缺乏良好的认知结构，就不能恰当地运用表征。

（3）认知过程——建模的关键。数学建模的能力来自于基本的认知过程，每个人都具有数学建模的潜能。日常生活中，人们在使用语言和形式概念的过程中就表现出一定的建模能力。例如：人们每天到农贸市场或超市购买各种各样的物品，物品的种类、数量和价格都不一样，但最终每个人都能买到自己所需要的物品。

数学建模能力具体体现在问题解决的载体上。海斯（Hayes）在1989年提出问题解决是"辨明问题、表征问题、计划解答过程、执行计划、评价计划、评价解题过程"的系列过程。对问题做怎样的表征，这种表征是否得当，对问题解决有很大的直接影响作用。

[例]一个"人、狗、鸡、米"渡河的问题：人带着狗、鸡、米过河。船除了需要人划之外，至多能载狗、鸡、米三者之一。当人不在场时，狗要吃鸡，鸡要吃米。试设计一个安全过河的方案，并使渡河次数尽量少。

由于每个人的知识和认知结构不同，其认知过程和选择的认知策略也就不同。这个问题可以用立方体图表征，观察立方体顶点到顶点哪些路径是合理的、最简单的；不需要很深的数学知识的方法就是直接逻辑推理方法，利用该方法，小学生也可以推出结果。

（4）元认知——建模的监控。元认知是认知主体对自身心理状态、能力、任务目标、认知策略等的认识，以及对自身各种认知活动的计划、监控和调节。数学建模过程是一种认知过程，元认知是它的基础并对它起影响作用。

海斯（Hayes）在1989年提出了问题解决的系列过程，这个过程本身就包含了元认知活动。在数学建模过程中，元认知过程与认知过程并存。元认知在确定目标、选择认知策略、监控和评价过程以及对认知策略进行必要的修正等方面发挥着"监督"作用，对问题解决的质量起着决定性的影响。

在数学建模过程中，分析模型、选择模型和建立模型并不是一蹴而就的，实际问题的模型与理论模型之间总存在一定的差距。要缩短这种差距，使理论模型能够完全反映实际问题，就需要通过元认知不断地修正理论模型，使之不断地接近实际问题的结果。

[例]小明的家离学校1 000 m，小华的家离学校800 m。请问：小明的家距小华的家有多远？

对于这个问题，学生一般会回答200 m或1 800 m。问题就这么简单吗？如果利用元认知再仔细审题，对目标进行反思和监控，我们就会发现：200 m或1 800 m是小明、小华的家与学校的地理位置处在一条直线上的结果。如果小明、小华的家与学校的位置不在一条直线上，两家的距离又是多少？这时就可以把小明、小华的家与学校看成是二维的平面关系，用余弦定理可得小明与小华家的距离。

2. 如何培养中学生的数学建模能力

新数学教学大纲要求"使学生受到实际问题抽象成数学问题的训练，逐步培养他们分析问题和解决问题的能力，形成用数学的意识"。那么，怎样培养中学生数学建模能力？我们认为以下几点做法值得参考。

（1）合理安排课程教学计划，有步骤地培养解决问题的能力。

现行中学数学学科课程体系结构是由代数（含三角函数）、几何（平面几何、立体几何）两类课程组成，为了适应数学应用的教学，应当再开设一、二门应用科学的课程，如数学实验、数学应用小知识等，有利于激发学生的兴趣，减轻数学学习心理压力，有利于培养学生综合运用数学知识解决实际问题的能力，符合学生实际发展需要，又有利于教师的教学，取得明显的教学效果。

（2）拓展"最近发展区"，加强数学语言"互译"教学，锻炼学生的数学表达能力。

高中生的学习动机和态度对于学习效果有显著的影响。动机是影响学习策略的重要因素，学习策略的选择又直接影响到学习效果。

研究表明：知识处于"最近发展区"时，最能激发学生的学习动机。太难的问题会打击学生学习的积极性，太简单的问题会使学生失去兴趣。在数学教学活动中，教师若能挖掘出具有典型意义且能激发学生兴趣和好奇心的问题，并通过创设问题情景充分展现数学的应用价值，就能激发学生的求知欲。帮助学生正确认识数学建模活动的成败，使之建立起积极的期望和自信心，也可以端正学生的学习动机和态度。数学建模不像解常规的数学题，它是开放性的，具有一定的难度。如果学生一遇到困难就放弃，不敢挑战，没有克服困难的自信心和毅力，就很难提高数学建模能力。

由于学生之间的差异较大，要调动学生学习的兴趣、好奇心和积极性，教师就应根据学生的基础知识、经验、性格等来设计数学建模的问题和教学活动的形式，及时了解学生反馈的情况，培养学生数学建模的兴趣，使之主动地参与数学建模活动，最终让不同水平的学生都获得成功的体验。

现行中学数学教材编写大多是由普通语言或图表语言给出的，而数学模型多是用数学符号语言进行描述的，而实际问题的材料与数学模型之间是各种不同数学语言的"互译"，这正是学生不熟悉、不了解的地方，因此要加大数学语言之间互译训练的强度。在中学数学中，很多问题表面上看不会用到某些定理、公式来求解，但经仔细审题后就会发现问题的本质，其实它和某些定理公式是相符合的，这之间存在着数学语言的互译问题；还有些问题，直接求解比较困难，但采用结合图形的方法往往可以找到解决问题的捷径，所以要在中学教学中不断教学生识图、画图并理解图形，会用图形求解问题。数学语言的互译能力的强弱直接影响着数学建模能力的强弱，因此数学语言互译能力的培养在数学建模过程中是非常重要的。

（3）强化"问题意识"，恰当选择建模问题，提高学生解决问题的能力。

解决任何问题都需要具备相应领域的知识，数学基础知识对于数学建模来说是必不可少的。数学建模需要综合性的、跨学科的知识。要使学生能有效地利用已获得的知识来进行数学建模，教师一定要引导学生学习，创设民主和谐的氛围，鼓励学生大胆地提出问题，敢于质疑、猜想、发表自己的独立见解；帮助学生理清、掌握知识以及知识间的纵横联系、层次结构，让学生学会概括和组织知识，使新旧知识实现结构化、系统化；关注具体实际问题与抽象模式之间的灵活转换，学会数学建模的有效思维策略，形成一种在复杂的联系中思考问题的良好习惯。

数学建模的过程是一个综合运用知识的过程，它不是简单的外部知识与内部知识的叠加过程，而是一个通过反复交流、相互作用而使知识重新组合的过程。数学建模的过程同时也是一个互动合作的过程，它真正体现了"做中学"。在这样的活动中，学生不再是被动接受知识的载体，而是整个活动的主要参与者、活动的主体。数学建模的问题是没有现成答案、没有固定求解模式的实际问题，它给学生提供了充分发挥自己创造力的空间，使学生在对问题进行抽象建模、求解验证的过程中体验到数学发现的全过程，进而发展数学思维、扩大知识面。

但是在中学阶段数学建模教学有它的特殊性，从数学应用角度分析，数学应用大致可分为以下四个层次：（1）直接套用公式计算；（2）利用现成的数学模型对问题进行定量分析；（3）对已经经过加工提炼的、忽略次要因素、保留下来的主要因素关系比较清楚的实际问题建立模型；（4）对原始的实际问题进行加工，提炼出数学模型，再分析数学模型求解。其中第四个层次属于典型的数学建模问题。中学数学建模，一般定位在数学应用的第三层次。在中学阶段，学生建模能力的形成是基础知识基本技能、基本数学方法训练的一种综合效果，建模能力的培养主要是打基础，但是，过分强调基础会导致基础与实际应用的分裂。因此，在新课程标准中明确提出：在中学阶段至少要让学生进行一次完整的数学建模过程。从这个意义上讲我们可以适当进入第四层次，而这个分寸的把握是一个很值得探讨的问题，同时也是我们教学的一个难点。中学教材的内容远不能满足数学实际应用要求（即使是我们过去所说的数学应用题），如何选择编制突出数学应用问题的教材，强化用数学解决实际问题的意识，把数学应用和建模有机的结合起来，把日常生活中的问题和课堂教学结合起来，培养学生的问题解决能力。作为数学教育者，教师应在具体实际教学过程中适当地选择一些合适的、与当前教学内容相关的实际问题进行辅助教学，以加强数学应用的训练。

（4）运用计算机辅助教学，建构"思维模式"，培养学生使用计算机进行问题探究的能力。

在建模过程中，学生在将实际问题数学化时，需要从多角度思考问题，需要具有开阔的视野和灵活的思维，这就涉及到策略性知识。训练学生策略性知识，帮助他们建构"思维模式"，是提高学生数学化能力的基础。其中利用信息技术丰富思维就是一个非常重要的策略。学生可以通过上网查阅资料、阅读参考文献以及使用计算器、计算机模拟仿真等方式打开数学建模的思路。

高

中数学教师专业能力必修

Gao Zhong Shu Xue Jiao Shi Zhuan Ye Neng Li Bi Xiu

例如：运用图形计算器解决弯管制作问题。

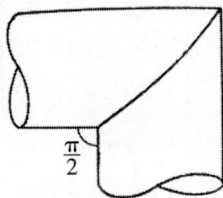

图1

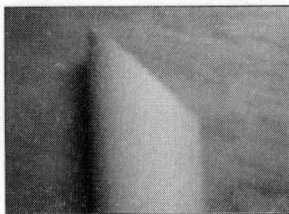

图2

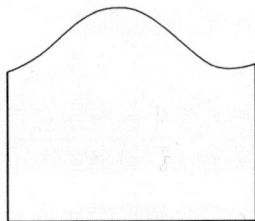

图3   **图4**

[问题解决]：把弯管坯子的一部分（图2）的侧面剪开压平后发现（图3），截面的边缘波浪线和我们所学的函数 $y = A\sin(\omega x + \phi) + b$ 图像很像。反过来，照样复制了个纸样，可以顺利地做成了一个弯管（图4）。

为了验证这一发现，可以借助图形计算器来进行验证。

在图3上，划出等分线，量每根等分线的距离，接着输入到图形计算器中的"（"里。拟合成二次函数或三次函数或正弦函数，看看哪个更符合。最后发现三次函数与正弦函数比较吻合，如图5。

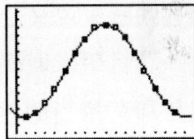

图5

有了图形计算器的辅助，弯管制作问题很轻易地就解决了。进一步，还可以研究，三角函数关系式是 $y = A\sin(\omega x + \phi) + b$ 中的 A、ω、ϕ、b 与弯管形状之间的关系。

设弯管的直径为 d，所成形弯管的夹角为 2α，弯管的轴截面（图6）中，$\angle BAC = \alpha$，则 $h = d \cdot \cot\alpha$，又因为 h 是正弦函数最高值点到最低值点的距离，即为两个振幅，$2A = d \cdot \cot\alpha$；一个弯管的周长就等于它的周期，所以 $\omega = \dfrac{2}{d}$。由此可得通式：$y = \dfrac{d}{2} \cdot \cot\alpha \cdot \sin\left(\dfrac{2}{d}x\right)$。从这个通式，我们便可以选择任意角度，在电脑中作出图像打印后再进行拼合，制作出想要的弯管。如图7。

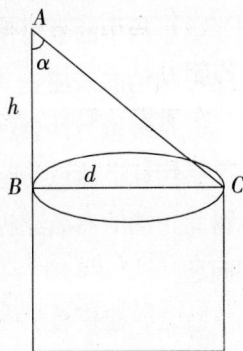

图6

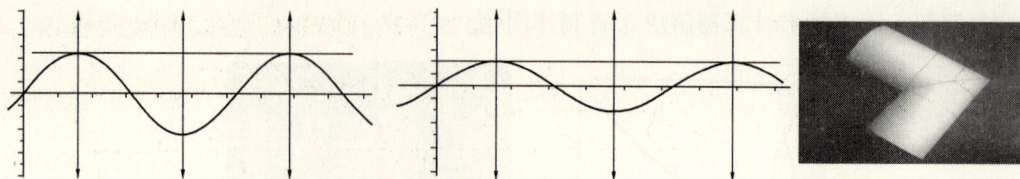

图7

当然，问题的严格证明，可以建立空间坐标系，加以解决（从略）。

3. 如何进行建模教学问题的选择或编拟

在教学中，我们可以从下面三个方面去编制数学建模问题。

一是立足课本习题的发掘改编。

数学建模应结合正常的教学内容切入，把培养学生的应用意识落实到平时的教学过程中。从课本内容出发，联系实际，以教材为载体。对课本中出现的应用题，可以改变设问方式，变换题设条件，互换条件结论，综合拓广类比成新的应用题，逐步提高学生的建模能力。

[例] 建筑一个容积为 8 000 m³，深为 6 m 的长方体蓄水池，池壁每平方米的造价是 a 元，池底每平方米的造价为 $2a$ 元，把总造价 y 元表示为底的一边长为 x m 的函数，并指出函数的定义域。

此题背景是与我们生活密切相关的工程造价问题，学生对此不会陌生，应该对每一个同学有一定的吸引力，问题是学生如何把这一应用题抽象化为数学模型。将题目降低难度，预先设出变量 x，y，并指出把总价 y 表示为底的一边长为 x 的函数，对学生的思路有提示作用，同时题目要求指出函数的定义域，这一点很多学生容易忽视，而对函数问题来说又是必不可少的条件。

这一题目用来训练学生利用函数的知识点建模是具有代表性的。该题虽然不算复杂，但是却有相当的综合性，内涵丰富。利用它可以改编出很多有较高思维价值的题目。

二是在生活中发现数学建模问题。

学数学的一个基本目的是要用数学，用数学解决生活中的问题。目前很多学生还没有意识到生活中处处存在着数学，处处存在着要用数学解决的问题，如果教师能利用学生生活中的事情作背景编制数学建模题，必然会大大提高学生用数学的意识，以及学习数学的兴趣。

三是编拟与社会热点相关的应用题，介绍建模方法。

采用社会热点问题做试题背景，使学生掌握相关类型的建模方法，不仅可以使学生树立正确的商品经济观念，而且有助于他们日后主动以数学的意识、方法、手段处理问题。

总之，建模教学问题的选择或编拟应注意并把握好以下几个原则。

（1）导向性。选编富有时代信息和生活中的趣味建模问题。这些问题必须具有真

高中数学教师专业能力必修

Gao Zhong Shu Xue Jiao Shi Zhuan Ye Neng Li Bi Xiu

实性、科学性、趣味性、新颖性、可行性。只有这样的问题才能激发学生的求知欲，激发他们研究解决问题的积极性，达到发展学生问题解决能力的目的。

案例7：高跟鞋问题

女孩子都爱美，你知道你穿多高跟的鞋子，看起来最美吗？

[问题解决] 设某女孩下肢躯干部分长为 x cm，身高为 l cm，鞋跟高 d cm，我们知道黄金分割 0.618，当人下肢与身高比为 0.618 时应该看起来最美，即

$$\frac{x+d}{l+d}=0.618，则 d=\frac{0.618\,l-x}{1-0.618}=\frac{0.618\,l-x}{0.382}.$$

由此模型，可计算出任何一个女孩子应该穿多高的鞋子。

以身高 168 cm，下肢长为 102 cm 的人为例，所穿鞋子高度，与好看程度的关系可由下表说明。

原比（x/l）	身高 l（cm）	高跟鞋高度 d（cm）	新比值
0.607 1	168	2.5	0.612 9
0.607 1	168	3.55	0.615 1
0.607 1	168	4.5	0.6173
0.607 1	168	4.7748	0.618

按照上述模型，身高 153 cm，下肢长为 92 cm 的女士，应穿 6.6 cm 的高跟鞋显得比较美。

由此看来，女孩子们爱穿高跟鞋是有科学根据的，也使人联想起为什么人们观看芭蕾舞表演时有一种美的感受（演员把脚尖抵起来相当于穿高跟鞋），可是当你看踩高跷表演时没有这种感觉。

（2）隐蔽性。问题的条件或结论要具有一定的隐蔽性。

案例8：吹气球问题

吹气球时，气球半径（增加）变化与气球内空气容量（增加）变化之间的关系如何？

通常认为，气球内空气容量的增加，气球半径也增加得越快。这种想法是不准确的。

[问题解决] 可设：$V(r)=\frac{4}{3}\pi r^3$，即 $r(V)=\sqrt[3]{\frac{3V}{4\pi}}$，

当空气容量 V 从 0 L 增加到 1 L 时，半径增加了 $r(1)-r(0)=0.62$，

气球平均膨胀率：$\frac{r(1)-r(0)}{1-0}=0.62$，

当空气容量 V 从 1 L 增加到 2 L 时，半径增加了 $r(2)-r(1)=0.16$，

气球平均膨胀率：$\frac{r(2)-r(1)}{2-1}=0.16.$

可以看出，随着气球体积变大，它的平均膨胀率变小。随着气球内空气容量的增加，气球的半径增加得越来越慢。

（3）模拟性。所编的问题应适合他们的知识结构和年龄特征，注意材料的原始性，引导学生亲自去调查研究，并对社会问题简化处理。

案例9：方案决策问题

请为"全球通"移动电话用户决策，采用哪种付费方式经济实惠。（问题的目的是通过这一活动，让学生掌握在解决实际问题中的决策性问题的方法，并学会根据实际情况选择方案）

［数据调查］学生通过调查研究，取得了某地区的"全球通"移动电话的几种不同收费方案（如下表）。

方案代号	月租费（元）	免费时间（分）	超过免费时间的通话费（元/分）
0	50	0	0.40
1	30	48	0.60
2	98	170	0.60
3	168	330	0.50
4	268	600	0.45
5	388	1 000	0.40

［问题模拟］

（1）分别写出方案0、3、5中月话费（月租费与通话费的总和）y（元）与通话时间 x（分）的函数关系式。

（2）如果月通话时间为300分左右，选择哪个方案最省钱？

（3）比较方案0、1、2和3，由此你对选择方案有什么建议？

活动过程及结论：

［问题解决］

（1）据题意可知：月话费 y（元）与通话时间 x（分）的函数关系分别是：

0方案：$y = 0.40x + 50$；

3方案：$y = 168$ $(0 < x \leqslant 330)$，$y = (x - 330) \times 0.50 + 168$ $(x > 330)$。

5方案：$y = 388$ $(0 < x \leqslant 1\ 000)$，$y = (x - 1\ 000) \times 0.40 + 388$ $(x > 1\ 000)$。

（2）如果月通话时间为300分的话，0方案话费为：170元，1方案话费为：181.2元，2方案话费为：176元，3方案话费为：168元. 故选择3方案最省钱。

（3）根据题意画出0、1、2、3方案图像（略），由图像可以清楚看出：

当 $0 < x \leqslant 161$ 时，1号图像在最下方。如果每月通话时间不超过161分的话，应选择1号方案省钱。

当 $161 < x \leqslant 287$ 时，2号图像在最下方。如果每月通话时间超过161分而小于287

分的话，应选择 2 号方案省钱。

当 $287 < x \leqslant 470$ 时，3 号图像在最下方。如果每月通话时间超过 287 分而小于 470 分的话，应选择 3 号方案省钱。

当 $x > 470$ 时，0 号图像在最下方。如果每月通话时间大于 470 分的话，应选择 0 号方案省钱。

（4）综合性。所编的问题应是生活知识、语言知识、相关知识的综合；也包含数学基本知识、基本技能、基本数学思想方法和能力的综合。

案例 10：排队问题

在生活中，我们经常会遇到排队等待问题。如何设计排队的策略，可以提高办事的效率。

[问题解决] 排队等待问题的关键是总时间的长短问题。

为了便于问题的解决，我们假设：假设共有 n 个人参加排队，每个人的时间成本一致，每个人办完事情的时间互不相等；当一个人在办事时，其他 $n-1$ 个人在等待，中间的时间忽略不计。

设 n 个人，办完事情的时间分别为：t_1、t_2、$\cdots$、t_n 且 $t_1 < t_2 < \cdots < t_n$，总等待时间为 T_0。

问题就转化为，如何安排 n 个人的办事先后顺序，可以使得 T 最小。

我们先按每个人办完事情需要的时间从小到大进行安排，即所需时间少的先办，时间多的后办，则总的等待时间为：

$$T_0 = t_1 \cdot n + t_2 \cdot (n-1) + t_3 \cdot (n-2) + \cdots + t_i \cdot (n-i+1) + \cdots + t_n \cdot 1.$$

问题的解决，只需要证明 T_0 为所有等待时间 T 的最小值即可。

任意交换 T_0 中两个人的办事次序，比如将 t_i 和 t_j 交换（$i < j$），这样，总的等待时间为：

$$T' = t_1 \cdot n + \cdots + t_j \cdot (n-i+1) + \cdots + t_i \cdot (n-j+i) + \cdots + t_n \cdot 1$$
$$= t_1 \cdot n + \cdots + t_i \cdot (n-i+1) + t_i \cdot (i-j) + \cdots + t_j \cdot (n-j+i) + t_j \cdot (j-i) + \cdots + t_n \cdot 1$$
$$= T_0 + (j-i) \cdot (t_j - t_i) > T_0$$

（5）创新性。"创新是民族兴旺的灵魂，是一个国家兴旺发达的不竭动力"，编制建模问题应注重一题多模或多题一模、统计图表等例题的编拟，并注重现代科学技术的发展，溶入当代科学的发展。

结束语

数学建模的问题往往具有较强的趣味性、灵活性，能激发学生学习兴趣，可以触发不同水平的学生在不同层次上的创造性，使他们有各自的收获和成功的体验。正是由于数学建模可以给学生一个合理创造的空间，为学生提供展示其创造才华的机会，从而促进学生全面素质能力的培养和提高，对中学素质教育起到积极推动作用。这就要求我们在日常的数学教育教学中，应充分关注下面两个问题。

1. 树立建模意识，传输"构造"思想，培养学生的数学应用能力。"一个好的数学家与一个蹩脚的数学家之间的差别，就在于前者有许多具体的例子，而后者则只有抽象的理论。"我们前面讲到，"建模"就是构造模型，但模型的构造并不是一件容易的事，既需要有良好的抽象理论知识又需要有足够强的构造能力，而学生构造能力的提高则是学生创造性思维和创造能力的基础：创造性地使用已知条件，创造性地应用数学知识。

只要我们在教学中仔细地观察，精心地设计，就可以把一些较为抽象的问题，通过现象除去非本质的因素，从中构造出最基本的数学模型，使问题回到已知的数学知识领域，并且能培养学生的创新能力。

2. 培育直觉思维，拓展学生的发现与想象的空间，培养学生创新能力。众所周知，数学史上不少的数学发现来源于直觉思维，如笛卡尔坐标系、歌德巴赫猜想等，应该说它们不是任何逻辑思维的产物，而是数学家通过观察、比较、领悟、突发灵感发现的。通过数学建模教学，使学生有独到的见解和与众不同的思考方法，如善于发现问题、沟通各类知识之间的内在联系等是培养学生创新思维的核心。

数学建模是数学学习的一种新的方式，它为学生提供了自主学习的空间，有助于学生体验数学在解决实际问题中的价值和作用，体验数学与日常生活和其他学科的联系，体验综合运用知识和方法解决实际问题的过程，增强应用意识；有助于激发学生学习数学的兴趣，发展学生的创新意识和实践能力。

按课程标准的要求，在指导学生进行数学建模实践活动时，力求做到以下几点。

1. 在数学建模中，问题是关键。数学建模的问题应是多样的，应来自于学生的日常生活、现实世界、其他学科等多方面。同时，解决问题所涉及的知识、思想、方法应与高中数学课程内容有联系。

2. 通过数学建模，学生将了解和经历解决实际问题的全过程，体验数学与日常生活及其他学科的联系，感受数学的实用价值，增强应用意识，提高实践能力。

3. 每一个学生可以根据自己的生活经验发现并提出问题，对同样的问题，可以发挥自己的特长和个性，从不同的角度、层次探索解决的方法，从而获得综合运用知识和方法解决实际问题的经验，发展创新意识。

4. 学生在发现和解决问题的过程中，应学会通过查询资料等手段获取信息。

5. 学生在数学建模中应采取各种合作方式解决问题，养成与人交流的习惯，并获得良好的情感体验。

6. 高中阶段至少应为学生安排 1 次数学建模活动。还应将课内与课外有机地结合起来，把数学建模活动与综合实践活动有机地结合起来。

同时，可根据各自的实际情况，统筹安排数学建模活动的内容和时间。例如，可以结合统计、线性规划、数列等内容安排数学建模活动。

1. 可根据各自的实际情况，确定数学建模活动的次数和时间安排。数学建模可以由教师根据教学内容以及学生的实际情况提出一些问题供学生选择；或者提供一些实际情景，引导学生提出问题；特别要鼓励学生从自己生活的世界中发现问题、提出问题。

2. 数学建模可以采取课题组的学习模式，教师应引导和组织学生学会独立思考、分工合作、交流讨论、寻求帮助。教师应成为学生的合作伙伴和参谋。

3. 数学建模活动中，应鼓励学生使用计算机、计算器等工具。教师在必要时应给予适当的指导。

4. 教师应指导学生完成数学建模报告，报告中应包括问题提出的背景、问题解决方案的设计、问题解决的过程、合作过程、结果的评价以及参考文献等。

5. 评价学生在数学建模中的表现时，要重过程、重参与。不要苛求数学建模过程的严密、结果的准确。评价内容应关注以下几个方面：

——创新性，问题的提出和解决的方案有新意；

——现实性，问题来源于学生的现实；

——真实性，确实是学生本人参与制作的，数据是真实的；

——合理性，建模过程中使用的数学方法得当，求解过程合乎常理；

——有效性，建模的结果有一定的实际意义。

以上几个方面不必追求全面，只要有一项做得比较好就应该予以肯定。

6. 对数学建模的评价可以采取答辩会、报告会、交流会等形式进行，通过师生之间、学生之间的提问交流给出定性的评价，应该特别肯定学生工作中的"闪光点"。

7. 数学建模报告及评价可以记入学生成长记录，作为反映学生数学学习过程的资料和推荐依据。对于学生中优秀的论文应该给予鼓励，可以采取表扬、评奖、推荐杂志发表、编辑出版、向高等学校推荐等多种形式。

8. 应该提供一些适合学生水平的数学建模问题和背景材料供学生参考；也可以提供一些由学生完成的数学建模的案例，以激发学生的兴趣。

总之，要真正培养学生的创新能力，光凭传授知识是远远不够的，重要的是在教学中必须坚持以学生为主体，开展一些切合实际的建模教学，调动学生的主观能动性，培养学生的创新思维。只有这样才能使学生分析和解决问题的能力得到长足的进步，也只有这样才能真正提高学生的创新能力，使学生学到有用的数学。我们相信，在开展"目标教学"的同时，大力渗透"建模意识"必将为中学数学课堂教学改革提供新的思路。

研修建议：

数学建模是由对实际问题进行抽象、简化，建立数学模型，求解数学模型，解释验证步骤组成的过程（必要时循环执行），可以说有数学应用的地方就有数学建模，数学建模已成为国际数学教育中稳定的内容和热点之一。

1. 教师意识先行原则。实际应用的数学问题有时过难，不宜作为教学内容；有时过易，不被人们重视，而中学数学教科书中"现成"的数学建模内容又很少，再加上我国数学建模研究起步较晚，数学建模的氛围在中学尚不浓厚，在这种情况下，只有在教学活动中起主导作用的教师首先具有数学建模的自觉意识，挖掘出训练数学建模能力的内容，给学生更多数学建模的机会，才能在教学过程中用自己的数学建模意识去熏陶学生。

2. 因材施教原则。因材施教原则是教育教学的一条基本原则，在中学数学建模教学中可以分为因地施教、因时施教、因人施教。

（1）因地施教。数学建模是理论联系实际的典型。一个完整的数学建模过程，必然包括三大环节：从实际问题中抽象出数学模型；求解数学模型；用数学模型的解来解决实际问题。在这三大环节中，有实际问题的就有两个环节，所以实际问题在数学建模的教学中起着相当重要的作用。生活在五湖四海的的中学生，他们各自熟悉的实际问题是千差万别的，生活在大城市的中学生可能已在 Internet 网上驰骋过，但并不一定熟悉小麦和韭菜的区别，而生活在农村的学生也许正好相反。所以在建模教学中宜选择学生身边的实际问题，这样做至少有两点好处：一是容易使学生建立比较好的、考虑比较周到的数学模型（只有熟悉问题，才可能考虑周到）；二是容易使学生真正体会到数学的应用，否则还是纸上谈兵，数学建模只是形式而已，与做普通应用题毫无二致。

（2）因时施教。这里的"时"是指学生所处的不同时期、不同的年级，因为学生的数学基础知识是逐步学得的，人们在不同的年级所具有的能力、知识是不相同的。依据学习过程的认知论原则，教学必须以发展为目标，因此进行数学建模教学的内容和方法也应有所区别，应该经历一个循序渐进、逐步提高的过程，应该随着学生年龄的增长，逐步提出更高的教学目标。比如，初中阶段的数学应用与建模主要应控制在"简单应用"和一部分"复杂应用"的水平上，教师可以通过一些不大复杂的应用问题，带着学生一起来完成数学化的过程，给学生一些数学应用和数学建模的初步体验。到了高中以后，学生较初中在数学知识、能力上都有较大的提高，因此问题的设计应更有深度、广度，并在求解过程的指导中给学生更多的自由度。

（3）因人施教。因人施教是指根据每个人的原认知结构不同，而以不同的方法施教。原认知结构是指原认知中处于活跃的、敏感的部分，通俗地说，就是记得住、会运用的部分。不同年级的学生自然有不同的原认知结构，即使是同年级的学生，虽然他们头脑中的知识相同，技能培养和训练也大体一致，即原认知相同，但各人原认知中的活跃点、敏感点不同，即原认知结构不同，他们的解题方法技巧也会大相径庭。真正制约学生解题的并不是原有知识水平，而是原认知结构。教师如果能了解学生的原认知结构，找出问题之间的联系，即使有相当难度的题目也可以被学生攻克。

3. 授之以渔原则。虽然数学建模的目的是为了解决实际问题，但对于中学生来说，进行数学建模教学的主要目的并不是要他们去解决生产、生活中的实际问题，而是要培养他们的数学应用意识，掌握数学建模的方法，为将来的工作打下坚实的基础。因此，在教学时，要充分强调过程的重要性，要授之以渔，尤其要注重培养学生从初看起来杂乱无章的现象中抽象出恰当的数学问题的能力，即培养学生把客观事物的原型与抽象的数学模型联系起来的能力。

4. 课内课外相统一原则。和提高学生其他素质一样，培养学生的数学建模能力，也应向课堂要质量，数学应用和数学建模应与现行数学教材有机结合，把应用和数学课内知识的学习更好地结合起来，而不要做成两套系统，这种结合可以向两个方向展开，一是向"源"的方向展开，即教师应特别注意向学生介绍知识产生、发展的背景；二是向"流"的方向深入，即教师要引导学生了解知识的功能，在实际生活中的作用，抓住数学建模与学生观察所学知识的"切入点"，引导学生在学中用、在用中学。另一方面，由于数学建模是与实际问题密不可分的，仅仅在课堂上是学不好的，"纸上得来终觉浅，绝知此事要躬行"。因此还必须走出教室，到大自然中去锻炼、去学习，把课内课外有机地统一起来。

第六章　评价学生数学学习的技术

　　促进学生发展的数学学习评价是课程标准的重要内容，是数学评价改革的新探索。高中数学课程应该建立合理、科学的评价体系，包括评价理念、评价体制、评价内容、评价形式等。在数学教育中，应建立多元化的评价目标，评价既要关注学生数学学习的结果，也要关注他们数学学习的过程；既要关注学生数学学习的水平，也要关注他们在数学活动中所表现出来的情感态度的变化，帮助学生认识自我，建立自信。这就要求教师在数学教学过程中，应该掌握多种数学学习的评价技术，注重加强过程性评价，逐步的改革终结性评价的方式，努力学习课堂教学过程中对学生学习的正确评价方法，充分体现评价的激励、导向、矫正的功能。

第一节　认识数学学习评价的作用与途径

　　评价在课程实施中发挥着重要的激励导向和质量监控作用。各学科教学评价改革都是整体改革的重要组成部分，建构主义理论认为：评价是教师与学生共同合作进行的有意义的建构过程，学生既是评价的对象，又是评价的主体，通过评价，使学生的思维品质与社会性发展在逐步扩大的生活领域中得到提升；行为学派心理学认为：教学评价的重要形式反馈能改进学习，提高学习的效果。反馈越及时，越具体，越多次，效果越好。在教学中，学生有所反应之后，教师必须做出相应的适宜的即时反馈。研究表明，行为和反馈之间的联系越紧密，学习就会越快发生。可见，即时反馈有助于对学生的学习行为进行及时的矫正和强化。对学生的任何正确反应要给予积极强化，使学生获得成功的体验。

一、数学学习评价的涵义和基本理念

（一）数学学习评价的涵义

　　"评价"（Evaluation）一词可理解为测评与估价两部分。测评是进行数值的测定和计算，以取得数据；估价是对这个数据作出价值判断。经过测评取得数据，估价才有依据，因而测评是估价的基础；进行测评便于估价，做出价值的判断，因而估价是测评的目的。这两个方面密不可分，构成评价的内涵。由此，我们把评价定义为是指阐释、衡量人或事的作用与价值，也泛指人们根据自己的需要和见解，对作为客观存在的人或事所客观具有的价值（正面或反面、积极或消极）判断与衡量，其实质是促进

人或事的改善与发展，它是人的行为自觉性、反思性的体现，也是人类的一种认识活动。

（二）数学学习评价的基本理念

课程标准指出：数学教学评价的目的在于了解学生的学习进程和学习能力，全面评价学生的学习成绩，激励学生的学习积极性，提高学习效率，促进教师改进教学。教学评价的内容必须多元化。既关注学生理解和掌握数学基础知识和基本技能的情况，又要关注学生的数学基本能力和综合应用数学的能力；既关注学生的创新意识和实践能力的发展情况，又关注学生学习兴趣和情感体验等方面的发展；既尊重个体差异，对学生个体发展的独特性给予积极评价，又关注学生学习策略和学习行为的共同规律，发挥学生学习数学的潜能。

数学学习评价的理念受数学课程基本理念的制约，有什么样的课程理念就有什么样的学习评价的理念。建构主义学习理论认为，真正意义上的数学学习应该是学习者应用自己已有的知识、经验，对学习对象主动的意义建构。因此，新一轮数学课程标准认为，有价值的数学学习应该以学习者的主体作用为基础，传授讲解、动手实践、自主探究与合作交流作为数学学习的重要方式。与此同时，采用人本与发展的模式来理解数学教育与人类发展的关系，是当前数学课程理念的核心。即尊重个体和个体的差异，实施因材施教，"使数学教育面向全体学生，实现：人人学有价值的数学；人人都能获得必需的数学；不同的人在数学上得到不同的发展"，从而为个体的终身学习打下基础。因此，相对应地，便形成了新的学生数学学习评价的基本理念。

评价的目的是全面了解学生的数学学习历程，激励学生的数学学习热情，为改进教师的教学提供必要的依据。根本目标是逐步建立学生数学学习自我评估、自我调节、自我改进的学习方法。主要内容是检测数学知识与技能的掌握程度，学习数学过程中有效方法的运用情况，以及通过学习树立了怎样的学习态度与人生情感。主要方式是课堂教学评价、作业评价、检测评价、实际运用评价等。学习评价活动发生在教学的全过程，应建立评价目标多元、评价方法多样的评价体系，应研究学习评价的新形式、新内容、新方法，应该积极修炼数学学习的评价技术。

二、数学学习评价的作用

课程标准，高中数学学习的总目标是使学生在九年义务教育数学课程学习的基础上，进一步提高作为未来公民所必要的数学素养，以满足个人发展与社会进步的需要。介于此，数学学习评价所起的作用，一方面是评估学生数学学习的效果如何，即评估课程预设的学习目标是否达成；另一方面是通过评价激励或指导学生的学习、矫正学生的学习行为与教师的教学行为。所以，我们首先要立足课程目标，以多元化的评价促进学生的发展。

1. 检测基本数学知识的掌握

（1）通过数学内容的评价，判断学生是否掌握高中数学的基本概念、基本思想方法、基本技能，是否具有对数学本质的理解。

（2）通过数学学习活动的评价，判断学生是否肯于思考、善于思考、坚持思考并不断地改进思考的方法与过程。

（3）通过对数学应用的评价，考察学生能否从实际情境中抽象出数学知识以及能否应用数学知识解决问题。

（4）通过对数学语言的评价，了解学生理解数学语言并有条理地表达数学内容的能力。

如：评价对数学概念的理解，可以关注学生是否能够辨别概念、运用概念，是否能独立举出一定数量的用于说明问题的正例和反例。特别地，对核心概念学习的评价应该体现在整个高中数学学习的过程中。

评价对数学知识结构的掌握，可以关注学生能否建立不同知识之间的联系，把握数学知识的结构、体系，在问题解决中能够灵活运用。

评价数学的表达，可以关注描述的语言是否具有精确、简约、形式化等特点，能否恰当地运用数学语言及自然语言进行口头、书面的表达与交流。

2. 反映数学学习的过程与方法

（1）通过对解决数学问题的检测，判断学生是否具备了必要的思想方法，解题的过程是否合理。

如：在对内容的评价问题设计中，可以设置一些表示解决问题过程的情境，要学生补充完整或从中找出错误的推导、计算、表达等；也可以设置解法多样的问题，让学生选择，反映学生掌握解决问题方法的情况。

（2）通过记录学生学习的档案，收集数学学习的变化，积累数学学习的经验，为不断更新、矫正学习方法奠定良好的基础。

（3）在课堂教学中，让学生通过过程学习（知识的发生发展过程、学生的思维过程、教学过程的有机联系）展示学习的思维活动，教师对学习过程中表现出的各种现象给予积极的、明确的评价。

（4）在教学辅导中，应当关注学生能否对自己提出问题和解决问题的过程进行自评与互评。

如：在课堂教学师生对话中，教师应该多采用"启发式"教学，多问几个"为什么"，关键要让学生搞明白解题"为什么会这么想"，明确解决问题的思路。应该及时捕捉学习过程中好的方法、典型的问题加以讨论，教师多采用肯定的语言激励学生积极参与学习活动，发挥主动性，减少被动性。

3. 激发学习的情感与态度

（1）通过数学学习过程的评价，努力引导学生正确认识数学学习的价值，产生积极的数学学习态度、动机和兴趣；培养学生学好数学的自信心、勤奋、刻苦以及克服困难的毅力等良好的意志品质；引导他们积极主动地参与数学学习活动、愿意和能够与同伴交流数学学习的体会、与他人合作探究数学问题；引导学生不断反思自己的数学学习行为，并改进学习方法。

（2）对于不同的学生应该采取不同的评价方式，寻找他们成功的亮点，激发他们学习数学的热情、良好的心态与积极的态度。

（3）教师正确评价数学学习，激励、调控学生情感与态度的前提是获得了大多数学生的认可，甚至获得了同学的崇拜。

三、数学学习评价应采用多元化的方式

根据"以学生发展为本"的评价理念，评价要关注学生的处境和需要，尊重和体现个体的差异，激发他们的主体精神，以促进学生最大可能地实现自身价值。根据多元智能的理论，学生智能的多元化和学生个体的差异性决定了数学学习评价的多元化。要关注学生的个体差异，就需要在评价体系上，设计多元的评价标准和情境化的评价方法，开辟多种评价渠道。不仅关注学生多方面的潜能，更要了解学生在未来发展中的需求，帮助他们认识自我，建立自信。

学习评价采用多元化的方式，即：主体多元化，方式多元化，内容多元化，目标多元化。

1. 评价主体多元化

主体多元化，是指将教师评价、自我评价、学生互评、家长和社会有关人员评价等结合起来。在对学生学习活动的评价中，以往一直是以教师为主体，评价主体的单一性必然导致评价过程的主观性和评价结果的偏差，导致学生学习的被动性和依赖性，容易挫伤学生学习的主动性和积极性，不利于学生的进步和发展。多元化的评价主体机制依据高中学生已经具备一定的独立性与学习自觉性的特点，将各评价主体紧密联系，即教师通过开展以激励、检测、调节为主要目的的学习评价，设计多样化的学习评价方式，引导学生自评、互评，使得数学教学能更加客观全面地收集评价信息。评价主体多元化的最大优势是让被评价者参与到评价活动中来，充分认识学习评价标准的合理性，自觉地将评价要求变为自己的学习行为。使得数学学习由被动转向主动，逐步地培养自我评价的习惯。

2. 评价方式多元化

方式多元化，是指定性与定量评价相结合，书面与口头评价相结合，课内与课外评价相结合，结果与过程评价相结合等。我们不排除量化的评价方法，比如对学生学业成绩的评价就需要量化方法。但是，以往教育中的量化方法把复杂的教育现象加以简化或只评价简单的教育现象，丢失了教育中学习的态度、方法、情感等最有意义、最根本的内容。对学生学习水平的评价，只关注了结果，忽视了丰富、生动的过程，

忽视了千差万别的学生个性。因此，在评价过程中需要采用一些定性的评价对学习过程、方式等加以引导。实际上，不同的过程可能产生相同的结果，相同的过程也可能产生不同的结果。这就要求我们评价时要结果与过程并重，定性与定量结合，注意学生的发展变化，最终实现知识与技能、过程与方法、情感态度与价值观的全面发展。

3. 评价内容多元化

内容多元化，包括知识、技能和能力、过程与方法、情感、态度、价值观以及身心素质等内容。学业成绩应该是课程评价的重要对象，但是对于一个需要全面发展的学生来说，它只是其中的一部分。因此，在评价学生时，不能局限于只用量化方法测验其成绩，要重视对其情感的培养以及动作技能水平的评价。以往的数学测验中，简单计算，用固定模式解决问题等形式太多，一味地反复训练和机械模仿，缺乏创造性和探索性。因此，要注意综合性问题和任务性问题的应用，注意运用数学思想方法认识问题、解决问题，发展学生独立思考问题的能力和创新性。除了学生成绩，学生的创新精神以及良好的心理素质、学习数学的兴趣与积极的情感体验都是评价的内容。这些内容隐形的变化较难准确把握和评价，而且要深入其心，不能从表面下结论，此外还与评价者的主观性相关。

4. 评价目标多元化

评价目标多元化，是指对不同的学生有不同的评价标准，而且尊重学生的个体差异，尊重学生对数学的不同选择，不以一个标准衡量所有学生的状况。学生可以根据个人的不同条件、兴趣和志向，在高中阶段选择不同的数学课程组合进行学习。学校和教师要根据学生的不同选择进行全面客观的评价，并为学生建立相应的学习档案，记录并评价其学习过程。

案例1：课堂教学即时评价（评价方式多元化）

现代数学教学理论提倡要根据学生的实际思维做出多元评价，即不仅要指出"对"与"错"，还应指出问题解决过程的"好"与"坏"、"繁"与"简"、"难"与"易"、是否有创意等。教师要乐于从多角度来评价、观察、接纳学生。

说明：以下是一所市重点中学高二解析几何的一节探究课。教师是一位较成熟的高级教师。

师：刚才我们已知推导出抛物线的方程，大家想一想抛物线还有别的形式吗？

生：老师，我们初中学过开口向上（或向下）的抛物线，解析式是：$y = ax^2 + bx + c$。

师：很好！你认为方程是这种形式的时候抛物线的焦点，在什么位置，坐标是什么？

生：我们是否可以将解析式配方成顶点式，就可以获得所要的焦点呢？

此时教师对学生思维给出解释性评价，指出这种形式是抛物线的一般形式，我们只要研究它的最简单的形式，其他均可通过一定的变换获得。这是对学生学习内容的及时评价。否则，问题研究将复杂化！

师：（教师切换屏幕，操作电脑，放置投影）我们这样建立坐标系，方程是什么？（屏幕同时显示抛物线方程、焦点坐标、准线方程……）

生：$(0, \frac{p}{2})$，$y = \frac{p}{2}$。

师：大家想一下，按照这种建（坐标）系方法，抛物线有几种不同形式，开口方向怎样？

生（全）：向上、向下、向左、向右。

师：好，在每一种情况下标准方程、焦点和准线分别是什么？（学生回答，投影显示）

……

案例2：班会课即时评价（评价内容多元化）

学习数学的最高境界是能用数学的眼光看待世界，能用数学的思想认识世界，能以数学的方法改造世界。

下面是一节高一的班会课，班主任（数学老师）对同学学习方法介绍做出点评。

生：到了高中，学习内容增加了，一开始，每天总感到学习好像有"千头万绪"，不知道如何应对。看了一本介绍著名科学家学习的书籍，才知道，学习也要分清什么是重要的，哪些是紧迫的。抓住重要而紧迫的去学，舍弃既不重要、又不紧迫的事情，这样，学习的效率好多了！

师：你能否按照"重要"、"紧迫"进行分类，看看有几种情况？

生：分四种：重要而紧迫；重要不紧迫；紧迫不重要；既不重要又不紧迫。

师：很好！这是一种分类讨论的方法，想必大家在初中就已经学过了分类讨论思想吧！

生：是的！

师：那我们是否可以按照这种分类方式，将我们的学习分类？看如何对待各种事件？

……

这是将数学的思想方法，运用到学习的方法讨论中，让同学体会数学的用途。

第二节 掌握评价学生数学学习的常见方法和技术

了解了数学学习评价的作用与方式，并不等于掌握了数学的学习评价。对于各种不同的学习情景、不同的学习个体、不同的学习要求，数学学习评价的方法和技术多种多样，若要给出正确的价值判断，是一件极不容易的事情！这里我们只对几种常见的情形加以讨论，可能是挂一漏万了。

一、学生数学学习的基础性评价

数学学习的基础评价是指：在数学学习过程中，对于学生掌握知识、运用方法、以及解决问题的能力和表现出的情感态度、意志品质等方面的外部表象进行一般性的评价，只作为高中数学教师的专业修养与技能，一般不涉及学生的心理因素测试。

1. 学生掌握数学基本要求的评价

数学教学的基本要求是学生学习评价的基本内容。避免片面强调机械记忆、简单模仿，立足于对数学本质的理解，评价注重以下要求。

（1）应关注学生能否不断完善数学学习认知结构，善于将前后知识贯通练习。

（2）应该在学生整个学习过程中关注数学核心概念的把握程度。

案例3：概念学习的课堂练习

课题：同角三角比的关系（1）

学校：普通高中

类别：常规教学设计

概念学习：同角三角比的平方关系、商数关系、倒数关系（略）

例题1：已知 $\cos\alpha = \dfrac{4}{5}$，且 α 为第四象限的角，求 α 的其他三角比的值。（学生自己思考、讨论，用不同的方法解答）

［说明］（1）如果已知角 α 的一个三角比和它所在的象限，那么角 α 的其他三角比就可以唯一确定；如果仅知道 α 的一个三角比，那么就应该根据角 α 的终边的所有可能的情况分别求出其他三角比。例1是给出一个三角比的值，并给出了角 α 所在的象限，这样的题目只有一组解。这是课堂教学最基本的概念认知。

例题2：已知 $\tan\alpha = \dfrac{5}{12}$，求 $\sin\alpha$，$\cos\alpha$ 和 $\cot\alpha$。

例题3：已知 $\cot\alpha = -2$，求 $\sin\alpha$，$\cos\alpha$。

［说明］这是给出一个三角比的值，未给出角的范围，要先确定角所在的象限，然后分情况求解，这样的题有两组解。从评价的意义上说，这是一种概念初步认识的递进设计问题方式。

总结解题的一般步骤：

①确定终边的位置（判断所求三角函数的符号）；

②根据同角三角函数的关系式求值。

概念教学的课堂例题或练习的问题设计中，要分层、递进，控制难度；要让所有问题保持一定的联系（最好采用问题变式设计），体现形成知识的结构。上述教案中的问题设计很好的体现了这样的要求。

案例4：课堂概念学习的思维能力评价

课题："二次函数"在区间上的最值问题

……

师：（1）求函数 $y = 8 + 2x - x^2$ 的最值.

生1：配方求出函数图像的顶点即可.

师：（2）若求函数 $y = 8 + 2x - x^2$ 在区间 $[-1, 0]$ 或 $(-2, 2]$ 上的最值该如何解？大家讨论一下.

生1：也是求出顶点坐标？

生2：不对！应该画图观测.

生3：应该考虑函数图像的单调性.

教师从学生讨论的语言中看出，生1的思维停留在原有认知水平上，没有随问题的变化而调节，层次最低；生2、生3对新问题有一些思考，但还没有抓住问题的本质.

师：（教师对学生的讨论给出评价）生1同学：你认为问题（1）、（2）函数的定义域相同吗？既然函数定义域不同，求最值还能一样吗？

师：（对所有同学，从认知的最低层次开始引导）请回答以下几个问题.

（3）这个函数的值域是什么？为什么？

（4）"函数的最值"在函数图像上的实质是什么？

（5）解决上述问题你觉得用什么方法？

……

生4：求"二次函数"在指定区间上的最值，应该看图像的顶点在不在区间内，……

师：函数图像的顶点能够在定义域内吗？你刚才说的那些内容是在进行分类，但是很乱，问题主要是分类没有确定标准！

生4：？

师：这里分类的标准是什么呢？函数图像顶点的横坐标对应图像的什么？

生4：对称轴！

师：对了！这就是分类的"标准"！

生4：老师，知道了，情况可以分为：对称轴在区间内和对称轴不在区间内两种.

师：哪位同学再系统的归纳一下？

生5：$a > 0$ 时，对称轴在区间内，最小值为顶点纵坐标，最大值要看端点距离对称轴的距离；对称轴不在区间内，就看图像的单调性.

教师对于学生回答问题的点拨，实际上就是以评价的手段指出学生思维的问题，逐步引导学生找到解决问题的"关键"点。

2. 学生数学学习过程的评价

学生数学学习过程更能反映每个学生的发展变化，体现出学生成长的历程。对学生数学学习过程的评价，包括学生参与数学活动的态度、自信、合作、创新等方面。对学习过程的评价要注重以下要求。

（1）应努力引导学生正确认识数学的价值，不断增强自信心，并提升数学学习兴趣。

（2）应关注学生是否积极主动地参与数学学习活动、是否乐意与他人合作探究数学问题。

（3）应当重视学生数学语言表达能力和数学建模能力。

（4）应重视学生的独立思考能力，看能否对自己的数学学习进行不断反思、不断改进的能力。

案例5：档案袋评价

[说明]：档案袋记录学生在数学学习过程中的表现，通过一个学期（每月1次）的记载，了解学生学习的状态。

类型	记录内容	评价方式
活动	1. 与人交流的自信程度 2. 参与课堂学习活动：与同伴交流学习的体会 3. 与他人合作探究数学问题	1. 不卑不亢（　）自卑（　）自负（　） 2. 积极（　）主动（　）被动（　）消极（　） 3. 愿意（　）能够（　）不愿意（　）不会（　）
思考	1. 思考方式 2. 思考内容 3. 思考后不断地改进思考的方法与过程。	1. 独立（　）依赖（　）倾听比较后思考（　） 2. 任务（　）无关事务（　）全面（　）一般（　） 3. 坚持（　）偶尔（　）从来不（　）
习惯	1. 听讲 2. 笔记 3. 作业 4. 读书	1. 注意时间10分（　）注意时间<5分（　） 2. 经常（　）偶尔（　）不记（　） 3. 独立按时完成（　）按时完成（　）不完成（　） 4. 自主看书（　）完成任务（　）从不看书（　）
表达	1. 清晰程度 2. 严谨、准确性	1. 抓住关键（　）繁琐能说清楚（　）词不达意（　） 2. 严谨（　）正确但逻辑性差（　）不正确（　）
辅导	1. 教师一般性指导 2. 教师专门指导	1. 关注1次（　）2次（　）3次以上 2. 指导1次（　）2次（　）3次以上

3. 对学生数学学习能力的评价

学生能力的获得与提高是其自主学习、实现可持续发展的关键，评价对此应有正确导向。能力是通过知识的掌握和运用水平体现出来的，如何评价能力一直是课程改革面临的一个普遍课题，应注重以下要求。

（1）关注学生学习过程中的问题意识，看学生能否善于质疑。

（2）学生对于遇到的数学问题是否有自身原创的见解，并关注问题分析的逻辑性。

（3）关注学生在学习过程中的逻辑性如何。

（4）关注学生能否观点鲜明地互相评价。

案例6：特殊到一般的推广

学校：民办高中

教师：中学高级教师

……

师：在前面的探究中，我们求出了无穷等比数列 $\left\{\dfrac{1}{2^n}\right\}$ 的各项和。请同学们思考，（出示投影）对于一般的无穷等比数列 $\{a_n\}$，$a_n = a_1 q^{n-1}$（$a_1 \neq 0$，$q \neq 0$），又该如何求它的各项的和？

生：（很多学生不会推导）

师：一般的无穷数列我们没有处理过，我们需要先将无穷转化为有限。利用我们已经掌握的等比数列前 n 项和的公式，下面请大家试试能否自己解决！

……

评价内容：（1）使学生通过对此问题的研究，从体会特例到挖掘一般规律；（2）在解决问题过程中对于字母 q 的情况进行分类讨论，并明确为什么要分类讨论。

评价方式：教师在教学中要努力做到新知识放手让学生主动探索，让学生通过参加教学过程积极主动地获取知识，锻炼技能，让学生的素质得到发展与提高，本问题学生需要和同伴、教师合作。教师评价注意体现学生能否主动积极参与，能否独立思考，能否主动与同伴、教师合作交流，能否清晰地用语言表述自己解决问题的思路。

二、评价学生数学学习的方法和技术初探

教学评价的具体类型很多，从不同的角度和标准可以划分出不同的评价种类。在具体的运用过程中，不同类型的评价有着不同的特点、内容和用途。我们在评价学生数学学习过程中，始终应该依据《普通高中数学课程标准》的教学目标（知识与技能、过程与方法、情感、态度与价值观）和具体教学目标多元而又合理地选择，从而合理评价学生的数学学习。

1. 绝对评价与相对评价

绝对评价又叫标准参照评价，是把群体中每一成员的某个指标逐一与评价标准（如《国家体育锻炼达标标准》等）对照，给出一个静态的绝对分数，从而判断其优劣。相对评价是先建立一个评价基准，然后把各个被评对象逐一与基准相比较来判断其优劣。

绝对评价只考虑学生的数学学习与评价标准的关系，而不考虑学生们彼此之间的关系。评价标准主要是课程标准中所提出的教学目标。例如，对学生知识技能目标方面的要求是四个不同的层次，即"知道""理解"和"掌握"，据此就可以对学生的数学学习作出评价。如果评价的标准比较客观，评价比较准确的话，那么可以具体了解

学生对某单元知识、技能的掌握情况，哪些学得较好，哪些没学好需要补救。每个学生都可以明确与评价标准间的差别，这无论对于学生还是教师都将起到调节作用。因此，绝对评价主要用于基础知识、基本技能的测量，适用于形成性测验和诊断性测验，利用测验提供的反馈信息，可及时调整、改进教学。但是，由于测题的编制很难充分、正确地体现教学目标，因此，教师较难充分发挥严格意义上的绝对评价的作用。

例如，对一元二次不等式的解法的学习可以进行绝对评价。先制定评价标准如表1。

表1　绝对评价标准表

评价内容/标准	课后测试		单元测试	
	平均正确率	速度	平均正确率	速度
一元二次不等式的解法（不含字母系数的常规题）	85%以上	达到每道题3分钟	85%以上	达到每道题2分钟

（注：平均正确率＝全班正确总数/题数考试人数）

相对评价又叫常模参照评价，是在一个班或一个年级学生集体内，确定一个恰当的评价标准，评价时把每一个学生都与之作比较，从而评价出每个学生在这个集体内的相对位置。这种评价由于是在局部范围内进行的，比较时客观性较高，具有甄选性强的优点。因而可作为分类排队、编班和选材的依据。但其缺点是靠集体内部来确定评价标准，有时会使学生产生错觉，以偏概全，不了解在更大范围中的发展状况。比如在排队选优时，对于个人的努力状况及进步的程度不加重视，尤其对于后进者的努力缺少适当评价，例如，在几次考试中，某学生学习的实际成绩在提高，但他在班级里的相对位置（名次）也许仍没变化，因而缺乏激励作用。

例如，同是上述测验在某班进行测试，教师可以班上某名同学的解答为标准，然后将每一同学的解答情况与之比较，从而对学生的数学学习也可作出一种相对评价。

2. 终结性评价、形成性评价与诊断性评价

（1）终结性评价是结果评价，是指学习进行了一个阶段之后，对学生的数学学习效果作出全面的总结性的评价。其目的是给学生评定数学成绩，为学生的数学能力发展水平提供证据，总结性评价着眼于某门课程或某个教学阶段结束后学生学业成绩的全面评定，因而评价的概括水平一般比较高，考试或测验所包括的内容范围也比较广，评价的次数不多，例如传统的期中期末考试、学业水平考试、高考等，一般都属于此类评价。

（2）形成性评价是过程评价，这种评价对于转变教育评价的指导思想，即变"选拔适合教育的学生"为"创造适合于学生的教育"具有重要作用。它使教师更深入地、最大限度地开发和促进学生的发展，为寻求适合学生学习的最优化教育方式，提供了一条切实可行的途径。

形成性评价有点类似于教师按传统习惯使用的非正式考试和单元测验，但它更注重对学习过程的测试，注重利用测量的结果来改进教学，使教学在不断的测评、反馈、

修正或改进过程中趋于完善，而不是强调评定学生的成绩等级。正因为形成性评价以获取反馈、改进教学为主要目的，所以这类测试的次数比较频繁，一般在单元教学或新概念、新技能的初步教学完成后进行，测试的概括水平不如总结性评价那样高，每次测试的内容范围较小，主要是单元掌握或学习进步测试。相比较而言，终结性评价侧重于对已完成的教学效果进行确定，属于"回顾型"评价；而形成性评价侧重于教学的改进和不断完善，属于"发展型"评价。

要使形成性评价在改进教学方面真正发挥作用，教师应注意做到：①把评价引向提供信息，而不要把它简单地作为鼓励学生学习或评定成绩等级的手段。②把形成性评价与日常观察结合起来，根据测试的反馈信息和观察的反馈信息对教学作出判断和改进。③仔细分析测试结果，逐项鉴别学生对每个试题的回答情况，如果大部分或相当数量的学生对某个试题的回答都有误，那就表明自己在这方面的教学有问题，应及时加以改进。

（3）诊断性评价

诊断性评价指为查明学生的学习准备状况及影响学习的因素而实施的测定。

在教学过程中，教师要想形成一套适合每个学生特点和需要的教学方案，就必须深入了解学生已有的知识、技能的掌握程度，了解他们的学习动机状态，发现他们学习中存在的问题及原因，等等。教师获取这些情况的方法和途径是多样的，其中最常用、最有效的手段之一就是诊断性评价。诊断性评价的主要用途有三个方面：①检查学生的学习准备程度。常在教学前如某课程或某单元开始前进行测验，可以帮助教师了解学生在教学开始时已具备的知识、技能程度和发展水平。②确定对学生的适当安置。通过安置性诊断测验，教师可以对学生学习上的个别差异有较深入的了解，在此基础上经过合理调整使教学更好地适应学生的多样化学习需要。③辨别造成学生学习困难的原因。在教学过程中进行的诊断性评价，主要是用来确定学生学习中的困难及其成因的。

（4）三者之间的比较

种类	总结性评价	形成性评价	诊断性评价
目的	评定最终成绩	测量学习效果	查询学习过程优劣因素
作用	评定当前学习水平，以便于与后期继续学习合理衔接	改进学习策略，调整学习方案	阶段反思，总结经验，适时补救
常用手段	较为全面的统考	常见测试	多种形式
测量内容	一定阶段的内容	根据教学内容而定	有针对性的编制
评价标准	参照课标常规目标	阶段（单元）目标	广大样本的相关要求
时间节点	一般期中、期末	经常进行	根据教学需要
评价重点	学习结果	学习过程	学习节点

3. 标准化测验评价与教师自编测验评价

根据评价工具的编制和使用情况的不同，可以将教学评价分为标准化测验评价和教师自编测验评价。

标准化测验评价是近年来发展很快的一种评价方式，这类评价是凭借专家或专业的测验发行机构编制的标准化测验进行的。由于标准化测验的试题取样范围大，题量多，覆盖面宽，因而具有较高的信度和效度。另外，它的试题一般难度适中，区分度高，施测有严格的要求，测得的结果有可资比较的标准作对照，评分客观、准确、迅速，从命题、阅卷到计分等各个环节都减少或避免了误差，因而具有客观性、真实性、准确性较强等突出优点，是目前评价学生学业成绩的重要方式之一。但由于标准化测验的编制难度较大，施测的要求、条件较高，建立标准化试题库更是一项艰巨的工程，因而要广泛推行这一评价方式会遇到不少困难，需不断努力，逐步推行。

教师自编测验评价是依据教师自行设计与编制的测验，根据教学需要对学生的学业情况进行检测的一种评价方式。这类评价的突出优势是自编测验的制作过程简易，使用灵活方便，适用范围广，可以满足不同学科、不同教学阶段的不同测试要求，因而，它是学校中应用最多和教师最愿意使用的评价方式。

4. 系统测验评价与日常观察评价

根据评价方式的不同，可以将教学评价分为系统测验评价和日常观察评价。

运用各种测验的手段对教学过程及其结果进行测量与评价，是教学实践中应用最普遍的评价方式，例如，前面介绍的常模参照、标准参照等评价方式基本上都属于系统测验评价的范畴。运用测验手段进行定期、系统的评价，可以为教师提供大量有关教学情况的信息，有利于教师及时总结教学、改进教学、提高质量。但是，实践表明，并不是教学中的一切情况都可以通过测验的手段测出来的，学生的许多复杂的心理机能是目前的测验技术所难以测量的。因此，在教学评价过程中，要想使获得的信息更加全面和客观，教师除要进行定期、系统的测验评价外，还应当重视另一类评价方式——日常观察评价在教学中的作用。

日常观察评价是借助于对学生日常学习活动的观察而对他们的学习行为及结果进行的评定。日常观察评价在课堂内外应用的机会很多，教师实际上每天都在对学生进行着观察，因此它往往可以得到一些其他任何方式都不能得到的有价值的真实资料。要使日常观察评价的作用得以充分发挥，教师应注意以下几个问题：（1）观察要有明确的目的，要观察哪方面情况，如学生的认知发展状况、情绪变化、注意力集中情况等，应事先确定。（2）观察要有计划，目标明确后，教师还应对观察的范围、重点观察对象、时间安排、工具使用等多方面情况加以全面考虑，做出周密计划。（3）要对观察结果进行及时、系统的记录。做好观察记录，是积累评价资料，实施观察评价的重要方面。目前常用的记录方法有行为摘录法、行为评等法和日记法。

①行为记录法：有两种作法，一是将观察到的行为表现如实记录下来，这种作法

费时较多，教学任务多的情况下不易做到；另一种是事先将要观察的事项分类，列成"项目检核表"，在观察到学生的有关行为后立即在相应的项目上画"√"。这种方法省时、简便，易于操作，关键是要设计好项目检核表。下面表2是上课时观察学生认知方面的个别差异的检核表。

表2　学生课堂回答问题时的行为表现调查表

姓名 行为表现	学生甲	学生乙	学生丙	学生丁	学生戊
无思考热情、学习能力较差，不能回答问题					
不愿思考，也不愿意回答					
过分紧张，表达辞不达意					
未经细致思考，信口开河					
认真思考后能回答					
思维敏捷，能抢先并正确回答					

（表中"√"为观察若干分钟内有该项行为表现的标记）

②行为评等法：是根据观察到的情况对学生的行为表现分等记录的方法。教师可以将学生的各种行为分类，然后将每类行为再分出等级，根据学生的不同表现，在相应的行为等级后加上"√"记号。

例如，可以将学生课堂注意力分为以下几个等级。

姓名 行为表现等级（1－5级）	学生甲	学生乙	学生丙	学生丁	学生戊
1. 能够整堂课聚精会神地听讲					
2. 大部分时间能集中注意听讲					
3. 注意力集中程度一般					
4. 注意力经常涣散					
5. 整堂课中没集中过注意力					

③日记法：即通过记日记的方法记录课堂观察结果，这也是教师最常使用的一种记录方法。这种方法的优点是简便易行，不须事先准备各种其他记录工具，只要教师养成记日记的习惯就可随时记录下所观察的结果。但这种方法最大的缺点是教师本人的偏见、期望、好恶有可能掺入记录并影响他根据记录作出的判断。因此，用日记记录观察结果时要尽可能客观、实事求是，应当主要记录学生可观察的具体行为及行为发生的特定环境，要把自己的主观印象和事件的本来面目区分开来。

总之，教学评价的种类很多，从不同的角度就可以划分出不同的类型，以上所举只是其中的一部分，例如，从评价的对象来分，还可以分出学的评价与教的评价，从评价的内容来分，可分出智力、学业成绩、人格等的测验评价，等等。本节将各类评价逐一列举出来，目的是为了更好地研究、学习和掌握。其实，在实际的评价过程中，我们是很难将这些评价类型分得清清楚楚的，例如，学校对学生进行了一次测验评价，从测验编制的角度看，它可能是一次教师自编测验评价；从评价的标准来看，它可能是一次标准参照测验；而从评价的作用来看，它可能又是一次诊断性评价。所以，了解各类教学评价的关键，是要掌握这些评价方式的特点、作用和适用范围，以使它们在实际评价过程中相互配合、优势互补，发挥出应有的作用。

三、对学生数学学习评价实施流程

（一）选择方法，收集资料

一般地，测验法、观察法、谈话法（又称访谈法）、问卷法等是收集资料的常用方法。在使用过程中，我们常根据方法本身的特点而用于不同的场合。例如，为测量学生实现知识技能目标的水平，可以采用测验法；为了解学生过程性目标的实现程度，可以采用访谈法。由于测验法大家经常使用，对其特征了解较多，所以着重介绍一下其他几种方法的特征。

1. 观察法

观察法是评价者通过感官或借助于一定的科学仪器（如摄像机），在一定时间内有目的、有计划地考察和描述学生数学学习活动表现的一种方法。这种方法能够描述学生数学学习过程中的表现，因此可以用它来收集评价学生过程性目标实现程度的资料。例如，在数学学习过程中，教师可以通过详细观察和记录学生在回答问题、做作业时的表现，来了解学生。

为保证观察能够达到预期的目的，采用观察法前必须进行观察设计。它主要包括：确定观察的内容，要求能准确地反映、体现或说明观察目的，且能被观察到；选择观察的策略；制定简单易行、可靠有效的观察记录表。例如，下面表3是一个教师对课上学生行为表现进行观察的记录表。

表3　课上学生行为表现的观察记录表

姓名：_____ 班级：_____		观察日期：　　年　　月　　日					
分数 （1-5分）		行为表现					
		课堂专注程度	课堂问题的即时反馈程度	课堂练习反馈的正确率	课堂提问的表达及正确率	生生合作讨论的参与程度	课堂问题设计及拓展水平
课型	概念课						
	复习课						
	习题课						

使用观察法测量的数据比较全面，但它受观察者本人的能力水平、心理因素的影响很大，统计工作量较大。选择使用它时要考虑到这些方面的因素。

2. 谈话法

谈话法（又称访谈法）是评价者通过与学生进行交谈的方式，来获得学生数学学习资料的一种方法。观察法主要是用眼睛看，谈话法是口问耳听，二者都是直接对学生数学学习进行考察的最基本方法，其特征也类似，经常结合使用，互相补充。

采用谈话法前也要进行设计。拟定谈话问题时要注意：要明确目的；问题的形式如何组织编排；内容表述要清楚，不能模棱两可；要适合学生的知识经验水平；要解释说明的问题，应制定统一的说明方式及用词；避免引导性、暗示性的问题等。

例如，下面是对个别高中学生进行数学学习兴趣的一个谈话设计方案。

（1）谈话目的：了解学生对数学学习的兴趣。

（2）谈话内容：

问题1：你喜欢上数学课吗？上课时，你是喜欢数学教师呢，还是喜欢教师所讲的内容呢？在课上学习过程中你感到高兴吗？如果你回答教师的问题错了受到批评你还喜欢数学吗？

问题2：你喜欢数学教科书吗？你喜欢书上的课后补充知识吗？喜欢做书上的数学题吗？课后时间，你看数学书吗？你还看其他数学方面的课外书吗？

问题3：你喜欢做数学作业吗？你喜欢自己完成还是和同学一起完成呢？自己完成时需要别人帮助吗？当你作业有几次错误时，你还喜欢做数学作业吗？

问题4：你喜欢研究数学问题吗？你会经常从身边的生活中提出数学问题吗？老师或他人提出的问题你容易有兴趣吗？喜欢主动积极地去解决它吗？

（3）对谈话进行书面记录后，详细整理学生对问题的回答。

（4）说明解释学生的数学学习兴趣：

如果学生喜欢数学课上的内容，而且是在即使受到批评的情况下，仍然喜欢，说明学生对数学课的兴趣最高；若是在课上学习过程中感到高兴，但在受到批评后就不喜欢数学，或者是喜欢数学教师，说明对数学课堂学习的兴趣较低。其余情形则根据这二者之间做出不同程度的判断。

如果学生喜欢看数学教材、喜欢做书上的数学题，业余时间自己主动地看数学书或者研究书上提出的数学问题，而且相比而言，更喜欢看，说明最喜欢数学书；如果只喜欢书中的插图或数上穿插的数学小故事，课后时间看数学书是因为老师的要求而不是自己主动去看，说明喜欢数学教材的程度较低。其余情形则根据这二者之间做出不同程度的判断。

如果学生喜欢自己独立完成作业，即使有错误挨批评也喜欢做作业，说明学生做数学作业的兴趣最高；如果学生做作业仅是为了应付数学考试，作业完成一旦正确率较低容易沮丧放弃，说明学生对做数学作业的兴趣较低。其余情形则根据这二者之间做出不同程度的判断。

如果学生很喜欢提出数学问题，很喜欢从生活中提炼数学模型，这说明学生对于数学问题有着浓厚兴趣，如果学生仅是敷衍式应付老师或他人提出的数学问题而不愿积极思考，则说明学生对数学问题无多大兴趣，其余情形则根据这二者之间做出不同程度的判断。

谈话法的灵活使用不仅可以对学生数学学习的结果进行测量，而且可以用于深入、广泛地了解学生数学学习的过程，因此它常是我们进行形成性评价的主要方法。其主要局限在于费时费力不经济，谈话结果的准确可靠性也常受到评价者素质的影响，谈话问题较抽象时，其结果不易量化。

3. 问卷法

问卷法是评价者用统一、严格设计的问卷，来获得学生数学学习资料的一种方法。它既可以进行知识技能掌握方面的资料收集，也可以进行非智力因素，如情感体验方面资料的收集。问卷法的标准化程度较高，能在较短的时间内收集到大量的信息。其中，问卷的设计是使用问卷法的关键，它直接影响到测量的科学性，并在很大程度上决定着问卷的回收率和有效率。

问卷设计包括：结构的确定、选择问题的表述、回答方式等几方面。从内容上说，问卷中常选择两类不同性质的问题，一是事实性问题；二是态度性问题。不论哪种问题，在语言表述时都要求符合：简洁、通俗易懂；具体、清晰、可操作；不能有暗示性的语句或歧义；从形式上讲，每个项目应该有提问、答案和回答方式三部分，整个问卷的问题排列方式要恰当合理。

对于已经具有一定阅读、理解和表达能力的高中学生，问卷法可使研究对象较全面，问题的设计也能较为深入。使用本方法的关键在于问卷的问题的设计要科学合理，具有操作性和代表性。所以要设计一份较科学的问卷并不容易。

（二）进行测量

一般来讲，对学生数学学习的评价是在测量的基础上进行的，即先对学生的数学学习进行测量，然后才对其质量做出评价。对学习这种较难客观量化现象的测量，目前行之有效的方法是借助于专门编制的测验或量表进行的。但这种测验或量表所测量的结果是什么，是否就是对数学学习的测量，怎样依据这些测量的结果对数学学习作出评价，等许多问题，还未得到彻底解决。尽管如此，由于测量与评价能够促进学生的数学学习，所以它仍旧是数学教学中不可缺少的组成部分。为保证对数学学习测量与评价的科学性，要按照一定的程序来组织此项工作。

实际进行测量时，要分为预测与再测两步进行。预测是实施阶段的不可缺少的组成部分，它是先将编制完成的测验、问卷等先施测于一小部分学生，通过对这一小部分学生的实施，来检查测量与评价方法的可靠性与有效性。通过修改文字表述不明确的地方、题目排列或形式设计不合理之处、测量时间与学生担负任务不恰当等问题，完善评价指标，以及测量评价方法。

再测就是利用已修订好的测量方法，有计划、有组织地全面展开对学生数学学习的测量。它要求测量者要实事求是地进行此项工作，不可为了达到某种评价结果而刻意地收集正面材料，并舍弃不利方面。

（三）分析整理资料

资料收集上来之后，要对其进行分析整理。如果是通过测验法等得到的数据结果，就要对其进行定量分析；如果是通过访谈法等得到的资料，就要对其进行定性分析。

一般来说，定量分析包括如下步骤：（1）描述测量学生的整体分布状况。例如，描述某班学生的数学学习集中趋势（平均状态）；离散趋势（差异状态）；典型（最好与最差）的学生、大多数学生的学习状况如何；给出全班学生数学学习效果的分布蓝图。（2）进行差异显著性检验、相关分析、回归分析等推断统计分析。

定性分析主要是对所获得的资料进行特定的解释，解释过程中要求如实描述，强调整体性、一致性和严格性，尽量不要掺入评价者的主观意识。

（四）作出评价结论

对资料整理分析之后，就可以依据评价的指标体系对数学学习的质量作出评价了。这一阶段要完成以下几项工作：形成综合判断；分析诊断问题；估计本次评价的质量；向有关的学生和教师等提供反馈信息。这几个方面，都要求我们要将评价结论表述得明确、具体，可能的情况下，要给出可指导学生进一步学习的措施，可操作的行为发展方向。只有这样，评价才能真正达到促进学生学习与发展的目的。

第三节 基于课本的数学命题技术

如何设计数学问题，是一个很大的话题，这里只是集中讨论如何基于中学数学课本进行问题变式及问题设计，试图从中学数学教学的问题变式进行一些探索，以寻求教学中最常见的问题设计方式，体现教师对教材的"二次创造"，培养教师良好的"问题意识"以及设问手段。

一、基于中学数学课本进行问题变式

爱因斯坦说过：科学研究中，提出问题比解决问题更重要。对数学教师来说，熟练的解题是最基本的要求，从数学教师的专业发展来说，更重要的是学会利用资源编制（设计）数学问题。

数学教材是教师工作的基本工具，每天接触。如果编写教材的人是第一次创造，那么，教师使用教材就是再创造。两者比较而言，编教材参照的是课程标准及学习的基本内容，对象是静态的；使用教材不仅要考虑课程标准及教学内容的要求，更要面对学生的需求，对象是动态的、是人。应该说有较大的难度。正如张奠宙先生讲的，课堂教学需要教师将知识形态转化为学术形态，再转化为教学形态，需要从业者具有高超的教学技能。

（一）我们对数学教材中出现的问题要有正确的认识

1. 明确各类题目的功能

（1）教材中的"想一想"一般是一个问题讨论后的拓展或延伸，"议一议"一般是对一个问题的变式问题的讨论；

（2）思考题：一般是为了叙述一段内容而提出的一般问题；

（3）例题：是针对教学内容选择的典型问题，具有基础性、规范性、示范性，是教学问题研究的重点；

（4）练习题：一般供课堂巩固练习；

（5）习题：一般是课后的作业。

2. 掌握教材中例题、习题的处理方式

①要引导学生认真过好"审题"关，即读题、识题和剖析。先要读懂题，然后把题目的文字叙述准确地转译为图式、或换成数学符号的表达形式，进而剖析题目的已知条件（尤其要注意隐含的已知条件），求解问题的实质。剖析可借助图形、数量关系、表格等形式来进行。同时，要让学生掌握"分析法"、"综合法"、"数形结合法"、"特殊与一般思考法"、"反证法"等思维方法，自己开动脑筋，独立解决问题。即使是例题，也不宜由教师一讲到底，包办代替。

②应力求举一反三，力戒"就题论题"，注意归纳、分类整理有关的解题规律与解题思路。恰当运用"题组"有序地进行训练，扎扎实实地提高学生的解题能力。

③认真抓好学生解题书写的规范化。老师的板演首先要规范化、格式化，对学生的练习要严格要求，并持之以恒。

④注意引导学生学会自我评价，及时调节并优化自己的解题思路和解题策略，鼓励创新思维，培养创新意识。

（二）好的数学问题的特征

一个好的数学问题应该具备"四性"。（1）典型性：问题的背景知识是最常见的内容，解题方法是常用的通性通法，问题的结论可以形成一般的规律，如抛物线的焦点弦问题就具备这三条；（2）科学性：条件结论的吻合、要求的简洁明了、语言的准确合理、解法的普遍有效，如上述课例中的变式问题，实际上是一个问题包，一连串的变式构成了解析几何、代数方程、平面几何的综合问题系列；（3）启发性：问题解答中包含了重要的数学原理及其思想方法，问题本身反映出可以识别的数学模型，问题思考过程有利于学生掌握相关的思想与方法；（4）开放性：来源的开放，即问题的背景源于实际情景或重要的知识，解法的开放，即可以一题多解，结论的开放，有的问题可以结论不唯一。

二、基于课本进行"问题变式"的步骤及方法

1. 熟练解题是数学"问题变式"的必要条件。

成熟的数学教师特征包括以下几点：（1）学生提出的问题大多都能解决。（2）在

课堂教学中，对学生的回应可以做到回答正确者能够说出理由，思路是否简洁；回答错误者能够找到出错原因。（3）根据学生作业的情况，可以有针对性的给出弥补或纠错的问题组。

专家型教师除了可以做到上述三条外，还可以自行命制试题，懂得如何评价或检测学生学习能力。

2. 教师具有洞察中学数学问题本质属性的专业能力是熟练解题后进行变式、反思、归纳、总结，提出解决问题的一般规律的根本，这也是数学教师追求的更高境界。

案例7：平面几何问题变式

已知：如图，正方形 $ABCD$ 中，BD 为对角线，在 AD 边上找一点 P，连接 PC 交 BD 于 E 点，问是否有 $PB \perp AE$？

此题是一个探究性问题，高初中学生都可以做。

解决探索性问题，首先要找出符合条件的元素。这里就是找出一点。我自己拿到这个问题的第一反应是找特殊点（确定的图形位置或数量的定值一般都从特殊点找起）。如图1，设 P 为 AD 的中点，下面证明 $PB \perp AE$。

证明：可以证明延长 AE 交 DC 于 M 为 DC 的中点（数学模式）.

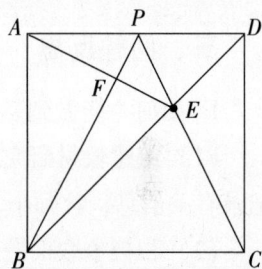

图1

如图2，设 P 为 AD 的中点，则有 $\triangle ABP \cong \triangle DCP \cong \triangle ADM$。

所以，$\angle ABP + \angle BAF = 90°$

问题还可以利用建立直线方程，从斜率的关系上加以证明。

另一方面，关于 P 点的唯一性也需要加以说明。

我之所以能够马上想到设 P 为 AD 的中点，是由于我的大脑中储存了一个平行四边形基本图形（如图3）：平行四边形两对边中点与定点的连线，三等对角线（或被就对角线三等分）

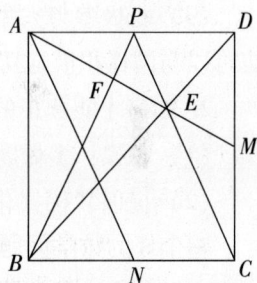

图2

此题解决问题的核心就在于对这个基本图形的了解与掌握。这是有关平行四边形的一个基本性质。

3. 积累有用的数学模式，是数学"问题变式"的基本保证。

数学学习中，定义、定理、公式、法则是必须记忆的，除此之外，有一些规律性的内容也需要不断的积累。特别是作为教师，更应该这样做。

如：公式变形、恒等式、三角形式 $y = A\sin(\bar{\omega}x + \varphi)$ 等代数模式；等腰三角形、全等三角形、平行四边形、相似三角形、圆的基本图形等平面几何模式；直线方程、焦点弦等解析几何模式。

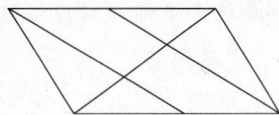

图3

有了这些积累，就有了解决问题中的"联想"，解决问题后的"触类旁通"、变式思考。

4. 掌握必要的命题方法是"问题变式"的基本条件。

（1）简单替换：将课本例题、习题中的数字或事件背景替换；（2）条件结论交换：对于简单的命题，可以从原命题、逆命题两方面考虑变式；（3）引申发展：课本例题、习题解决后，首先看是否还有其他的结论，其次研究是否可以"类化"，即是否满足某种典型问题的一般形式，结论是否可以一般化；（4）叠加：将课本同类的几个简单例题、习题进行叠加，形成一个新的问题；（5）弱化条件：将原来结论固定的命题，弱化条件（去除、变弱），往往可以使问题的结论不固定，结论开放。

当然，命题的最大忌讳是出现错题，这里必须做到"大胆设问、小心求证"。

三、问题反思

1. 如何才能做到熟练掌握教材，创造性的使用教材？

（1）组建教材研究小组，经常对教材问题展开讨论、争辩、质疑、反思，并及时记录有关信息，教师个人的积累是最关键的因素。

（2）积极争取命题机会，特别是高厉害性命题（如中考、高考命题）；大型的命题是一个系统掌握教材内容及教学要求的强化学习过程，通过讨论、争辩、分析，可以留下较深刻的研究痕迹。

（3）积极参与大型的阅卷，参与各种正规的阅卷，可以见到很多好学生的杰作，也可以与同伴积极地切磋、交流、获得信息。

2. 如何才能真正的洞察中学数学问题的本质属性？

（1）积累：多做题，多思考，多阅读，然后进行分专题的总结、归类；

（2）提倡"模式化"教学。

案例8："问题变式"在数学教学中的影响

两个评委的对话：

"这节课上得自然、流畅，具有较强的感染力，吸引了学生，也深深的打动了我！"

"是的！课堂问题看似简单，实质内容丰富，不仅包含了圆锥曲线的主要内容，而且从初中的平面几何反映了问题的本质属性；不仅有教师的点拨，而且大多数学生积极参与提出问题，从而引起了学生较大的兴趣，我看，这些都得益于良好的问题变式，通过此方式，使得教学设计优美，导致学生讨论热烈，有思辨、质疑、反驳、拓展，一节课上出现如此多的思维现象，实属不易，所以，课上得自然、流畅、高潮迭起！我看这个老师可以作为这次长宁区评审的第一名，推荐到市里！"

"我同意！"

随后，在当年上海市青年教师大奖赛中，这位教师获得了一等奖！

做为当时区内评委之一的我，拿到她市里获奖课的教案，发现对数学问题设计的功力成为她教学最大的亮点。

下面是当时区里上课的片段：

内容：抛物线的"焦点弦"。

课型：拓展探究课

（由一道课本习题引发的研究，常作为各校高二或高三专题复习的内容）

教师：上海延安中学一级教师。

师：已知：过抛物线 $y^2 = 2px$（$p > 0$）的焦点 F 作一条直线 l，和此抛物线相交于 A（x_1，y_1）、B（x_2，y_2）两点，在大家昨天思考的基础上，围绕过焦点的弦，提出问题。

生 1：$\dfrac{1}{|FA|} + \dfrac{1}{|FB|} = \dfrac{2}{p}$．

生 2：（1）$y_1 y_2 = -p^2$；（2）$x_1 x_2 = \dfrac{p^2}{4}$．

生 3：$|AB| = x_1 + x_2 + p = \dfrac{2p}{\sin^2 \theta}$．

生 4：……

师：请大家对这些结论进行点评（评价）并证明。

……

师：由这位同学的证明，你们能发现什么？

生：他考虑的比较周密，并且在证明过程中，已经出现了第二个结论。

师：很好！由此结论，你们还能发现什么？

生：应该考虑弦长的最小值！

生：对的，可作为推论：过焦点的弦中通径长最小。因为 $\sin^2 \theta \leq 1$ 所以 $\dfrac{2p}{\sin^2 \theta} \geq 2p$，所以 $|AB|$ 的最小值为 $2p$，即过焦点的弦长中通径最短。

师：刚才已经有同学提出下列结论，我来补充完整：抛物线准线为 $x = -\dfrac{p}{2}$（直线 $A_1 B_1$），$AA_1 \perp A_1 B_1$ 于 A_1，$BB_1 \perp A_1 B_1$ 于 B_1，M_1 为线段 $A_1 B_1$ 的中点，则（1）$AM_1 \perp BM_1$；（2）以 AB 为直径的圆与抛物线的准线相切。

学生证明略。

师：请大家联系平面几何知识，想想在哪里见过这样的结论？

（在此过程中，学生们积极思考，出现了不同意见，指出问题的根源，辩论思考的依据，有思辨、反驳、矫正，体现出较好的思维性）

这个问题实际上是一个平面几何证明题：即上下底长的和等于斜腰长的直角梯形 $ABCD$ 中，$\angle A = \angle B = 90°$，$M$ 是 AB 的中点，则有（1）$CD \perp DM$；（2）以 CD 为直径的圆与 AB 相切。

通过问题变式，将一个高中数学问题与初中平面几何问题联系起来，让学生看到了与此问题相关的结论，本质上是由一个几何图形决定的。揭示了所研究问题的内在规律与本质属性，显示了问题变式的意义。

师：同学们，这个内容还有其他结论。如，

变式5：$\dfrac{S^2_{\triangle OAB}}{|AB|}=\dfrac{p^3}{8}$（为定值）。

变式6：连接 A_1F、B_1F，则 A_1FB_1F。

变式7：（1）$AM_1\perp BM_1$；（2）$M_1F\perp AB$；（3）$|M_1F|^2=|AF|\cdot|BF|$；（4）设 AM_1 与 A_1F 相交于 H，M_1B 与 FB_1 相交于 Q，则 M_1，Q，F，H 四点共圆；（5）$|AM_1|^2=|M_1B|^2=4|M_1M|^2$。

变式8：（1）A、O、B_1 三点共线；（2）B，O，A_1 三点共线。

（3）设直线 AO 与抛物线的准线的交点为 B_1，则 BB_1 平行于 x 轴。

（4）设直线 BO 与抛物线的准线的交点为 A_1，则 AA_1 平行于 x 轴。

变式9：（1）线段 EF 平分角 $\angle PEQ$；（2）$\dfrac{|AF|}{|BF|}=\dfrac{|AE|}{|BE|}$；（3）$k_{AE}+k_{BE}=0$；

（4）当 $\theta=\dfrac{\pi}{2}$ 时 $AE\perp BE$，当 $\theta\neq\dfrac{\pi}{2}$ 时 AE 不垂直于 BE。

"问题变式"的形式一般是教师设问，较好的是师生共同讨论，最好的是学生提出问题，教师进行提示、点拨、启发、引导（这种对老师的要求最高，不仅要掌握大量的相关内容，而且要思维敏捷，讲出正确结论的合理性，指出错误命题的出错点，还需要具有良好的应变能力）

"问题变式"的意义在于：（1）根据学生的不同需求，灵活处理教学内容；（2）利用资料进行再创造，特别是可以对数学课本中的问题深入研究，把握要求；（3）解决问题中，可以寻求问题的关键，即思考问题的本质属性，由此，我们可以发现引起问题变化的最本质的因素是什么；（4）体现数学思维的特征，即进行命题的推广与应用；（5）更多、更准确的反映数学思想方法。

"问题变式"的基础在于教师对课程内容有深刻的理解，且具有较好的数学问题设计技能！那么如何利用课本编制数学试题呢？

研修建议：

1. 参阅本文第一节内容，结合相应案例并查找相关资料，思考数学学习评价有哪些作用，多元化的方式有哪些？这些方式是怎样与工作实践相结合的？从数学学习评价的内涵出发，从育人角度理解学习评价的作用，重在掌握数学学习评价的多种多元化方式。

2. 思考数学学习评价有哪些落脚点？数学学习评价的流程中包含了哪些常用方法？如何才能较为全面地评价学生的数学学习？评价对自己的教学实践有哪些启示作用？

3. 参阅本文第三节，回顾自己在工作实践中是怎样基于课本进行命题的？重在掌握在课本基础知识的背景下的"变"，如何想到"变"？你觉得一个好的数学问题应具备哪些特征？

第七章 对高中信息技术与学科整合的理解与实施

《国家中长期教育改革和发展规划纲要（2010 - 2020）》中指出：强化信息技术应用。提高教师应用信息技术水平，更新教学观念，改进教学方法，提高教学效果。鼓励学生利用信息手段主动学习、自主学习，增强运用信息技术分析解决问题能力。这从教与学两方面对信息技术与数学学科整合提出了明确要求。

信息技术与数学学科整合的内涵是指在数学学科教与学的过程中，把信息技术与数学学科的课程内容、教学策略、教学评价与学生的学习需求、学习活动、学习成效等有机地融为一体，从而更好地完成数学课程目标，提高学生的信息获取、分析、加工、创新的能力，以培养创新精神和实践能力为价值取向，提升具有可持续发展的基础性学力。两者的整合不是简单地把信息技术仅仅作为辅助教师教学的演示工具，而是要立足于课程的全方位的整合，使被整合的个体在统一的目标之下，经过精心的设计、组织、反馈达到和谐、互动的状态，从而实现"$1 + 1 > 2$"的效果。

第一节 对高中信息技术与数学学科整合的理解

一、高中信息技术与数学学科整合的背景

国家《基础教育课程改革纲要》中明确提出，要大力推进信息技术在教学过程中的普遍应用，促进信息技术与学科课程的整合，逐步实现教学内容的呈现方式、学生的学习方式、教师的教学方式和师生互动方式的变革，充分发挥信息技术的优势，为学生的学习和发展提供丰富多彩的教育环境和有力的学习工具。课程标准中明确指出，要改变原有课程"繁、难、偏、旧"和过分注重书本知识的现状，加强课程内容与学生生活以及现代社会和科技发展的联系。为了适应信息时代的要求，课程内容必须在知识结构、呈现形态、组织方式和学习情境等方面都做出相应的调整与变化，如对原有课程内容的增加、删减或改造，课程知识和学习经验选择的多样化、生活化和综合化等。信息技术的发展不断地提出了许多新的数学课题，产生了许多新的数学分支——近代数学、计算机科学、模糊识别等；另外，借助于信息技术手段，数学领域里许多新的思想与方法不断突破，数学结构与内容不断丰富。例如，用计算机进行科学计算，可以在很短的时间内收集和处理大量的数据；用计算机进行实验模拟，很多在数学领域无法实现的设想在计算机环境下正在不断实现。总之，信息技术的发展、应用不仅改变着数学的内容、结构和方法，也推动着数学的应用与普及，把数学以技术

化的方式快速地传送到人们日常生活的各个领域，使得数学对科学、技术、社会的发展起到了更加巨大的推动作用。

信息技术与数学的这种内在的、不可分割的联系，是基础教育课程体系中其他任何一门学科所无法具备的、无法比拟的，它为信息技术与数学课程整合提供了客观的基础。例如在信息化社会中，人们常常需要收集、统计、分析数据，并根据所获得的数据提取有价值的信息，从而做出合理的决策，于是课程标准就把必修模块"数学3"的主要内容确定为"算法初步、统计、概率"。这种调整和变化体现了时代发展和现实生活的需要。

在课程标准中，高中阶段增加了算法、统计和概率等内容，并提倡利用信息技术来呈现以往教学中难以呈现的课程内容。在立体几何部分，利用实物模型、计算机软件观察大量空间图形，让学生从整体到局部、从具体到抽象等多方面多角度地观察，认识柱、锥、台、球及其简单组合体的结构特征，使学生能在"多元联系表示"的环境中，学习同一数学对象（数学的概念、法则、表达式、定义等等）的几种不同表示，对其细节进行观察，多种感官协同作用而发现数学对象的规律或者不同方面的内在联系，并为理解其本质特征奠定坚实的基础。超文本、多媒体等多样化的呈现方式有利于学生形成数学知识的多样化表达方式，极大地拓展了数学学习空间。

由于信息技术的广泛应用，使得以往一些不受重视的内容成为新课程中倍受关注的重点，而以往倍受重视的方面成了可以忽略的部分。

一方面，计算机的出现改变了数学家主要利用纸、笔和以逻辑推理、演绎证明等方法为主的研究形式，使观察、实验、猜想、模拟、矫正和调控、图形数值分析、度量与分类等方法策略日益发挥重要的作用。

案例1：函数的图像

《数学1》第二章——基本初等函数中，传统教学只能通过课本提供的几个指数函数、对数函数、幂函数的图像或教师通过描点法做出这些函数的大致图像，在精度和准确性上都不能准确的做出函数图像，使学生没有直接准确的感受。利用计算机，教学中通过《几何画板》可以在课堂上准确地做出多个（可以由学生给出若干个）指数函数、对数函数、幂函数的图像，为研究函数的性质作出铺垫。在函数性质教学上，让学生利用计算机（当场）做出函数图像，并能够从函数的图像，迅速得到这几个函数的性质，把枯燥的函数性质教学，通过师生互动，借助于几何图形直观地反映出来，让学生看图像讨论出函数的定义域和值域，就是图像上的点分别向 x 轴和 y 轴作垂线垂足的全体所有点的集合；单调性就是看图像自变量自左向右是上升还是下降，其对应的函数就是增函数还是减函数；奇偶性就是看函数的图像是关于原点还是 y 轴对称，原点对称的是奇函数，y 轴对称的是偶函数。

信息时代需要的是创新型人才，而与创新密切相关的是解决问题的程序和策略的知识，是探究、数学活动和实验、应用实践等这类活动。体现在数学课程中，则在其课程内容选择中更加注重把时间和精力用于发展学生对数学过程、数学本质的理解上，用于实质性的数学思考上，而对以往算术与代数运算技巧、几何定理的逻辑证明技巧等内容则大大削弱了。

在数学新课程中，利用信息技术模拟精深的数学概念、过程，解决高难度的计算、复杂的方程，展现复杂多变的几何关系等，借助信息技术用操作实验的方式揭示数学知识的发生、发展过程和实际应用过程，把隐藏在数学知识背后的数学思想方法及内在联系展现在学生面前，由学生亲历过程来体会。例如在《数学1》第三章——函数的应用中，提出了以往的高中数学教材中很少涉及的函数与方程这方面的问题，而在课标下的高中数学教材中不仅提出了这方面的问题，而且还进行了初步探讨，其主要方法是借助于函数在同一坐标系下的图像，将以往的超越方程问题，通过计算机反映了方程与函数的几何解释，提供了方程有解或无解的直观判定方法，比如：判断方程 $\sin x = \lg x$ 有几个实根，可以将方程的根的个数问题转化为函数 $y = \sin x$ 和函数 $y = \lg x$ 的交点个数问题，通过计算机得到答案。

二、高中信息技术与学科整合的作用及意义

1. 信息技术能激发学生学习数学的兴趣。提高学生学习的积极性和主动性。现代科学实验证明：在一段时间内，各感官获得的知识多少是不等的，它们的比例是：视觉占83％，听觉占11％，嗅觉占3.5％，触觉占1.5％，味觉占1％，视觉和听觉获取的知识达94％之多。另一试验还表明：信息的展示如果是纯视觉，学习时注意的集中率是83.7％，而信息的展示如果是纯听觉的，注意的集中率只有54.6％。以上数据说明，视听结合所接受的信息量和记忆度都超过单项感官接受的效率。因为信息技术自身的优势，教师可以通过文本、图像、声音、动画等形式将数学内容具象、动态地展现在学生面前，为学生创建了易于认知的学习环境，使学生乐学、易学，印象深刻。

案例2：轨迹问题

AB 是⊙O 的直径，P 是⊙O 上不同于 A、B 的任一点，线段 $PQ \perp AB$，Q 为垂足，以 P 为圆心，PQ 为半径作圆，设⊙P 与⊙O 交于 CD，CD 与 PQ 交于点 E，求当 P 点变动时，动点 E 的轨迹方程。

借助信息技术动态直观推理：

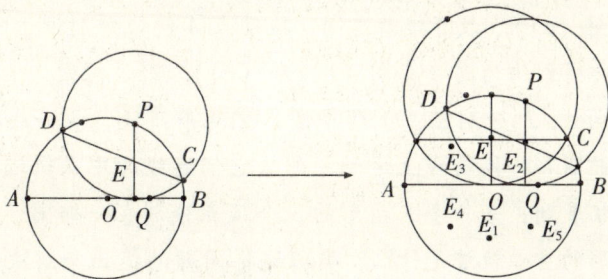

由上图 E 点轨迹运动变化的对称性可得：E_2 与 E_3 为对称点，E_5 与 E_4 为对称点，同时 E_2 与 E_5、E_3 与 E_4 为对称点；当 P 点运动至 $PO \perp AB$ 时，⊙P 与⊙O 为等圆，E

应在 PO 的中点处，对称的下面的 E_1 点也应在轨迹上。依据这 6 个特殊点，可以推测：点 E 轨迹是一条封闭曲线，而且类似于一个长半轴为 r，短半轴为 $\frac{r}{2}$ 的椭圆。通过观测，得到点 E 的轨迹方程为：$\frac{x^2}{r^2}+\frac{y^2}{\frac{r^2}{4}}=1$（$A$、$B$ 两点除外）。

当今信息社会运动变化无处不在，无时不有，需要从简单到复杂，从特殊到一般的去逼近认识客体，在寻求运动变化状态下的定值、最值、范围、轨迹等问题时，从特殊点出发，把握对象的整体运动规律，从而实现了直觉思维和逻辑思维的有机结合，又实现了对知识意义的主动建构。

2. 信息技术能展示数学抽象概念的形成过程。斯宾塞曾说过"数学从直观开始，以抽象结束"。学习数学是从形象到抽象的循序渐进的过程。有效的学习应让学生从生活中提出问题，运用生活的知识经验分析问题，探索研究解决问题，从而培养学生运用数学解决实际问题的能力。要让生活中的直观体验呈现于课堂，采用较多的方法之一，就是创设教学情景，人机交互，师生互动，是有效创设教学情景的一种好方法，从而有效地处理了直观与抽象的关系。

3. 信息技术能提高数学课堂效率。根据巴特莱法则"课堂教学 80% 教学效果是在 20% 时间内达到的"。这就要求教师能恰当地安排课堂过程，把握时机，适时有效的促使学生展开思维。教师利用信息技术可以将内容通过课件演示的方法组织教学。Euler 曾经说过，"数学这门科学，需要观察，还需要实验。"Gauss 也曾提到，他的许多定理都是靠实验、观察法发现的，证明只是补充的手续。传统的数学教育由于多方面的限制，片面强调数学重视演绎推理的一面，忽视其作为经验科学的一面，导致学生看不到数学被发现、创造的过程，而过分注重问题的结论以及解题的方法技巧。数学实验则让学生感到一切都是当着他们的面发生的，而不是以教条的形式灌输，给学生提供了更多的动手机会突出学生的主体地位，使学生由"听数学"转为"做数学"，从被动的接受式的学习变为主动的探索式的学习。

案例 3：问题的推广

点 P 为 $\odot O$ 上的动点，定点 A 在圆周上，PA 中点 M 的轨迹是什么图形？学生很快得到了是圆（如图（a））。教师接着追问，拖动点 A 使之分别位于 $\odot O$ 内部、外部，轨迹又如何？不难亦得到均为圆（如图（b）和（c））。经过探索，他们将这一轨迹问题发散为：有两动点 A、P 分别在：①两个圆，②两条线段，③一线段和一圆，④一椭圆和一圆，⑤一椭圆和一抛物线上运动，那么它们连线的中点轨迹分别是什么？最后，他们还把问题扩展到：若一个三角形的 3 个顶点分别在一椭圆、双曲线、抛物线上运动，则该三角形的重心轨迹是什么？类似这样问题的提出与解决，没有数学软件的强大功能很难实现。

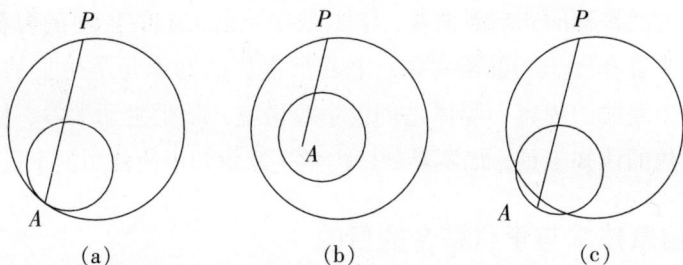

(a)　　　　　(b)　　　　　(c)

三、高中信息技术与数学学科整合的理论依据

1. "经验之塔" 理论

美国著名心理学家、视听教育家戴尔曾提出过著名的"经验之塔"理论。在1969年，戴尔在修订的"经验之塔"的模型中将学习经验分为11层。它强调了媒体的种类和技术的划分，提出了视听教材必须与课程相结合，在学习经验由具体到抽象的发展过程中，媒体技术起到了重要的作用。

由"经验之塔"理论我们可以得到如下启示：教学过程应符合学生的身心发展规律、认知发展规律、知识呈现的逻辑规律，即教学应从具体经验入手，逐步进展到抽象经验，学生对数学教学中许多抽象知识以及一些空间图形缺乏直接经验及感性认识，仅仅依靠传统的常规教学很难让学生完全理解，而借助多媒体课件的优势，通过文本、图像、声音、动画等形式将数学内容展现在学生面前，为学生创建易于认知的学习环境，使学生乐学、易学，印象深刻。为学生提供间接的代替经验，会使学生更好地理解那些抽象的数学知识。

2. 建构主义理论

建构主义认为，知识不可能以实体的形式存在于个体之外，尽管通过语言赋予了知识一定的外在形式，但这并不意味着学习者对这种知识有同样的理解。真正的理解只能是由学习者自身基于自己的经验背景而建构起来的，取决于特定情况下的学习活动过程。学习不是被动接收信息刺激，或简单的信息输入、存储和提取而是主动地建构意义。意义是学习者通过新旧知识经验间的反复的、双向的相互作用过程而建构成的，学习意义的获得，是每个学习者以自己原有的知识经验为基础，对新信息重新认识和编码，建构自己的理解。在这一过程中，学习者原有的知识经验因为新知识经验的进入而发生调整和改变。

建构主义学习理论强调创设真实情境，把创设情境看作是"意义建构"的必要前提，并作为教学设计的最重要内容之一。建构主义者主张在教学过程中，向学习者提供解决问题的原型，强调具体情境中形成的具体经验背景对建构的重要作用。多媒体技术正好是创设真实情境的最有效工具，在数学课堂教学中，利用多媒体课件创设真实情景，有利于提高学生学习兴趣和意义的建构。

建构主义理论认为：教师是教学过程的组织者、指导者和知识意义建构的帮助者、促进者，而不是主动施教的知识灌输者；学生是知识意义上的主动建构者，而不是外界刺激的被动接受者和知识的灌输对象；教材所提供的知识是学生主动建构的对象，而不是教师向学生灌输的内容；媒体是创设学习情境，学生主动学习、协作、探索和完成知识意义建构的认知工具，而不是教师向学生灌输知识所使用的手段和方法。

四、高中信息技术与学科整合的目的

创新是民族的灵魂，培养学生的创新能力和实践能力是学校素质教育的核心，在教学中培养学生的创新思维能力，发展创造力是时代对我们教育提出的要求。信息技术凭借其多种媒体形式的信息，丰富的数字化资源与智能化交流和交互工具，能够为学生创新思维能力培养提供良好的技术与环境支持，因此信息技术与中学数学课程整合培养创新思维能力的问题对于当前的教育改革具有重要的理论与实践意义。

1. 中学数学课程创新思维能力培养的目标

斯托利亚尔曾说："数学教学是数学思维活动的教学"，思维过程是借助中介物去探索和发现新事物的一个复杂的心理过程，它需通过分析、综合、归纳、比较、抽象和概括等操作活动来实现。创新思维也可叫做创造性思维，是指以新异、独创的方式解决问题的思维，它是直观动作思维、形象思维与逻辑思维、发散思维与聚合思维、直觉思维与分析思维等多种思维活动的综合表现，人们一般把思维的流畅性、灵活性、深刻性、全面性、独特性作为创新思维能力的判断标准。中学数学课程培养创新思维能力的即是指综合培养学生的多种思维能力，提高他们思维的流畅性、灵活性、深刻性、全面性、独特性，又由于思维活动是由数学问题引发的，中学生数学课程创新思维能力的高低具体表现为学生在数学课程学习活动中发现问题、分析问题和解决问题时思维的流畅性、灵活性、深刻性、全面性、独特性的高低。因此，中学数学课程创新思维能力培养的主要目标可以具体表述为：在直观动作思维、形象思维的培养过程中发展观察力、想象力和顿悟力；通过形象思维和抽象思维结合的教学提高对数学问题的分析、综合、比较、归纳、抽象与概括能力；通过解决数学问题的教学培养思维的流畅性、灵活性、深刻性、全面性；通过诱发直觉思维的教学发展学生数学思维的敏捷性与独特性。

2. 信息技术作为教学演示工具培养学生形象思维与直觉思维能力

形象思维是凭借事物的具体形象和表象来进行的思维，直觉思维是指不受某种固定的逻辑规则约束而直接领悟事物本质的一种思维形式。信息技术与学科的整合能为学生提供一个个如临其境的具体情境，通过直观的感知感受，继而进行抽象思维，提高学生运用事物表象进行分析、综合、抽象、归纳、概括，从而塑造整体把握、直观透视、空间整合、快速判断和概括提炼的能力，让学生很快投入到学习过程中，这对培养学生的灵感思维，发展观察能力、想象力和顿悟力有极大的帮助。

在该方式中，可以利用信息技术支持多种情景创设或过程展示，通过利用信息技术对于多媒体信息的集成与强大的交互功能，教师可以使用现成的计算机辅助教学软

件或素材库与多媒体制作工具编写自己的多媒体演示课件，形象的演示数学课程中难以理解的内容，或用动画、图表等展示数学学科中图形的动态变化和理论模型等。

案例4：最值问题

已知半径为 R 的半圆中，内接矩形 $ABFG$，AB 位于直径上，求矩形 $ABFG$ 面积的最大值。

本题验证如下：设 $AG=x$，$AB=y$，则 $x^2+\dfrac{y^2}{4}=R^2 \Rightarrow R^2=x^2+\dfrac{y^2}{4} \geqslant 2\sqrt{\dfrac{x^2y^2}{4}}=xy$，

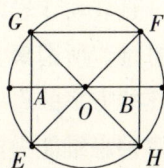

所以，$(S_{ABFG})_{max}=R^2$（当 $AG=\dfrac{\sqrt{2}}{2}\cdot R$，$AB=\sqrt{2}R$ 时，矩形

$ABFG$ 面积取得最大值）

图像、符号、表格、文字被称作表现数学对象的"四的原则"（Bet·Kwaits 语），从数学学习心理的角度看，不同的数学思维形式以及它们之间的转换及表达方式是数学学习的核心。心理学研究还表明，数学概念的心理表征在很多情况下并非相应的形式主义，而往往具有很大直观性和形象性的"心理对应物"。图形作为学生理解抽象数学结论的现实基础，作为学生主动构建新知识的认知基础，通过其变换，将抽象直接反映成具象的变化，对理解、记忆、提取、应用数学知识都有积极作用。

3. 信息技术作为信息加工工具培养学生发散思维能力

发散思维又叫求异思维，是指从一个目标出发，沿着各种不同的途径去思考，探求多种答案的思维。信息技术能提供丰富的资源，在学生进行信息选择、信息加工过程中，通过交流与查看各种各样的资源，有利于学生形成解决问题的不同答案，并从多方面多角度思考判断信息，有利于发展学生的质疑、问难、想象、发散等多种思维能力。信息技术能给学生提供开放式和个性化的学习环境，学习内容、学习途径与学习方法可以根据各个学生不同情况和需要进行重新组合和选择，信息技术还可以提供大量的交流、协作工具，为实现交流协作式学习提供了良好的技术基础和支持环境。

案例5：评价问题

已知 $\triangle ABC$ 的周长为 3，$AB=1$，求此三角形面积 S 的最大值。

解法一：$S=\dfrac{1}{2}AC\cdot BC\cdot \sin C \leqslant \dfrac{1}{2}(\dfrac{AC+BC}{2})^2\cdot \sin C \leqslant \dfrac{1}{2}$。

解法二：根据海伦公式，$S=\sqrt{\dfrac{3}{2}\times(\dfrac{3}{2}-1)\times(\dfrac{3}{2}-AC)\times(\dfrac{3}{2}-BC)}$

$=\sqrt{\dfrac{3}{4}\times[\dfrac{9}{4}-\dfrac{3}{2}(AC+BC)+AC\cdot BC]}=\sqrt{\dfrac{3}{4}\times(AC\cdot BC-\dfrac{3}{4})}$

$\leqslant \sqrt{\dfrac{3}{4}\times(1-\dfrac{3}{4})}=\dfrac{\sqrt{3}}{4}$。（当 $AB=AC=BC=1$ 时三角形面积 S 取得最大值）

两种解法，两种结果，哪一种对呢？疑问由此展开。可以利用信息技术支持学生

进行自主探究或小组协作探究学习，教师可根据教学的需要或学生的兴趣开设 BBS 专题或专题性学习网站，使学生在学习中有机会对课程的形式、将要解决的问题或任务与学习伙伴进行充分的交流，也可通过 E—mail、Blog 等方式进行交流协作学习，促进学生发散思维能力培养。

4. 信息技术与学科整合可以培养学生思维的直观动作思维与聚合思维能力

直观动作思维是在思维过程中借助直觉和实际动作操作为媒介的思维，又称为实践思维。所谓聚合思维，就是能从多种不同的方法中求得一个最好的方法或取得一个最佳的方案的思维方式。信息技术与学科整合可以提供问题解决的环境和条件，为学生多种思维能力的培养营造理想的环境，为数学教学的开放性，为学生的自主性、研究性学习提供了有力的支持。由于有了这种支持，使得学生在学习相同数学知识时，可以通过不同的途径与方法对其进行研究，对已有的知识从多角度去思考与再认识，通过个性化的学习情景，学生可以选择、比较分析通过发散得出的各种方案或方法，通过对照、分析与综合，最终找出最佳的方案或最好的方法，比如数学题目中的一题多解，可以有效培养学生的培养聚合思维能力。

第二节　高中信息技术与课堂教学整合的不同层次

从认知规律的角度出发，从一种一般的技术转化为具有数学教育价值的工具，是通过长期的教学实践形成的，其中涉及到了教学主体对技术的把握、对数学知识的理解以及使用技术的方式，因此信息技术的应用方式决定着它的工具价值发挥的大小。按照信息技术在教学中所发挥作用的程度，从低到高依次为辅助工具、交流工具、研究工具。按照信息技术在教学中承担角色的作用来看，上述的工具依次对应为替代黑板、展现动态过程、学习的必要支撑。

一、替代黑板

信息技术的首要功能是文本、图形的呈现功能。当然，与"黑板"的单向、一纬的呈现方式不同，信息技术具有丰富的资源优势、多样的信息表征优势。比如图形计算器可以在函数表达式与图像之间架起转换的桥梁，可以支持学生从代数到几何领域的转换过程。信息技术能根据实际需要按不同的顺不同的方式展示文字信息，字体多样，色彩丰富，效果变化丰富，还具有切换功能、删除、复制、功能、链接等功能。教学时，我们把有关文字信息事先输入计算机。课堂上，随时可调出信息，并按各种不同顺序投影到大屏幕上。而目前的文字、数据、图形、多媒体制作软件，如 Word、Excel、PowerPoint、Authorware、Flash、几何画板等相当成熟，兼容性强，易学易用。运用这些软件做成的课件，可以投影或播放文字、图片、音频、视频等课堂辅助材料，例如，圆锥曲线部分，播放行星绕轨道运行过程的视频材料来引入新课；呈现课堂例题及习题等，例如习题课可以直接投影例题，避免抄题浪费时间，然后利用黑板分析解答，最后用多媒体投放书写规范格式，并强调易错易漏的地方；可以实现不同内容在不同地方的超链接，实现学习资源共享。

信息技术的替代黑板的作用也适合学生的年龄特征，符合学生的认知规律。信息技术的运用能够创设出直观、生动、形象的感知情境，从而达到调动学生学习积极性和学习兴趣的效果，有效地激发学生的学习兴趣，使学生产生强烈的学习欲望，由此形成积极的学习动机。在圆锥曲线知识教学时，利用多媒体技术制作了一个圆锥，让学生从不同角度做截面，观察截面所形成的曲线。当时，多数学生不能想象出截面的曲线，但利用多媒体课件工具做完数学实验后，结果一目了然。再如函数教学中，图像和性质利用传统手段往往既费力又讲不清楚，学生很难掌握，借助信息技术可非常方便地做出任何一个函数的图像，观察他们的性质，使学生对其数学模型、几何形式有了深刻的理解。对一些比较抽象的概念和知识，如三角函数的图像变换内容的教学，可通过几何画板生动地演示出 $y = \sin x$ 变换成图像的相位、周期、振幅变化的全过程，将课本上死的画面变为栩栩如生的动画，使学生获得充分的感性认识，从而加深对概念本质的理解。因此，现代信息技术及多媒体的应用，既激发了学生学习的兴趣，又培养了学生的动手能力，同时也加深了学生对概念的理解。

二、展现动态过程

数学属于逻辑经验科学，数学的认知过程是一个由具体思维到抽象思维，再由抽象思维到具体思维的过程。信息技术的多媒体性、动态性等特点有助于数学概念的表征，有助于学生自主构建数学概念，有助于揭示知识发生的过程。因此信息技术支撑下的数学教学更能体现现代数学教学的本质思想。如用相关信息技术呈现数学问题，可以创设逼真的数学学习情境，使得数学材料更具有活动性、可视性和空间立体感；也可以使数学知识与其他知识融会贯通起来，进而使学生深刻体会数学的作用与价值，感悟数学的真谛，真正经历数学创造的过程。另外，学生通过信息技术工具的操作可以亲身感受数学知识的形成发展过程，进而启迪思维，开拓思路，通过积极主动的观察，分析和探索活动，进行有意义的学习和发现，从而把培养学生的创新精神与实践能力真正落到实处。有些软件，如"几何画板"在作图、动画演示方面是非常方便的，通过演示把抽象问题形象化，静态问题动态化，"数"由"形"来描绘，"形"由"数"来表达，达到数和形的沟通。例如：在讲函数 $y = A\sin(\omega x + \varphi)$ 的图像时，传统教学只能将 A、ω、φ 代入有限个值，观察各种情况时的函数图像之间的关系；利用几何画板则可以随机为 A、ω、φ 赋值，动态观察 A、ω、φ 的取值变化时对图像的影响。此外，数学中常用的一些方法，如：平移、旋转、对称、割补或函数中的一些问题、极限中的问题、动点的轨迹问题，都可以用多媒体演示，利于学生接受并掌握。又如解析几何中椭圆、双曲线、抛物线的统一定义中都有一个刻画曲线形状的一个数值"离心率"，传统的教学环境中教师只是强调什么曲线其离心率在什么范围之内，学生很难理解这个数值与圆锥曲线之间的内在必然联系，以致不能熟练运用。利用数学软件几何画板根据圆锥曲线统一定义作出图形，可看到相应的曲线变化，把圆锥曲线的变化规律展现出来，学生理解深刻。再如，高中数学每章讲完后都要进行知识总结。传统的粉笔加黑板式只能将知识要点按顺序罗列起来，形成线性结构。而利用多媒体辅助教学，可将其变为多媒化的超级链接结构形式，按照非线性地组织全章知识要点。新的高中数学课程是以模块和专题的形式呈现的。利用信息技术可以沟通部分内容之间的有机联系。例如，函数与方程、不等式的联系，向量与复数、向量与三角、几何与代数的联系等等。讲解某一内容时，可跳转到和该内容相关的任何知识点或网络资源，形成联系和对比，有助于培养学生的思辨能力。

1. 利用信息技术可以搭建理解数学知识发生过程的平台。传统的数学教学中，数学知识的难点、重点主要靠教师讲解、启发、分析、示范，学生理解的程度如何，主要看个人能力。利用信息技术搭建理解数学知识的平台，一些抽象的、难以理解的数学问题，借助专业的数学软件，就能化难为易。从感觉到知觉，从感性到理性，从意会到表达，从抽象到具体，从猜想到证明，可以有效塑造学生思维品质。例如，偶函数图像关于 y 轴呈对称性，若利用 Flash 课件动态演示，将图像沿 y 轴对折后，发现与原图像重合，学生学习后对这一性质印象深刻。数学软件能实现函数图像平移、翻折、旋转、对称、伸缩，使学生能在图形的持续变换中研究数学规律，更好地展示概念的生成过程、性质的发现过程、问题的探究过程，使教学中难以呈现的课程内容、数学思想更直观地呈现出来。信息技术使启发式教学与探究式教学结，能极大地提高学生理解能力、空间想象能力、规律把握能力，从而进一步提高学生认识数学的能力及探究数学的能力。另外，运用计算机大规模的数据处理能力和快速准确的绘图功能创设实验教学，学生的学习方式可以发生根本转变。通过人机交互，输入数据，对数学公式、定理等进行观察、猜想、验证、归纳，形成对数学结论的感觉和体验，用自己的语言描述出对数学现象的感受，最后用准确的数学语言表达出来。例如，在讲授《幂函数》一节时，首先根据幂函数指数的不同取值归纳出幂函数的图像种类，其次是归纳幂函数性质。学生只要在软件上输入 a 的值，图像立刻出现，激发了学生的学习兴趣。经过多次反复试验，有同学发现指数分别取奇偶数时，图像是不同的类型，也有同学发现指数取小数（分数）对图像的影响等。学生通过探索并观察思考，得出规律性的结论，教师只要稍加引导便较好地完成了教学任务，其效果是传统教学无法比拟的。按照新课程的理念，教师要转变传统的教学方式，由传授知识者转变为学生学习的帮促者，与学生一同学习的合作者，利用信息技术可以帮助教师实现这一挑战。还有，在传统教学中，学生课后的作业有一种是老师从课本相应章节后面勾一些相关习题，或者从相应练习册上勾出一些题目，然后学生将这些作业做在作业本上。由于学生需要抄写题目，往往浪费了学习的时间。同时作业本形式也给老师的批阅带来了不便。现在，利用现代化信息技术，老师可以很方便地在个人电脑上上网浏览数学网站，上面有很多相关习题，老师可以下载并选择一些适合自己班级学生做的习题，组织作业或试题，甚至可以直接在网上批改作业，从而实现个别化辅导。

高中数学教师专业能力必修

Guo Zhong Shu Xue Jiao Shi Zhuan Ye Neng Li Bi Xiu

2. 利用信息技术可以进行数学探究活动。在高中数学里有很多定理、性质、规律和结论，实际上是数学家已经证明过的结论，是客观正确的。如果直接将结论告之学生，学生在理解上很可能会产生困难，或只有被动机械地接受。信息技术能为学生的数学学习创设良好的实验环境，通过数学实验可以对一些函数图像的类型进行实验、观察、归纳得出规律。通过实验，学生亲历整个数学探索的过程，始终处于主体地位，对所实验的数学问题必然有相当深刻的认识。例如，在苏教版数学必修三进行《回归分析》教学时，往往需将实验数据制成散点图，再探求线性回归模型，再求出相关系数，来说明拟合的效果好不好。但实际教学过程中，由于画图不准确和计算太难，往往拟合的曲线千差万别。但利用信息技术可以教会学生用信息技术快速生成数据、图像的功能进行检验的方法，操作简易，误差小，效果明显。其次，利用数学软件探索解题方法。对于一些数学问题，特别是与图形有关的问题，利用数学软件展示问题的情境，观察图形，分析其中的规律或通过拖动鼠标跟踪点的轨迹等办法，对一些动态图形中的某些不变量进行探索，发现动与静的变化规律，也可以对一些数学问题的解决找到可行性方法。例如立体几何中锥体体积公式的证明是教学的难点之一，其中渗透了很重要的数学思想——割补思想。运用计算机模拟辅助教学，把割与补的过程演示出来，突出了几何体的线条和切面，提高学生学习的积极性，使教学效果大大提高。又如，求方程的近似解问题，利用作图软件作出函数图像，得到函数图像与横轴交点，再显示交点的横坐标即得解。利用数学软件开展数学建模等研究性学习。利用信息技术探索数学建模，是广大师生共同研究的学习方式。如线性规划中的整点问题，在计算机上作出可行域，并显现出坐标网格点，将目标函数图像（通常是直线）进行平移，立刻得到最优解，从而找到解题方法。

三、数学学习的必要支撑

信息技术已成为学习和研究数学的工具，有时是必不可少。如"四色定理"在1976年已被两个美国数学家用计算机予以证明，我国的吴文俊院士也完成了平面几何定理的机器证明，这些事实说明信息技术是数学的研究工具。集数值计算、符号演算、机器证明、图形演示于一体的信息技术为学生的数学学习提供了"工具"支持。

1. 数学实验的必要性。波利亚曾指出，"数学有两个侧面，一方面它是欧几里得式的严谨科学，从这个方面看，数学象是一门系统的演绎科学；但另一方面，创造过程中的数学，看来却像一门试验性的归纳科学"。所谓"数学实验"，是指根据研究目标，创设或改变某种数学情景，在某种条件下，通过思考和操作活动，研究数学现象的本质和发现数学规律的过程。这是一种思维实验和操作实验相结合的实验。实验数学不是直接用现成的知识教学生，而是根据数学思想发展脉络，创造问题情境，充分利用实验手段和实验器材，设计系列问题增加辅助环节，从直观、想象到发现、猜想，从而使学生亲历数学建构过程。这是一种思维实验和操作实验相结合的实验。计算机技术和网络技术为"数学试验"教学提供了有效的手段。将实验内容分为验证性实验、综合性实验、设计性实验，形成从部分到整体、从接受知识型到综合能力型逐级提高的实验内容。

案例6：发现三角形内接矩形的面积变化规律的"数学实验"。

出示图形：在△ABC中，P是BC边上的任意一点，以P为顶点作△ABC的内接矩形，使矩形的一边在BC上，使点P在BC上运动，矩形面积随之变化。设BP为x，矩形面积为y，建立x与y间的关系，让学生观察当x变化时，y的变化特点及其是否有最大值。显示当P点运动时，对应的动点（x，y）的运动轨迹，让学生对观察结果进行验证，最后完整显示抛物线。改变△ABC的形状，研究△ABC的底边BC或BC边上的高变化时，对抛物线形状有什么影响。在上述例子中，学生参与实验的过程实际上是在观察试验模拟过程中思考，是数学实验的结果。当然在问题讨论环节中，部分学生仍可发挥创造性，提出自己新的"实验"设想，并上讲台进行实验操作演示或由教师择优实验。

课堂"数学实验"学习激发了学生探究的兴趣，他们提高了运用计算机的能力和实验、分析、探究、解决问题的能力，这种教学，充分体现了用实验手段和归纳方法进行数学教学的思想：从若干实例（包括学生自行设计的实例）出发→在计算机上做大量的实验→发现规律→提出猜想进行论证，使学生尽可能去发挥想象力与创造力，这初步体现了教学过程中教师、学生、内容、信息技术四要素功能的转变和整合。同时，从学生角度看，突出了他们作为计算机"主人"的地位，他们的学习兴趣被激发，创造力得到了充分的发挥，从而得出了许多新的结论和新的猜想。在实验过程中他们会遇到或提出一些仅凭高中数学知识无法加以解决的问题，这为他们打下了进一步深入学习的基础，更为重要的是，这体现了学生从接受型学习走向研究型学习的转变和进步。

2. 数学思维训练的必要性。数学思维是数学活动中的思维，它具有一般思维的根本特征，但又有自己的个性。主要表现在思维活动的运演方面，是按照客观存在的数学规律的表现方式进行的，即具有思维的特点和操作方式。在讲解数列极限概念时，首先从"一尺之棰，日取其半"谈起，问如此组成的数列随时间的推移将怎样变化。屏幕上此时生动地显示出一尺之棰按日取其半的规律随时间变化的情况。这比课堂上原来只是口头讲授更能激发学生的思考。随后先后在屏幕上给出了数列前几项的数值、在数轴上以及在直角坐标系中表示数列前几项的点动态地趋向极限的图示。学生从以上创设的情景中完全能够理解此无穷数列变化的趋势是无限制地接近一个常数。这时我们在屏幕上以表格、数轴、直角坐标系为背景，给出了关于数列极限概念的说明："粗略地说，如果一个无穷数列 $\{a_n\}$ 变到后来无限制地接近某一个常数A，就说这个数列的极限是常数A"。接下去给出几个具体的无穷数列，让学生猜出它的极限。屏幕不单给出数列的前几项的数值，用数轴和直角坐标系给出表示数列前几项的点，而且为学生提供了实验的环境。学生可以键入任意大的 n 的数值，计算机则马上显示相应的数列 $\{a_n\}$ 的数值。过去教师的讲解现在变成学生的实验活动，实践表明每个学生通过实验都能猜出该数列的极限，这为数列极限的形式化定义打下了坚实的基础。以上的教学设计基于这样一个指导思想：让学生通过参与实验与运算而不是听教师讲授去领悟数列极限的概念，从而从感知到了解再过渡到形式化的定义。因此，充分合理地运用信息技术这个最理想的环境，多开展一些新的教学模式，坚持不懈地进行完善，对培养学生的数学思维，一定可以达到事半功倍的效果。

第三节　高中信息技术与数学学科课堂教学整合的适度实施

我们研究整合的适度，先看几个"过度"。

一、过度替代

并不是所有的教学都要借助于信息技术来完成，并不是运用信息技术的教学就一定是好的教学。如果仅仅是把教材内容搬上了屏幕，用"白板"来代替黑板，那就是一种不讲效益的整合；如果黑板能胜任的教学活动，非要使用多媒体计算机去实施，在某种程度上就是浪费。因此，实现信息技术与数学课程的整合，要有选择地进行，要以提高教学效率和效益为准则。整合的重点应该放在那些传统教学不便解决或无力解决的教学问题上，放在那些切实需要运用信息技术加以解决的教学问题上。

利用多媒体课件进行课堂教学，并不意味着多媒体课件由辅助性地位上升到了主导地位，成为课堂教学的主宰。有的教师自觉或不自觉地执行"技术决定论"，过分依赖多媒体课件，教师上课退化为只是点鼠标、读课件。用课件封装的教学过程缺少了板书时的随心所欲、得心应手，难免会压制教师和学生的灵感，造成多媒体独霸课堂，由传统的"人灌"变成"机灌"。这种过分依赖多媒体教学的现象会使得课堂教学中的教师和学生分别成为"放映员"和"观众"，计算机却成为"主体"，以至于完全违背了多媒体辅助课堂教学的原则，忽视了教师的主导作用和学生的主体地位。因而多媒体教学应因课制宜，并非所有课堂都适宜用多媒体，尤其是习题课时，传统教学中教师的启发引导，适时的点拨，分析数学题目过程中数学方法的渗透，数学思想的交流，师生情感之间的交流，都是多媒体教学望尘莫及的。

多媒体集文、图、声、画、光等于一体，其丰富性和数学教师的"一支粉笔一张嘴"形成鲜明对比。因此，有些人认为它能彻底优化课堂教学，在具体的教学中，追求表面的新颖、直观而忽视学生抽象思维能力的培养，追求二维三维动画功能，课堂成了电脑动画欣赏课，信息节奏快、容量大，学生被太多信息所干扰，感官刺激太多，注意力不易集中，抑制了深层思维活动，教学效果不是很理想。有人认为课堂教学由于多媒体的出现可以告别黑板与粉笔。屏幕遮挡了黑板，画面代替了板书。板书是我们高中数学课堂教学最通用的一种教学手段。优秀的板书能较完整、科学地展示知识的发生、形成过程。具有概括性、合理性、持久性、完整性，操作简便等特点。课件板书由于画面经常变动，板书具有短暂性与局部性。学生只能是一种视觉暂留，不能及时地把感性知识上升为理性知识，其结果不利于学生知识体系的构建。

过度替代还表现为"成品课件"操作成为家常课的普及。"成品课件"都是由专门人员提前花费大量时间制成的。课堂教学的情景性和生成性都比较强，课堂教学若都是"成品课件"的操作，往往难以让人相信其真实性。教师在制作多媒体课件时，不要刻意追求课件形式的优美、技术运用的充分。比如过分关注图片、动画的大量运用、色彩和背景的多变等等，错误地以为这样的课件才更能体现多媒体的特点，才更够档次。这些形式上的美化，在一定程度上有利于调动学生学习的兴趣，但长期使用，学生对于多媒体的新鲜感、兴奋度就会不断下降，图片、动画、色彩和背景的多变反而会成为教学的干扰源，冲淡教学主题，影响教学效果。所以，在制作课件的过程中要体现多媒体技术的辅助作用，即多媒体技术是为教学服务的，它的运用要"适时、适机、适宜"，要符合心理学、教育学和学科教学以及学生认知规律。

二、过度展示

目前很多教师制作的课件没有考虑到学生的学习需要，在设计教学内容的呈现方式时大多采用单一的线性方式，教学程序化，甚至就是书本搬家，由以往的"人灌"变成"电灌"、"机器灌"，学生只能按照教师预先设计好的思路去思考问题，被动地接受知识的灌输，因此限制了对学生发散性思维与创造性思维的培养。

对"整合"的内涵不了解，导致了实践中对展示功能的过于青睐和依赖，使信息技术在课堂教学中的使用仅停留在表面。出现这种现象与人们在评价信息技术用于课堂教学的效果时往往多从外在形式入手，如动画效果好不好、音响效果好不好、色彩是否合适等有很大的关系。过度重视演示现象，传授知识，忽视揭示过程，培养能力。如数学中的一些定理证明、公式推导、作图等，这些内容制成多媒体课件用于课堂教学，对于学生来说，只见步骤，不见过程，学生看到的是电脑显示，没有看到教师的整个操作过程。此外，在引导学生进行思维的过程中，过多地依赖信息技术方便的展示功能，有些地方内容转换过快，课堂成了播放室。新课程要求下的教学模式在某种程度上成了"课件播放"和"现场互动"。这样的课件重视演示现象，忽视揭示知识的形成、发展及分析问题、解决问题的过程，不利于培养学生的分析问题、解决问题的能力，更不利于培养学生动手能力、实验操作能力。一个好的课件应不仅能展示现象，而且又能揭示过程，这样才能启发学生的求知欲望和探究精神。如在一节讲"余弦定理"的公开课上，教师一开始就让学生看大屏幕，并问学生："大屏幕上这幅图中的地方大家见过吗？"学生齐声回答："见过，某某湖"老师接着问"某某湖非常美，有同学去过吗？"下面的学生有回答去的，也有回答没去过的，也有说自己哪年跟谁去的。就在学生说得很热闹时，教师开始进入正题。

案例7：过度展示教学片断

师：下面大家看这个问题，现有皮尺和经纬仪（用于测角），要测量该山体两底侧 *A*、*B* 两点间的距离，请大家思考如何解决。

师：A、B 两点是在地面上，从 A 点能看到 B 点吗？

生：不能。

原来教师是想说明，山挡住了两个点，无法测量它们之间的距离。

应该说，作为一名高中学生，仅凭问题中的示意图，他们并不难想象"两点被山挡住"的涵义。

而当教师呈现出湖的图片后，学生的兴奋点反而转移到关于湖的话题中去了。这里教师运用信息技术呈现丰富生动的图片，试图引发学生的学习兴趣，如果姑且把这看作一个问题情境的话，也看不出它与要解决的问题之间有多少实质性的正相关。这样的情境对促进学生学习和理解数学知识非但没有多大积极影响，反而给后面的学习造成干扰。

过度重视演示内容，忽视师生之间的交流。信息技术的发展，使得教师的教学设计需要正确处理"教材、学生、信息技术及教师"四者的关系。不少教师把教学活动中的"师生"关系简单转变为"人机"关系，这样的课件着重内容演示，把传统教学手段排斥在外，缺少课堂教学的精髓——师生的情感交流。信息技术与学科教学的整合应体现在"整合"上。整合要追求适度和效度。其次，在使用计算机的课堂上，由于教师放映的节奏不可能适应每个同学，有时学生正在思考，教师却切换屏幕，屏幕上显示出完整的解题过程，这势必会使学生放弃自己的思路而去接受教师提供的"标准答案"。同时，计算机网络上有丰富的资源，所以，当学生遇到问题时，很可能直接通过网络搜索找出正确答案，而不是自己独立动脑思考。这样长时间下来，学生独立思考的能力和积极性都很容易下降。

三、过多脚手架

长期以来，数学教师总是一本教材、一本教案、几样作图工具、一盒粉笔进课堂。课堂效率较低。而多媒体辅助教学模式的兴起，则正好弥补了传统教学的不足。但过多的搭建脚手架，不利于教师在课堂上发挥主导作用，也不利于师生情感的交流。这与新课标理念"教学的本质是交流"是相悖的。相比之下，传统课堂教学教师能主导课堂，师生之间是面对面的情感交流。这恰好是传统课堂教学的优势所在。另外由上分析可知，信息技术的利用的优势正好弥补传统课堂教学的不足；而传统课堂教学的优势恰好能弥补信息技术的劣势。它们不是谁取代谁的关系，也不是彼此对立的关系，它们是优势互补的关系。多媒体辅助教学模式不能完全取代传统课堂教学模式，这是由它们各自的特性所决定的。

作为绘图工具、计算工具以及收集和处理数据的工具，信息技术可以帮助学生进行复杂的画图、计算，减少解决问题过程中的机械、重复性劳动，提高效率和效果。这是信息技术最基本的作用。例如，利用几何画板，可以方便地画出各种几何图形；利用任何一种科学计算器都能进行"四则运算"，求对数，求三角函数值，进行统计运算等；利用图形计算器，可以方便快捷地进行数据拟合；利用 Mathematica 软件可以处理各种各样的计算问题，进行函数的迭代等重复性工作。但是也正是过多的依靠"机算"，导致目前许多学生的运算能力大大下降。这也是已经引起教育界人士普遍关注的问题之一。

有的教师把课件设计得太详细了，以至于没有给自己留有余地，更为甚者把从一个环节过渡另一个环节的过渡语句的写在幻灯片上，这样上起来的课难免束手束脚，就像演员当心自己背错台词一样，时时小心。这样使用多媒体辅助教学，亦步亦趋，不仅禁锢了自己的思想，也禁锢了学生的思想。

有的教师在多媒体教学中，画面占到相当大的比例，收到了具体、形象、易懂的效果，但是也降低了对学生想象力的发展和要求。如果一味过度运用课件，学生会产生依赖感，在离开多媒体模型后，就可能想象不出立体几何图形来，做题无从下手，学生的想象空间受到了限制。

适度的整合提倡一种必要性、互补性、工具性，强调首先是数学教学，这是主流，其次才是如何借助信息技术更好的理解数学。信息技术不能完全替代传统的教学手段。

信息技术与学科整合是对传统教学的扬弃而不是抛弃。信息技术可以为学生提供多种感官参与学习的氛围，充分让学生动眼、动耳、动脑、动手、动口，并通过动手实验、操作学具，边想、边做、边练来感知事物、领悟概念、掌握原理。已有调查表明，多种感官参与学习，能大大提高学生的感知效果，并使学生由被动学习变为主动学习，多媒体辅助课堂教学的确能改善教学效果、提高教学质量。但一剂良药不能包治百病，同样多媒体教学也不是万能的，它不能解决教学过程中的全部问题。在传统教学过程中，教师的教态、精彩的讲解、教学组织能力、应变能力、松弛有度的进度控制、行云流水般的板书等都是极其宝贵的。教师在传道、授业和解惑的同时既能展现其人格魅力，又有利于师生情感交流，这些恰恰是多媒体教学不能代替的。多媒体辅助教学并不排斥传统教学模式，它是对传统教学的扬弃而不是抛弃。只有把多媒体辅助教学与传统教学有机地结合起来，发挥各自的优势并进行优势互补，才能真正提高教学效率，改善教学效果，这才是多媒体辅助课堂教学的根本目的所在。

总之，信息技术与数学课程整合绝不是简单的纳入或功能的叠加，也不仅仅是工具或技术手段层面的应用，而是要将信息技术与数学课程有机地融为一体，达到教学系统的最优化。这就要对信息技术与数学课程整合的效果作出价值上的判断，即信息技术与数学课程整合的评价。从总的目标来看，信息技术与数学课程的整合，应该能够有助于改善教学环境、提高教学效率，真正贯彻课程目标，达到课程预期效果，促进学生发展。21世纪是一个信息化时代，信息素养将成为科学素养的基础，成为与传统文化的"读、写、算"一样重要的生存能力之一，掌握和熟练使用计算机将成为劳动者素质的一项基本要求。在信息化社会，知识总量以几何级数的形式在增长，教育将不能再以掌握知识为目标，而是要以培养学生选择知识、获取知识的能力为根本。在基础教育阶段，实现信息技术与课程的整合，既是培养学生运用信息技术，形成信息素养的一条有效途径，也是信息社会发展的必然结果。信息技术与数学教学整合是我国 21 世纪数学教育教学改革的新视点，是信息技术应用于数学教育的核心。整合的价值体现在多方面，信息技术与数学教学整合发挥了独特的作用，对于培养具有创新精神与实践能力的人才具有积极的意义。

研修建议：

1. 请思考信息技术与学科整合与课程改革有什么关系。

建议：参阅本文第一节内容，并查阅相关资料，从课程改革与时代背景、课程内容改革、以及育人的角度来理解信息技术与学科整合的必要性与必然性。

2. 请回答信息技术与学科整合与传统的教学相比，有哪些优势。

建议：参阅本文第二节内容，从信息技术与学科整合的三个层面，即替代功能、展示过程性功能、成为教学不可或缺的组成部分三个角度予以回答。

3. 请回答信息技术与学科整合，如何把握适度原则。

建议：参阅本文第三节内容，注意课堂教学过程中，从信息技术的过度使用、过度展示、搭建过多的脚手架三个角度予以回答。

第八章 加强数学课堂教与学的研究能力

与前面几章直接针对数学课堂教学的各种技能不同的是，本章更加聚焦于数学教师的研究能力。正是这种针对课堂教学的研究能力，使我们数学教师更加有意识地发展自己的专业知识和技能，成为一个有研究意识和研究能力的数学教师。这里需要指出的是，之所以提出数学教师的"研究能力"，绝非意指让"教师成为研究者"——尽管这个口号曾经风靡教育界而被众多专家所引用。自90年代的课程改革以来，一线教师曾被冠以各种各样"者"的角色，而多年与一线教师的合作研究中我们发现，教师的"研究"具有独特的不同于大学教授或专业科研工作者的实践问题指向。教师需要"研究能力"，需要用研究的力量克服实践中的盲目和解决问题，但他们不一定要成为"研究者"。本章所提出的教师的研究能力，是希望作为一名数学教师，不但知道如何开展课堂教与学、更要通过研究数学课堂的教与学知道为何这样做，从而提高自己的专业研究能力，不至于在年复一年的教学生涯中消磨了热情、沦为周而复始的操作工。简言之，教师不必成为研究者，但一定需要通过研究变成有思想的行动者。

第一节 学会课堂观察技术与方法

观察和分析课堂教学有两种明显的角度：一种是通识性分析——即从一般意义上对一节课的教学环节、教学活动过程、师生的投入程度、师生的状态和行为语言等进行分析，这种姑且称之为课堂教学的观察现象分析。另一种是学科性分析——即从一节课涉及的数学学科内容本身入手，对师生在教与学任务上所表现出来的水平作出区分，这种姑且称之为课堂教学的学科任务分析方法。而在实际的教学观察和分析过程中（尤其是听课评课活动），我们使用的量表或框架往往是综合了两者，把观察到的教学现象和蕴含在学科内容背后的本质结合起来考虑，因此这样的观课和分析课堂的量表往往显得"面面俱到"。据我所知，这样的量表在各个学校、区教研室、很多学者和老师手里都有不少，因此本节不打算列举，而是想介绍一些作为一个研究型教师应该掌握的一些"琐碎"的观察技术。

一、课堂教学的通识性观察分析技术

1. 选择性的文字记录法

学生的学习深受课堂中师生语言交流的影响，对于分析教师的语言沟通模式，最简单

的方法是使用选择性文字记录。此技巧是根据预先设定的语言方面的观察目标来记录口语事件，如教师的课堂提问语言、教师给学生的回馈语言、教师的结构性陈述语言等。

（1）教师的提问分析

案例1：教师提出的问题

1. 三角形的中线还记得吗？三角形的中线是怎么回事？我们是怎样给它下定义的？

2. 在 $\triangle ABC$ 中 BE 是不是中线？我知道 E 是中点。

3. 怎么来定它？我们的定义怎么下的？

4. 连接顶点到对边中点的线段，你认为它强调什么东西？

……

提出问题是教师的课堂教学中最为重要的组成部分，上面是有选择性地记录了教师在"中位线性质定理"一课的开始阶段所提出的问题。对于教师提出的问题最常见的是从两个量化的角度分析：

* 问题的数量

* 问题的类型分布

教师A在"中位线的性质定理"一课中提出问题的数量和类型分布	提问数量：110个	
	频次	百分比（%）
管理性问题	15	13.6
机械性问题	19	17.3
记忆性问题	28	25.5
解释性问题	20	18.2
推理性问题	22	20.0
批判性问题	6	5.5

说明：

根据数学教学的特点和我国的实际情况，我们将课堂提问分为两大类，共6种，具体说明如下：管理性提问——询问或是鼓励学生发言等无关学科内容的问题。如，"别的同学还有其他方法吗？"机械性提问——简单地询问"对不对"或只要求全班齐答显然的东西。如："用了几条辅助线？"记忆性提问——提问要唤起对学科知识的识记，不需要思考时间。如："过去我们是怎么证明的？"解释性提问——需要运用知识对问题做出阐述或说明，需要一定思考时间。如："底边指的是什么边？"推理性提问——需要学生通过逻辑推理得到问题答案，一般需要较长时间。如："你为什么要连这条辅助线？"批判性提问——需要学生变换角度反思，或是能够作深层次思考的问题。如："连接 AB 与添加这条辅助线，两种方法有什么优劣？有没有其他想法？"其中，第一类是教学管理方面的，基本不涉及学科内容，第二类到第六类则都属于学科知识方面的问题。

其中对问题的分类是一个核心工作，但事实上不存在一个统一的分类方法。常见的分类都是依据问题对学生的认知需求水平高低来划分，例如有人划分为"确认、陈述、解释、推广"4类，还有国外的研究者甚至分为19种之多。

此外，除了对教师的提出问题从数量和类型分布方面记录外，还可以从以下几个角度分析。

①提出问题的方式（如：提问前，先点名；提问后，学生齐答；提问后，叫举手者答；提问后，叫未举手者答；提问后，改问其他学生答……）；

②提出问题的间隔（提问后，没有停顿或不足3秒；提问后，停顿过长；提问后，适当停顿3~5秒；学生答不出来，等待几秒；对特殊需要的学生，多等待几秒……）；

③回复学生回答问题的方式（打断学生回答，或自己代答；对学生回答不理睬，或消极批评；重复自己问题或学生答案；对学生回答称赞或鼓励；鼓励学生提出问题……）；

④学生回答问题的类型（无回答；机械判断是否；记忆性回答；推理性回答；创造性回答……）。

上面的这些角度都可以选择文字记录方式，根据分类进行量化处理，得出一些数据来。其实对于教师提出问题也可以根据观察目标的设定从一些定性的角度分析，如

①教师如何在问题之间实施转换；

②问题之间的序列关系和延展性；

③个别问题的复杂程度与特性；

……

（2）教师的回馈分析

有大量的研究表明，有效的教学与教师给学生的及时回复和反馈紧密相关，顾泠沅先生所领导的青浦教学改革实验得出的有效教学的四条原理之一——"反馈原理"更是证明了这点。

这里的"回馈"与上文提问分析中的教师对学生问题回答的回复在范围上要更大一些，包含了教师对学生感受、态度、知识各个方面的反应。运用选择性文字记录，可以从两个方面进行分析。

回馈的数量。

直接计算出一节课中教师给予学生的回馈次数有多少，也很能说明问题。因为对绝大多数教师而言，他们常常使用直接的传授知识的方式，上课的目的在于个人按照教学进度把内容"告诉"给学生，而较少去关心学生的领悟、感受、情绪、态度等，也就是说回馈的数量可以表明教师与学生之间的"互动"程度。

回馈的类型。

我们还可以把教师的各种回馈分类，用以了解教师对学生的关注局限于哪些方面、甚至哪些方面关注得多哪些方面关注得少。弗兰德斯提出的分类可以作为一种参考：

①教师用自己的语言复述或概念化来修正学生的意见；②把学生的观点加以应用、推演或引发下一个讨论问题；③把学生的观点与他人的观点作比较；④简要归纳一个学生或几个学生的观点。

除此之外，还可以用二分法划为"鼓励"和"批评"或是"肯定性"回馈与"否定性"回馈。从这个粗阔的划分中往往可以看出教师对学生回复和反馈的大致行为方式是积极的还是消极的。

除了上面这些各种划分类型的再量化分析方法外，还可以采取更为细致的定性方法。比如分析教师的回馈方式的特性。因为许多教师的回馈常常是简单的词语、而且含义指向不明确，比如"很好"、"啊哈"、"哦"、"好的"等口头禅似的语言，而研究者却发现，教师如果采用具体而明确的回馈方式，那么不论是批评还是称赞学生，都对有效的教学非常重要。

（3）教师的结构性陈述分析

教师所使用的结构性的陈述，可以让学生对课堂授课内容的目的、结构与重点或难点所在有一个整体性了解和理解，结构性的陈述一般包括：预先说明课堂中会发生的事务；对已经进行过的部分扼要说明；对课堂教学之中重要的转折处加以说明；以非语言性之线索来强调课堂教学中之重要部分。

案例2：教师的结构性陈述

教师：昨天我们学习了几何作图的问题，那么从这节课开始我们学习几何计算。

教师：好，刚才我们证明勾股定理通过面积，对吗？据我所知，我查了一下资料，勾股定理的证明方法有367种方法，刚才一种方法，能不能想出第二种方法，还是同样思路，其他的方法行不行？

……

运用选择性的文字记录对课堂教学中教师的结构性陈述进行定性或定量的分析，可以了解教师所惯常使用的结构性语言、教师对授课内容的整体性理解与驾驭风格。而使用这种结构性陈述，正是有效教学的特征之一，已为一些研究所证实。

2. 基于座位表的记录法

基于座位表的记录是一种简便的记录方法，它利用教室里学生的座位分布图为基础，用一些记录者个人习惯的符号表示出学生和教师在课堂中所发生事件的空间分布情况，使得研究者可以比较直观地"看到"教室中学生和教师所处的各种状态，常使用的座位表记录方法有对学生学习是否投入的记录、教师和学生语言流动的记录、教师和学生移动路线的记录等。

（1）学生的学习状态记录

学生的学习状态是指学生是否投入到教师布置的学习任务当中，这个记录方法要求观察者先确定一个课堂运作过程中的时间间隔（比如每隔两分钟），然后在每个时刻记录下座位表中的学生所处的学习状态（就象每隔两分钟照一张照片一样）。

| 窗 | | 讲台 | | 前门 |

时间片断
各个符号发生的时间依次是8：08，8：10，8：12，8：14……

| 学生1
A B B A A
A A A… | 学生2
A A A A A
A A A… |
| 学生3
A B B C C
C C C… | 学生4
A B B A C
A A A… |
…………

符号代表的含义
A：正在独立投入学习任务
B：在与他人交谈
C：看他人做
D：独自做与学习任务无关的事
E：离开座位
后门

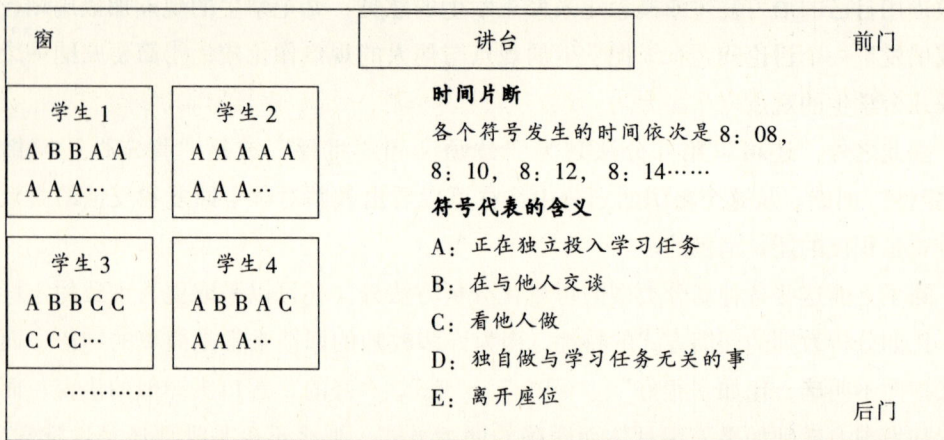

对于得到的观察数据，还可以作一些定量的分析，以反映每一种状态的学生在每个时刻、整节课中所占的比例等。这样可以判断学生投入有效学习的时间或者程度，反映出教师的教对于学生的学习投入产生作用的有效程度。比如下面的表中数据可以判断出：某小组 7 个人当中，在 8：08 和 8：14 投入学习状态的人最多，那么观察者就要分析该时刻是什么学习任务或教师的教学吸引了学生；反之，在某些时刻没有投入学习任务状态的学生比较多，就要分析该时刻学习任务的特点或者教学的特点。从学生的"投入状态"反过来判断教师的教学有效性也是一个非常重要的手段。

	8：08	8：10	8：12	8：14	…	总计	百分比
A（投入学习任务）	6	2	1	6	…	22	35%
B（与他人交谈）	0	5	6	0	…	16	25%
C（看他人做）	0	0	0	1	…	10	16%
D（做无关的事）	0	0	0	0	…	10	16%
E（离开座位）	1	0	0	0	…	5	8%

对于学生的学习状态最简单可以分为"在投入学习任务"和"没有投入学习任务"两种，也可以根据具体的学习任务特点把可能的情况划分更细致一些，而每个时刻对学生所处状态的判断完全取决于观察者即时的反应。时间的间隔理论上当然是越短越能反映整节课的状况，但实际操作中要考虑观察者是否能够有足够的时间进行记录，这一方面取决于时间间隔的选取，另一方面也取决于观察者所选取的被观察的学生的个数。

（2）课堂里的语言流动记录

语言流动记录的基本功能就是观察课堂里教师和学生之间语言间互动的数量和类型在空间上的分布情况。次数可以反映教师对某个"部位"学生关注的程度或是该部位学生主动"发言"的积极程度，类型可以表明教师对某个部位学生的期望水平或者回馈的积极与消极作用。在下图中，反映出中间第二排的两位学生与教师之间的语言沟通最多：但左边的女生主要是"被迫"回答问题，反映出教师对其期望较高；右边的男生主要是"主动"发问，反映出其学习的积极性较高，教师给予的期望也较高。同时从整个图中可以看出，课堂里主要是教师向学生提问，而学生主动提问的情况比较少。

案例4：

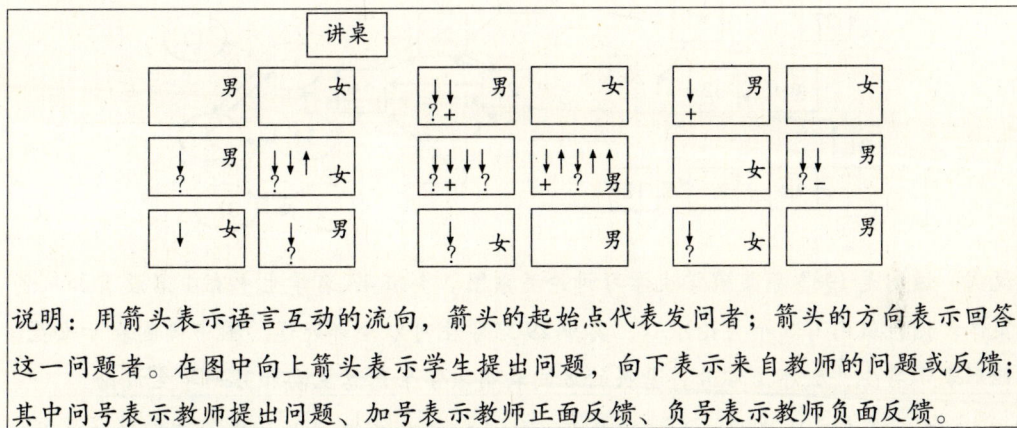

说明：用箭头表示语言互动的流向，箭头的起始点代表发问者；箭头的方向表示回答这一问题者。在图中向上箭头表示学生提出问题，向下表示来自教师的问题或反馈；其中问号表示教师提出问题、加号表示教师正面反馈、负号表示教师负面反馈。

除了上面用到的符号外，观察者完全可以按照自己喜欢的符号重新标记教师的各种提问方式、回馈方式，也可以类似地在学生提问的箭头上方加上一些字母或符号，用以表示更多的学生与教师语言互动的类型。

在学生出现的语言箭头上方加上字母或符号表示更多的含义。

如：A：学生主动提出相关主题的问题

B：学生的正确回答

C：学生提出无关主题的问题

D：学生的错误回答

?：学生主动表示疑问或不懂

～：学生直接对全班发表见解

从语言流动的座位表记录中，可以量化教师与学生语言互动的次数、教师回馈的类型等。也可以用定性与定量结合的数据分析教师在课堂教学中对于座位的偏好、对于某些学生的偏好、互动中男女生性别的分配以及教师惯常使用的回馈方式等。

（3）教师和学生的移动记录

利用座位表对学生和教师的移动位置作记录，实际是对课堂里学生之间、教师和学生之间的活动关系作记录，它的基本功能是反映教室里的学生讨论中心或者教师的关注中心。先来看一幅比较清晰的学生之间活动关系示意图[6]。

案例5：

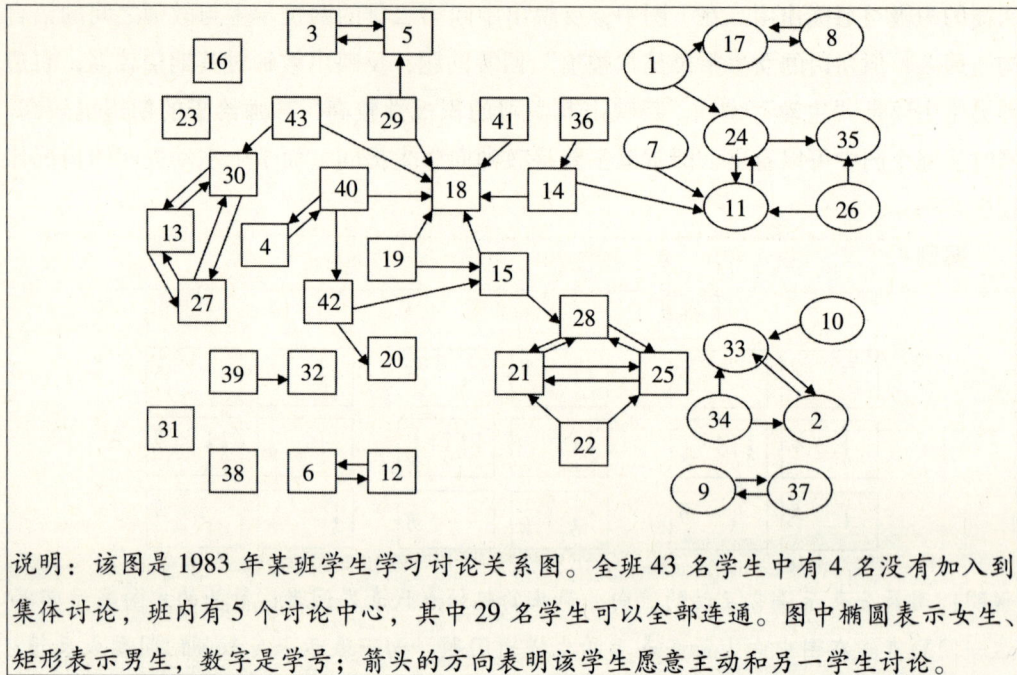

说明：该图是1983年某班学生学习讨论关系图。全班43名学生中有4名没有加入到集体讨论，班内有5个讨论中心，其中29名学生可以全部连通。图中椭圆表示女生、矩形表示男生，数字是学号；箭头的方向表明该学生愿意主动和另一学生讨论。

上面的这个讨论关系示意图表现出来的讨论关系非常明晰：箭头最集中的五个区域，表明了课堂中学生展开讨论时形成的5个"活动中心"，这对于教师了解该班学生进行小组讨论活动时学生间的搭配、互补非常有价值。对观察课堂者来说，可以反映学生讨论活动的信息流通程度——也即小组讨论学习的有效性。但这样的关系图是在课堂观察中得到的学生移动记录图的基础上加工而成的，而实际得到的学生自由讨论时的课堂观察移动图可能显得非常凌乱，它需要观察者在记录结束后立即整理，以免过一段时间后观察者对自己的标志和记录也难以辨认。

教师在课堂授课过程中的位置移动的记录图，类似可以反映出教师习惯的移动位置（教师的位置偏好）、与学生交流的若干重心（教师对学生的偏好）、甚至授课的风格（与学生的沟通程度）等。

3. 基于媒体技术的记录法

即使是最为精心设计的记录方法，也会漏掉一些课堂中实际发生的难以预料的事件或者信息。运用摄像设备对课堂录像和录音，是一种观察者硬件条件允许下较为理想的方法。但是，录像带或录音带本身并不意味着就是观察结果或观察数据，只是观察者可以回放和再现课堂现场的载体，它一定要经过观察者的整理和重新"加工"。

（1）教师和学生课堂语言文本

把教师和学生在课堂中对话根据录音整理出来，是最为基本的方法，它是对课堂中师生语言分析的基础。需要注意的是文本的整理中要注意对"原话"的忠实，包括教师的口头语、叹词等，观察者不可以为了简便而"转化"为同样意思的"二手"

语言。

（2）师生语言互动分析

弗兰德斯语言互动分析是一种颇为知名的课堂观察技术。这种方法是把课堂里教师和学生的语言分为 10 类，然后利用时间线技术把各类语言所占总时间的比例计算出来，借此反映师生语言互动的状况和教师的教学风格导向。

案例 6：

教学片段"余数比除数小"中师生语言互动时间的分布								
			前一次授课（423″）			后一次授课（410″）		
弗兰德师生语言互动分类			时间（″）	比例（%）	合计	时间（″）	比例（%）	合计
教师讲	回应	①接纳学生感觉	5	1.2		16	3.9	
		②赞许学生行为	22	5.2		23	5.6	
		③接受学生观点	12	2.8		11	2.7	
	中立	④问学生问题	23	5.4	39.2%	72	17.6	35.9%
	自发	⑤演讲	48	11.3		25	6.1	
		⑥指示或命令	31	7.3		0	0	
		⑦批评或辩护权威行为	25	5.9		0	0	
学生讲	回应	⑧回答老师的提问或按老师要求表述	66	15.6	25.8%	33	8.1	31.2%
	自发	⑨主动表达自己的观点或向老师提出问题	43	10.2		95	23.2	
静止	中立	⑩静止或疑惑暂时停顿或不理解	33	7.8	7.8%	0	0	0%

从上面的例表数据中可以看出，总体看来，后一次授课比前一次授课中教师讲的时间少了一些，而学生讲的时间多了一些，而且静止不动的时间也下降了许多。如果更为详细地对各类语言前后做一个折线图的比较，就会得到更为直观的信息。

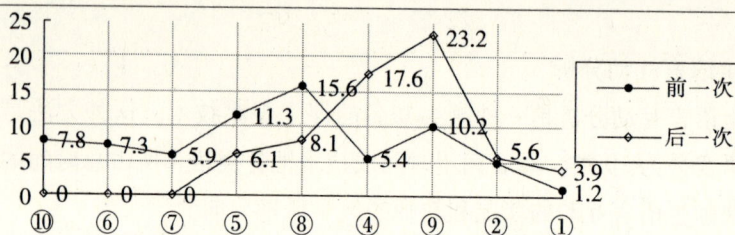

前一次和后一次授课师生语言互动比较

说明：改进后师生语言互动出现了下述情况：第一，课堂静止或不理解⑩、教师指示或命令⑥与批评或辩护权威行为⑦的时间下降为零，教师演讲⑤、学生按老师要求表述⑧的时间在明显减少；第二，教师提问④、学生主动表达自己发现⑨的时间在明显增加，教师接纳学生感觉①的时间也有上升。

弗兰德斯语言互动分析有两个重要特征：一是利用 10 个分类标记语言行为；另一个特征就是要标记语言行为所用的时间——最早是用三秒一个格子的方格表进行记录，而现在凭借光盘播放软件，只要精确、细心地记录各类语言的时间，再把它们加在一起计算出来就可以了。

二、课堂教学的学习任务水平分析技术

这里分别提供的是针对数学教与学的特定分析技术，主要介绍两种，第一种是从课堂里教与学的任务水平变化来整体把握课堂，第二种是针对学生在具体学习任务上所表现出的认知结构层次来看其思维水平。

1. 教与学任务的认知水平分析框架

对于一节课的教与学任务，可以从三个层面分析。首先是对教材或课程标准中的相应要求入手，分析标准中期望达到的教与学任务的水平，也就是教学内容的预分析；然后从课堂里教师如何提出或布置学习任务的，并判断其布置的是高认知还是低认知水平；最后，分析学生在学习任务上的实际表现，判定是高认知还是低认知水平。从教师布置到学生实施，由此产生了学习任务认知水平的下降或保持。

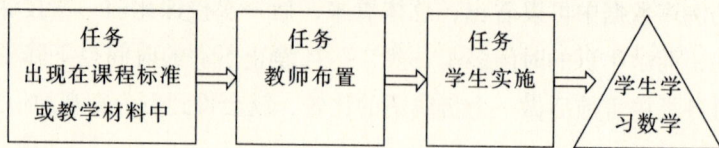

图1　数学任务框架

对于如何判断教师布置的数学学习任务或学生实施的数学学习是何水平，可以用下面表1的教与学数学任务认知水平的界定加以判断。

表1　认知水平的界定

低水平任务	高水平任务
记忆型任务	**有联系的程序型**
＊ 包括对已学过的事实、法则、公式以及定义的记忆重现或者把事实、法则、公式和定义纳入记忆系统	＊ 为了发展对数学概念和思想的更深层次理解，学生的注意力应集中在程序的使用上
＊ 使用程序不能解决，因为不存在某种现成的程序或因为完成任务的限定时间太短而无法使用程序	＊ 暗示有一条路径可以遵循（显性地或隐性地），这种路径即是与隐含的观念有密切联系的、明晰的、一般性程序
＊ 模糊——这种任务包括对先前见过的材料的准确再现以及再现的内容可以明白而直接地陈述	＊ 常用的呈现方式有多种（如可视图表、学具、符号、问题情景）。在多种表现形式之间建立起有助于发展意义理解的联系
＊ 与隐含于已学过的或再现的事实、法则、公式和定义之中的意义或概念无任何联系	＊ 需要某种程度的认知努力。尽管有一般的程序可资遵循，但却不能不加以考虑地应用。为了成功完成任务和发展数学的理解，学生需要参与存在于这些程序中的观念
无联系的程序型	**做数学**
＊ 算法化。程序的使用要么是特别需要，要么明显基于先前的教学、经验或对任务的安排	＊ 需要复杂的、非算法化的思维（即任务、任务讲解、或已完成的例子没有明显建议一个可预料的、预演好的方法或路径可借鉴）
＊ 成功完成任务需要的认知要求有限。对于应做些什么和如何做几乎是一目了然	＊ 要求学生探索和理解数学观念、过程和关系的本质
＊ 与隐含于程序之中的意义或概念无任何联系	＊ 要求学生对自己的认知过程自我调控
更强调得出正确答案而不是发展数学的理解	＊ 要求学生启用相关知识和经验，并在任务完成过程中恰当使用
＊ 不需要解释或需要的解释仅仅是对解题程序的描述	＊ 要求学生分析任务并积极检查对可能的问题解决策略和解法起限制作用的因素
	＊ 需要相当大的认知努力，也许由于解决策略不可预期的性质，学生还会有某种程度的焦虑

但是教师布置的数学学习任务是高认知水平，学生实施的数学学习任务不一定仍然是相同认知水平的学习任务。从教师的布置到学生的实施，通过大量的案例研究表明，只有两种可能性，即保持数学学习任务的原认知水平或降低了原来的认知水平。促使学生保持原认知水平或导致学生降低原认知水平的常见因素被概括如下表2。

表2　保持和降低高认知要求的因素

与高认知要求水平得以保持相关联的因素	与高认知要求水平下降相关联的因素
1. 教师给学生的思维和推理"搭脚手架"（M1） 2. 教师提供学生监控自己思维过程的方法（M2） 3. 教师或有能力的学生示范高水平的解答行为（M3） 4. 教师提问、评论或/和反馈以维持对证明、解释或意义的强调（M4） 5. 教师把任务建立在学生已有的知识基础之上（M5） 6. 教师频繁在概念之间建立联系（M6） 7. 教师给予学生适当的探索时间（既不多也不少）（M7）	1. 教师把任务的问题方面已常规化（如学生迫切要求教师详细指明操作程序或步骤，以降低任务的复杂程度；教师"包办"学生的思维和推理，并告诉他们如何解答）（D1） 2. 教师把重点从意义、概念、理解转移到答案的正确性和完整性方面（D2） 3. 教师没有提供足够时间让学生去完成任务具有挑战性的方面，或时间过多，学生们干起了与任务无关的事情（D3） 4. 教师的课堂管理问题阻碍了学生持续参与高要求的认知活动（D4） 5. 教师给予某个既定小组的任务不恰当（如学生由于缺少兴趣、动机或所需的已有知识而未参与到高要求的认知活动中；任务指向不明确，学生不能进入正确的认知空间）（D5） 6. 教师使学生对高水平结果或过程不必负有责任（尽管教师要求学生解释他们的思考过程，但对学生不清晰或不正确的解释却加以接受；给予学生一种印象，即他们的工作不算是上到一个等级）（D6）

　　一个高认知水平要求的任务，在组织和事实的过程中，往往会降低为低认知水平要求的任务，常见的降低模式如表3所示。

表3　任务组织和实施的普遍模式以及最相关的因素

（每个模式，因素是按最常见的顺序排列）

模式		认知要求的高水平	与认知要求保持和降低相关联的最常见因素
任务组织	任务实施		
做教学 →	做教学	保持	* 任务建立在学生已有的知识基础上 * 搭脚手架 * 适量的时间 * 示范高水平行为 * 维持对解释和赋予意义的强调
做教学 →	无意义联系的程序	降低	* 挑战成了非问题行为 * 重点转移到答案正确与否 * 时间太多或太少
做教学 →	无系统的探究	降低	* 给予学生的任务不适当 * 时间太多或太少 * 挑战成了非问题行为

模 式		认知要求的	与认知要求保持和降低
任务组织	任务实施	高水平	相关联的最常见因素
做教学 → 非数学活动		降低	* 给予学生的任务不适当 * 课堂管理问题 * 时间太多或太少
有联系的程序 → 有联系的程序		保持	* 任务建立在学生已有的知识基础上 * 示范高水平的表现行为 * 适量的时间 * 维持对学生解释和赋予意义的要求 * 搭脚手架
有联系的程序 → 无联系的程序		降低	* 挑战成了非问题行为 * 重点转移到答案正确与否 * 给予学生的任务不适当

3. 学习结果认知水平分析框架

另外，也可以尝试用 SOLO 分析学生在解决某个数学任务时所表现出来的思维结构水平，即"可观察的学习结果（Structure of the Observed Learning Outcome）"。SOLO 分类的焦点集中在学生解决问题时表现出的"质"，而不是"量"。

划分的水平层次	典型特点
前结构层次 （Prestructural level，P）	学生基本上无法理解问题和解决问题，只提供了一些逻辑混乱、没有论据支撑的答案
单点结构层次 （Uni – structural level，U）	学生找到了一个解决问题的思路，但却就此收敛，单凭一点论据就跳到答案上去
多点结构层次 （Multi – structural level，M）	学生找到了多个解决问题的思路，但却未能把这些思路有机地整合起来
关联结构层次 （Relational level，R）	学生找到了多个解决问题的思路，并且能够把这些思路结合起来思考
拓展抽象层次 （Extended Abstract level，EA）	学生能够对问题进行抽象的概括，从理论的高度来分析问题，而且能够深化问题，使问题本身的意义得到拓展

举例来看，如图：用火柴从左往右摆成框形图案，四根摆一个框，七根摆两个，等等。按照 SOLO 理论，各结构层次的学生能够回答的问题是：

（1）多少根火柴能摆 3 个框？（单一结构）

单一结构的反应只需运用一种策略，看看题图的相关部分，数一数火柴的根数即可。

（2）摆5个框比摆3个框多用多少根火柴？（多元结构）

多元结构反应需要学生做3件事：计算摆5个框需要多少根火柴，再数一数摆3个框需要多少火柴，最后计算两者的差，所有这些计算都需要对问题的基本理解，但不必理解问题的整体。

（3）用31根火柴能摆多少个框？（关联结构）

关联结构反应的学生必须理解到：摆第一个框需4根火柴，但以后每摆一个框就要利用前框中的一根火柴，所以每加一框只需用3根。这样，可以取31根火柴中的4根摆成第一个框，剩余部分用3去除，得到9，所以最终答案是10。

（4）如果摆成了 n 个框，则用去了多少根火柴？（扩展抽象结构）

扩展抽象反应则避开具体数字，直接归纳出所有的情形：$3(n-1)+4$。

三、对观察分析技术的扩展思考

当我们走进课堂的时候，对于我们的观察，就不得不思考这样三个方面的问题：我为何要走进课堂？我在课堂里用什么方法观察？走出课堂后，我能说些什么？

1. 明确观察目的

课堂观察的目的主要是为了提高教师在课堂里的有效教学。何谓"有效"？其本身也是个不容易澄清的概念。但是，课堂观察的前提就是观察者头脑里预先假设了一些"有效的教学"的标准，不管观察者是否明确意识到这个"标准"究竟是什么。正因为这点，观察者才可能在课堂观察中感觉到教师的教学活动中有一些"好"或"不好"的地方。一般来说，如果不是上级领导对被观察的课堂要做出终结性的评价和鉴定，那么观察者应当和授课教师共同确定要观察的目标，以使观察中的注意力可以有所集中，这样得到的观察结果将是教师本人也关注的方面。而且观察者应当帮助教师把他所关注的领域逐渐明确为可观察的目标。具体观察目标的不同，同样决定了观察者要观察的课堂的类型和具体采用的观察方法和技巧的选择。观察者在进入课堂前，还需要与授课教师沟通有关课堂的其他方面的信息。比如教师授课的班级的规模，学生成绩概况，甚至一些特殊学生的概况；还有具体授课的内容、授课的类型、教师的教学设计或思路。这些信息有助于观察者从整体上把握观察时收集到的资料，根据观察前设定的目标从教师的角度理清资料的脉络。

2. 反思观察方法

教师在课堂里使用的各种观察方法都可以大致划分为定量和定性的方法。定量的观察方法的核心是根植于这样一个信念：系统的观察和分析能够使复杂的课堂得到一定程度的控制和预测，教师的效率能够通过了解科学的和实证的数据而获得改进。实

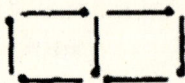

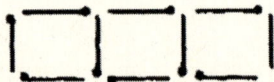

证的量化方法固然可以得到一些"硬性"数据，但它远不能叙述出课堂事件中的复杂性，尤其是支离破碎的分类分解了课堂事件发生的整体特点，因而更需要描述性的、叙述性的方法来记录课堂，而且观察结果的目的不在于"控制"和"预测"，而在于说明、解释和理解课堂，这就是定性的方法所基于的信念。作为观察者，在得到一系列记录结果时，我们自己首先应该对个人所采用的方法的性质有一个清晰的认识。而且，各类方法也都有一定的优势和不足，如上面提到的选择性文字记录法，它的优点是用纸笔简便地有选择性地记录想要观察者需要的内容（教师的提问语言、回馈语言、结构性陈述语言等），但由于"选择性"，观察者将注意力集中于要记录口语内容而会忽略教师的姿态、手势或其他行为、甚至无法顾及课堂里互动的整体脉络。事实上，定性的方法与定量的方法结合使用、多角度地整理和采纳数据（包括文字性的）、做到互相补充，才是比较明智的做法。

3. 用客观态度交流观察结果

虽然在这里我们用"客观"一词，但实际上没有任何人在课堂观察里能够做到"客观"。即便是课堂观察中收集到的"硬性"资料（包括定量和定性方法本身），在记录方法的选择之初，就已经有个人的主观性包含其中；在分类时、选择记录内容时，都是观察者个人主观地选择的结果（被观察的教师完全有理由责问你为何选择记录 A 而不是记录 B，你为何选择这个分类法而不是那个分类法），甚至观察者潜在的有效教学的标准也是主观的产物（你为何认为这个标准更准确）。因此，观察者时刻要清醒地认识到这些潜在的问题，反思这些问题在具体情景中的合理答案。从这个角度，我们不能武断地用课堂观察的某个或几个角度的结果来评判一堂课和授课教师，我们对观察资料的使用应该定位在研究课堂教学的问题、改进课堂教学、进而促进教师专业水平的提升。还是本节开始的一句话：课堂观察的目的主要是为了提高教师在课堂里的有效教学。也许我们不能说自己的课堂观察记录是"客观"的，但如果我们能够做到时时刻刻思考这些问题的时候，我们就同样可以做到以"客观的态度"来对待课堂观察中的一切，包括对结果的交流。

第二节　学会抓住教研中的关键事件

在教研活动中的听评课中，使用一些观察技术可以帮助我们克服仅仅凭经验观察课堂的局限，为课堂教学改进找到一些突破口。但数学课堂毕竟以学习数学内容为核心，在教研活动中还需更加关注针对学科本质做出分析。当前课程改革的大背景下，教研活动已经由以往注重教材教法，发展为全面关注课堂中教与学的行为。作为一线教师，能否在日常教研活动中抓住教学中的关键事件，促进教学反思和教研活动向纵深发展，成为一种突出的专业能力。本节内容可以看成是使用课堂观察方法和诊断技术的延续，将引导我们更加聚焦于关注数学学科本质的主要分析和诊断方法。

一、基于"重点·难点"的四元分析法

如何抓住教学中的关键性事件，目前有两种不同的视界。第一种基于我国传统教研活动中的教法分析，俗称"重点、难点、关键点"，它一向被视为优秀教师和一般教师的分水岭。在新课程理念的指导下，对于传统教研活动中的这一精髓，需要重新加以认识和梳理。

"重点"是针对数学学科教学内容而言的，关乎学与教的目标，亦即什么是学生必须掌握的内容要点、教师要把教学重心放在哪里，反映的是数学课程论。"难点"主要是针对学生的学习过程而言，亦即学生在学习任务开展过程中可能存在的认知困难，反映的是数学学习论。"关键点"是针对教学法而言的，亦即如何通过教学设计实现教学目标，又能克服学生开展学习任务时的困难，是上述二者的综合考虑，反映的是数学教学论。但这还不够，在当前课程改革背景下，特别是"以学论教"的理念下，教学实施后还需要依据学生的实际学习效果，重新审视原来对于重点、难点和关键点的把握是否准确，反映的是数学教学评价。而关注学生的实际获得并以此为依据反馈和调整课堂教学，形成了不断重新思考教学中的重点、难点和关键点的回路，特别是同一数学内容在不同的教材编排中这种分析尤为重要。其过程如下图所示。

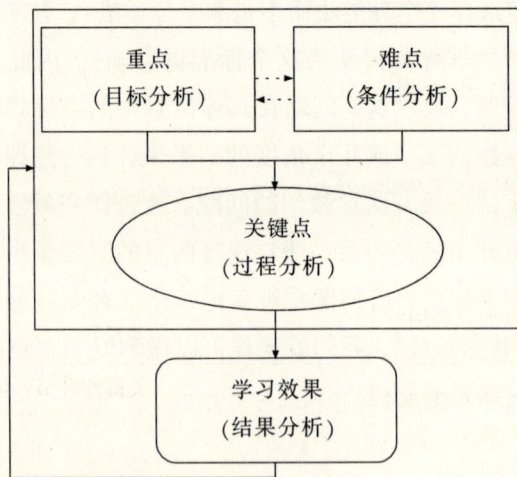

通过对我国传统的教研活动中的"重点、难点、关键点"的分析，结合对课程改革理念的重新解读，它和"学习效果"一起构成了一个"目标——条件——过程——结果"的四元分析框架，而这正是第一种关键性教学事件的价值和意义所在。运用这种分析框架，其实可以演变为教研活动中可以讨论的一系列问题。

	可以讨论的问题	达成目标
目标分析	本课中重点学习的数学内容是什么？这些数学知识或数学知识所承载的哪些方面是最有学习价值的？	本课目标定位把握得是否准确、合理

	可以讨论的问题	达成目标
条件分析	针对本课数学内容，学生可能的困难是什么？哪些地方是容易理解的、哪些是容易误解和混淆的？有哪些已有的经验或知识基础可以利用？	针对本课学习内容，是否全面地分析了学生的可能情况
过程分析	针对本课内容，设计的关键性的教学环节合适吗？新旧知识的呈现方式和活动方式适当吗？	针对目标和条件分析，是否确定了主要环节、次要环节
结果分析	在这样的教学过程中，学生究竟会获得什么样的数学概念、思想、方法、技能，还是在态度、元认知有所发展？达到预期的目标定位了吗？	针对学习目标，是否能够了解到学生的实际学习效果

上述一系列讨论问题作为框架，既可以作为课后反思、开展教学讨论的四元分析框架，也可以用于备课活动中进行"预分析"。如果在听课前预先知道授课内容，教师结合个体的认识做过了预分析以后，就可以拿自己"预分析"中对目标、条件、过程、结果的认识，与实际授课中所表现出来的情况做对比，以此提出个人在这四个方面的明确观点与同伴一起加以讨论。

例如，对于高中的"函数的概念"一课，就可以围绕这样四个方面做预分析。

	可以思考的问题	预分析的结果
目标分析	"函数的概念"中重点教什么、让学生学什么？函数的概念中，什么思想或方法最值得让学生体验或感悟？	重点让学生辨别认识到高中函数概念中集合里元素的对应思想、用集合及元素（微观方法表达）刻画函数的方法
条件分析	针对高中阶段"函数的概念"，哪些是容易理解的、哪些是容易误解和混淆的、哪些对学生是最困难的？初中阶段的函数概念和函数知识中哪些是可以加以利用？	学生容易理解函数概念中的变量的"变化"和"依赖"关系；难点在于抽象的 $f(x)$ 的表达形式（用一个元素的任意性表示变量，抽象的 f 表示关系）
过程分析	针对本课内容，有哪几个关键性的教学环节？应该以怎样的顺序安排？新旧知识的呈现方式和活动方式适切吗？	关键性环节：体验重新定义函数的必要性并辨别初高中函数概念的异同、判断是否是函数和是否是同一函数，前一环节相对更重要
结果分析	在这样的教学过程中，期望学生获得对"函数的概念"的何种认识？是函数定义的表述、还是这种函数定义中的思想、方法？	学生是否能明确说出初高中函数概念的异同；学生是否能运用函数概念初步判断函数、判断是否是同一函数

二、"以小见大"的关键事件分析法

第二种关键性教学事件来自对教学中"有意义事件"的辨别，往往涉及师生在教与学中的互动方式。其实，事件本身没有关键与非关键之分，重要的是教师对所发生的事情的解释和分析。日常教学中发生的普通事情成为关键事件，在技术操作上要历经两个步骤，即关键事件的生成过程：首先，观察和记述所发生的事情，这是事件的事实性描述。其次，对事件进行解释、赋予其意义。前者是关于"什么"的记录，后者是关于"为什么"的分析。这种认识下的"关键事件"具有典型性和主观性的特征。所谓典型性，是说关键事件具有一定的代表性，具有分析的价值。如果事件本身比较极端，不具有代表性，那么我们在分析的时候，倘若要在更广泛范围内挖掘它的意义则会显得很困难。所谓主观性，是说一个事件是否关键取决于教师的主观理解。也就是说，如果我们认为这件事是重要的，那么它就是关键事件。对教师来说，主观性指的是教师的主观判断，教师根据自己的教学经验和兴趣偏好来判断哪些事件具有意义，对教学研究具有促进作用。可以说是教师自己创造了"关键事件"。

因此，可以认为，关键事件的判断与分析具有很强的个人色彩，也正是这一主观性形成了教师不同的专业表现和行为。关键事件的判断反映的是教师的专业判断力。很多人认为教师这一职业不如律师、医生那样具有相当的专业性，其实不然。对关键事件的把握能力就反映了教师的专业判断性。

下面举例说明如何抓住教学中的关键性事件。

案例7：高一"函数的概念"

如果我们做过前文关于"函数的概念"一课的四元预分析，就会深刻解读课堂中的某些片段。一位老师在"函数的概念"教学中是这样上课的：

师：今天我们研究一个新的问题，函数，高中将做深入的研究。家里做了预习，书看过了吧，说说什么是函数。

生1：设A、B是非空的集合，……（完全照课本定义念了一遍）

师：好，我们看看这个定义中有哪些关键点？（老师讲解定义，指出集合、对应关系、唯一确定、定义域、值域等关键词）好，一起读一遍！

全体学生：（齐读函数的定义）……

师：接下来我们看例1，哪些是函数？

生2：$y=2x+1$是函数。

师：（指着投影演示屏上的$y=\dfrac{2}{x}$）这个呢？

生3：是函数。

（接下来又快速过了3道题目让学生判断，突然一个学生举手了）

生4：我觉得第二小题有问题，x不能取零的，它不是函数。

师：看函数的定义（把函数定义重复了一遍）。x在某个范围内，在这道题的范围内取，它是我们学过的反比例函数，反比例函数定义域就是x不能取0。所以，它是一个函数。（然后生4悻然坐下了）好，我们继续看后面的例题，下列函数是否是同一函数……

高中数学教师专业能力必修 Gao Zhong Shu Xue Jiao Shi Zhuan Ye Neng Li Bi Xiu

面对课堂中的这样一个小插曲，很多老师报之一笑，在课后讨论中善意地提醒授课教师应该加个括号，里面注明 $x \neq 0$ 这个条件。可是，如果我们认为这个事件很重要，揭示出这一典型事件的意义所在，继而上升到教学中此类事件的普遍意义，就能帮助老师深刻反思本课的目标定位、甚至数学学科的本质所在。

首先，我们把这个典型事件描述出来，原原本本地再现它，正如上面的师生对话过程。

其次，我们要试着从多角度解释这一事件，它远非从表面上看那样简单——这只不过是老师的一个粗心所致，漏掉了 $x \neq 0$ 这个条件而已。第一，从学生的角度来看，有学生能提出这个问题，表明其学习的主动性，这正是课程改革所倡导的，我们要肯定学生并鼓励这种质疑和提问。第二，从教师的回应看，我们需要仔细反思一下，它究竟是否是函数。老师有错不但不改，反而从"反比例函数的定义域就是 x 不能取 0"来回应，这句话犯了一个前提性错误。只有在肯定它是"反比例函数"的前提下，既然"是"反比例函数，我们当然知道 $x \neq 0$；但现在是利用函数概念来判断"是否"是函数，前提是不知道它是否是函数，因此根据 $x = 0$，找不到 y 有一个唯一确定的值对应，所以它当然不是函数。老师不但没有利用学生的这个提问契机来帮助学生理解函数概念，反而是利用初中的"想当然"的反比例函数的形式为自己的遗漏辩护。第三，从函数概念的教学过程来看，是典型的"读概念、讲概念、背概念"的方法，认为学生记住了概念的文本表达、记住了里面的"关键词"，就理解了概念，而没有与初中函数概念进行异同对比并进一步深化，特别是没有从高中函数概念的集合思想、元素的对应思想角度来加以强调。

最后，进一步提出教学中此类事件的普遍意义。教学中大量存在着类似这种"读概念、讲概念、背概念"的方法，而忽视了所教概念的数学本质。教师要让学生深刻理解概念的内涵，自身应该明确地把握概念的本质。教师之所以面对学生的质疑难以在教学中做出恰当的回应，除了"师道尊严"的想法作祟外，很可能是其自身也并没有深刻理解到高中函数概念和初中函数概念的差异所在、没有深刻理解到高中阶段的函数概念之所以引入集合和元素是因为后期要用微观的方法来研究函数的整体性质，如通过比较任意的 x_1 和 x_2 所引起的 $f(x_1)$ 和 $f(x_2)$ 的变化来刻画函数的整体单调性、通过任意一点的 x 所引起的 $f(x)$ 和 $f(-x)$ 来刻画函数整体的奇偶性等。从这个意义上来说，我们不禁要问，教师自己理解高中函数概念和初中的异同了吗？教师自身把握了函数概念的本质了吗？可见，用"复述一遍函数概念的定义"不是恰当的回应方式，或者说缺乏了从学科本质角度回应学生的数学专业功底。

下图显示了如何把这个教学现象创设为有意义的关键性事件的过程，其实是上述分析过程的简化框架。

描述事件 —— 学生认为 $y = \dfrac{2}{x}$ 不是函数

事件

解释并赋予意义

学生角度：表明其学习主动性，值得肯定

教学角度：是否辨析了初高中函数概念异同、是否强调了集合思想、元素对应思想

教师角度：是否从学科本质角度加以回应，并作为深刻理解概念的契机

关键性事件 —— 指出此类事件的一般意义 —— 教师的专业功底和恰当回应决定了学生在其中能学到什么；教师应时刻为学生学到什么负责

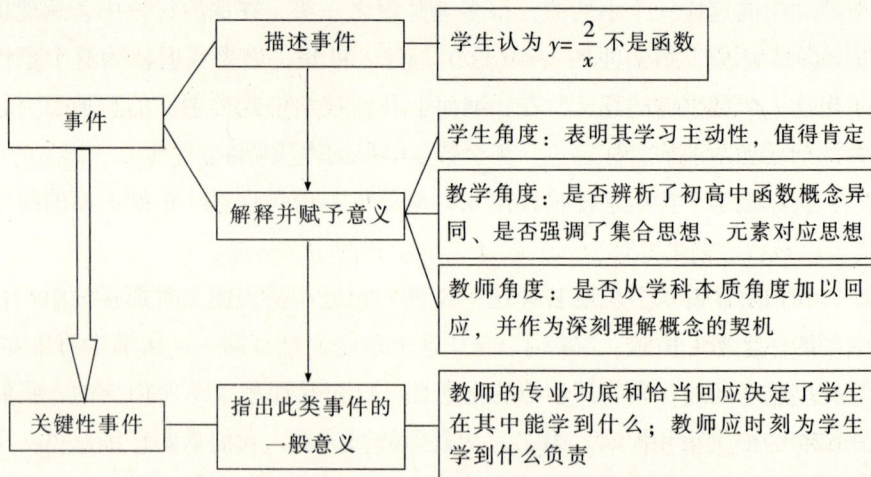

与专业研究者理论构建的旨趣不同，教师日常的教研活动是实践导向的、以教学改进为目标。这两类方法可以引导教师抓住教学研究中的关键事件，是迫切需要的一种专业能力。这种能力基于经验又不囿于经验，关乎实践改进而又注重理性提炼，可以说是架设教学理论与教学实践的桥梁——这也是一线教师不同于高校研究者和专业科研人员的独特的分析方法。

三、运用于备课活动中的前端分析法

在参加学校各种教研活动时，常常可以听到老师们类似这样的抱怨："现在用的教材版本改来改去，都不知道如何备课上课了"。于是，不少老师使用不同版本的教材时，往往是只做"加法"——宁可把不同版本里内容全部教完，而不敢大胆取舍。站在教师的立场，教材是老师身边最基本和最重要的教学资源，是一个专家团队在较长时期内的智慧结晶，要老师自己跳出教材束缚去开发和整合资源，目前对绝大多数老师来说还是比较困难的。"精彩的生成源于精心的预设"，没有理念定位明确、整体架构合理的教学设计，只能让学校这一以知识传承为主要目的的教育场所逐渐丧失其教育价值和基本功能。如何基于教材这一最基本和最重要的教学资源，抓住备课过程中的关键所在呢？

1. 把前端分析应用到微观的课堂教学设计

在教学设计实践发展过程中，教师最初比较关注"如何教"的问题，因为在教学大纲和教材一统的情况下——教学内容多年来相对比较确定，教师的教学设计重心往往放在教学策略的选择与运用。后来随着课程改革理念和教材多样化逐渐受到教师认可之后，教师比较关注"教什么"，即教学目标、教学内容的确定与安排。直到最近几年，随着课程理念的深入理解，教师开始思考"为什么教"的问题，也即学生需要"学什么"。实际上，教学设计实践发展中不同阶段的关注重心，恰好反映出了一个作为整体的、相对系统的教学设计思考框架，其内在依据与教学设计中的前端分析技术

不谋而合。

前端分析是美国学者哈里斯（JoHarless）于1968年提出的一项教学设计技术。所谓"前端分析"，是指在教学设计开始的时候，对一些直接影响教学设计的但又不属于具体事项的问题的分析过程，包括学习需要分析、学习内容分析和教学对象的分析。前端分析提出的原意，主要是对某学科、某学段、某教学对象的一种整体把握，往往是对一门学科教授之前的总体分析，属于教学设计的中观研究。

针对中小学教师从事教学设计时的困惑，我们认为教学设计的前端分析同样可以应用于一节课的微观教学设计，它可以帮助教师在处理教学细节之前从整体上把握一节课的完整思路和理念架构。很多教师在备课阶段，往往惯性地一下子想到很多具体的教学细节和可以使用的材料与习题、然后再依据经验把材料与习题串接起来，恰恰缺乏一种从整体到局部的教学设计方法——即先整体确定教学目标和思路、再逐步细化使用的教学材料与习题。如果说"细节决定成败"，我们认为前提是"方向和思路正确"，否则细节越扎实越是南辕北辙。

2. 前端分析中以学习内容分析作为出发点

对应于一门学科的前端分析，一节课的教学同样可以使用前端分析，即包含本节课的学习需要分析、学习内容分析和教学对象分析。其中学习需要分析侧重在分析学习者现实状况和教学理想之间的差距，由此确定学习者学习的总体目标；学习内容分析侧重在进一步明确规定学习内容的范围、深度和揭示学习内容各组成部分之间的联系，由此确保学习内容的外延、内涵与深度；教学对象分析侧重在对学习者学段特征、认知特征、心理特征等诸方面的共性和特性分析，由此明确教学中期望所有学习者需要达到的共同目标和分层次的差异目标。

前端分析中的这三方面，实质上囊括了教学设计时几乎要考虑的所有因素。而在这三方面中，学习需要分析基于的是寻找"差距"，而"差距"往往需要一些调查和实证；教学对象分析需要掌握一定的认知心理学知识并不断了解其最新发展。一线教师囿于日常教学的繁忙事务，如果直接从这两种分析切入，往往心有余而力不足。对教师来说，最容易的切入点就是利用手边的教材开展学习内容分析，由此延伸到学习需要分析和教学对象分析。当然，一节课的前端分析毕竟不同于一门学科的前端分析，当它被教师作为教学设计的工具时还需要对这三种分析的具体内涵重新理解。

以学习内容分析作为教学设计的起点，我们认为有如下从整体到局部的分析策略：首先，教师要通读本学科全套教材，分析这一节课内容在整个学科教材中的地位，即本节课的学习内容与以前学习过的、今后将要学习的哪些内容有联系。这种"联系"包括三个层次：本节课内容在整个学科教材体系（从小学到高中）的位置和承上启下的作用；本节课的内容在所教学段中的所处位置和作用；本节课的内容在这个知识单元中所处的位置关系和作用。其次，教师要精读本册教材和教参，分析这一节课的内容期望达到的广度和深度，即在上述整体联系的理解之下，确定本节课中学习的内容与其他哪些内容要建立宽泛的观念联系、哪些内容需要达到一定的理解深度。第三，教师要梳理和研究诸多内容目标，分析在这么多宽泛的、深刻的或者说知识技能类的、过程方法类的和情感态度类的内容目标中，哪一个是本节课有限时间内需要重点完成的、哪几个是附带完成的。通过这样一个从整体到局部的内容分析策略，教师最终确定本节课的教学目标，而且清楚地知道制订出的这些目标背后的知识脉络关系。尤其是这一个需要重点完成的内容目标，应该是指向学科内容实质的。

当围绕一节课的学习内容分析完成之后，此时进一步做教学对象分析和学习需要分析。教学对象分析，主要结合本节课需要重点完成的内容目标来考虑学生的年龄、认知特点，并以此着重确定教学过程中学生可能遇到的困难和安排恰当的教学序列。学习需要分析，在综合考虑内容目标的重点和学生学习的认知困难后，需要进一步考虑：要完成期望学生学习的重点的内容目标，学生需要哪些知识基础，由此可以确定教学中"复习旧知"的起点；要实现学生现有基础和内容目标之间的差距，克服学生认知困难需要教学铺垫哪些台阶，由此可以确定教学中"引入新知"的关键环节。学生的学习需要分析，实际上也对应着教师的教学安排需要。

3. 形成以学科本质问题驱动的教学设计框架

上述以学习内容分析切入的前端分析，实际上提供了一个以学科本质问题为突破点的教学设计框架。有人说"学什么"比"怎么教"更重要、想清楚"为什么这样教"最重要，实际上这三者的关系远非谁比谁更重要的问题——任何一个角度分析的缺失都会使教学活动陷入盲动或低效。对一线教师而言，使用身边的教材从学习内容分析角度切入，站在学科内容体系的整体理解基础之上、来设计一系列教学任务不失为一种策略。

首先，分析这节课内容在整个学科教材中的地位，即本节课的学习内容与以前学习过的、今后将要学习的哪些内容有联系。其次，分析这节课的学习内容上期望达到何种程度的广度和深度。第三，进一步梳理和研究诸多内容目标，分析哪些内容目标是本节课有限时间内的重点、哪些是附带的。当然，上述三步仅仅是从整体到局部、从学习内容分析开始做前端分析，接下来还需要教师根据经验做教学对象分析和学习需求分析。

这里需要指出的是，在一节课教学设计的前端分析中，学习内容分析可以相对独立地发生在其他两种分析之前，根本目的是找出本节授课内容的学科本质并由此确定教学目标。而学习需要分析和教学对象分析则几乎是交叉式考虑，不可能截然分开。而且后两种分析，绝大多数教师往往依赖于日常教学实践中的积累，凭经验估计学生可能的认知困难并设计教学活动序列。

高 中数学教师专业能力必修 Gao Zhong Shu Xue Jiao Shi Zhuan Ye Neng Li Bi Xiu

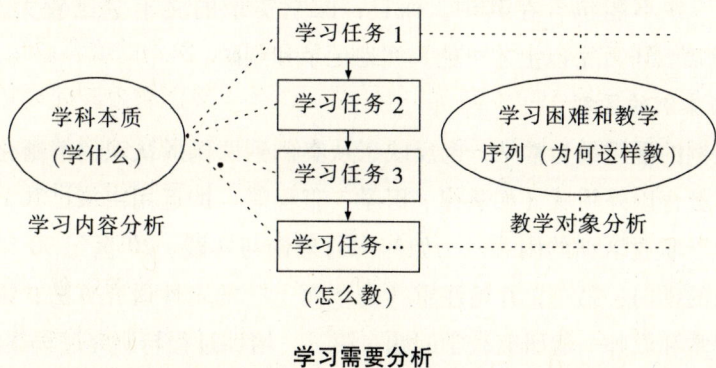

学习需要分析

实际上，在我们尝试开展的教学研究活动中，已经可以借助一些课堂观察和诊断方法来辅助完成后两种分析。例如，可以应用前测技术——使用两三道开放题测量五分钟左右，来确定学生学习新课的知识基础和可能的困难所在；可以运用问题思维跨度分析技术来检核师生互动中学习任务序列在认知水平上是否恰当。总之，把前端分析应用到一节课的教学设计中，可以使教学设计从整体定位再到细节工作有的放矢，提高教学设计的质量和水平。

第三节　学会用"课例研究"表达研究成果

对于一线教师来说，课例是我们最为基本的表达教与学研究成果的形式，现在正越来越频繁地出现在教师教学研究的话语系统中。由于学界对于课例研究的看法不尽相同，导致了实践中教师对于课例研究的模糊认识，使大家对于课例与案例、课例与教案、课例与课堂实录、课例与经验论文之间的区别不加思考而混用。本节我们将廓清关于课例的模糊认识，为广大教育实践者特别是一线教师提供帮助。

一、什么是课例

"课例"是一个实际的教学例子，是对一个教学问题和教学决定的再现和描述，即"讲述教学背后的故事"。这里之所以称"教学背后"，其实是指为何这样进行教学的研究思路，也就是说课例不仅仅是最后的课堂教学实录，还要交代之所以这样教学的理由和认识，要有研究的成分在其中。

1. 课例与教案、课堂实录的区别

教案是教师上课前预设的文本计划，而课例是一个实际发生的教学实例，这是根本的不同。但课例在"讲述故事"时有可能运用教案来说明为何这样授课的思路和想法。

课堂实录是对实际发生的课堂进行逐字逐句地录制并记录为文本，它的确是实际发生的教学实例的文本，但课堂实录本身是客观的记录，从它当中我们不能直接看出为何这样教学的思路和想法，如果看出了也只是推测。原来授课的老师和研究人员

"背后的故事"并不能包含在其中。而且，课堂实录的文本量比较大，一般而言，45 分钟的课堂需要 1 万字以上才可能真实地记录和刻画。

2. 课例与案例的区别

课例和案例的混用最为常见，也反映了从案例到课例的认识的清晰化经历了一个过程。案例在教育以外领域（如法律、医学、工程等）的运用由来已久，应用到教育领域，则是源于职业培训的困惑——如何沟通理论与实践。20 世纪 90 年代，教育研究出现三个新的动向：第一，开始注重"自下而上"的定性研究方法；第二，研究人员开始走进课堂和教师一起研究教学问题；第三，培训过程与研究过程逐渐合为一体。在这个背景下，案例研究成为教育领域的新宠。国际上运用案例进行培训最闻名的是哈佛工商学院，而 Shulman（1993）将其运用到教师培训，她认为，"教师所写的、其他教师可能会面临的现实世界问题的案例是对实践反思的一种强有力的工具。它们有助于教师从他人的现实故事中学会预测和解释问题"。

我们来看看上海市教育科学研究院在 2003 年左右指导过的一些课例的标题：①从实物到算式的"数学化"过程——小学数学《有余数的除法》；②从告诉事实到组织观察——小学自然《淀粉》；③设计"铺垫"引导探究——中学数学《勾股定理》；④在"变式"体验中建构原理——中学物理《杠杆》；⑤从已有概念出发演绎新知识——中学数学活动课"由正多边形引发的……"；⑥老师该为学生的探究提供怎样的支持——比较含磷洗衣粉与无磷洗衣粉对水体影响的实验设计；⑦"水雷"揭秘与金属钠——基于真实情境进行"问题－解决"教学的一次尝试；⑧不同理念影响下的"课堂互动"比较研究——基于《正方形的性质》教学分析；⑨体验"做数学"——"测量学校绿地面积"的项目学习。

从上述这些课例标题可以看出，课例聚焦的是有学科内容的课堂教学，而非一般性的教育问题（如处理学生作弊的教育案例）。所以课例与案例的最大不同在于以学科教学的内容为"载体"，如课例①、②、③、④、⑧都是以课本的教学内容为载体，课例⑤、⑥、⑦、⑨是以课本扩展的学科内容为载体。但课例和案例一样，均有一个研究的"主题"。由此可见，课例是以学科教学的内容为载体、具有某个研究主题的教学实例。其中"主题"正是课例所要表达的灵魂（研究的成分），"载体"正是课例表达观点和思想的媒介。课例与案例的关系可以用下面的集合关系表达。

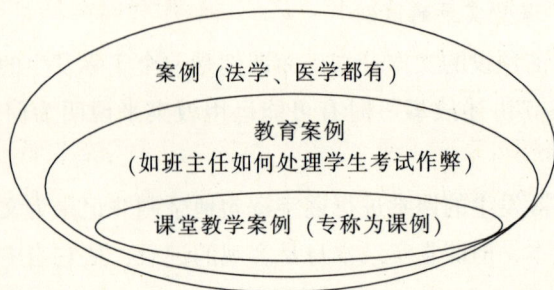

案例（法学、医学都有）

教育案例
（如班主任如何处理学生考试作弊）

课堂教学案例（专称为课例）

从上面这个集合图可以看出，教育案例不过是案例中的一类，案例的范围最大，在各个领域都有；而课例又包含于教育案例当中，只有那些以学科教学内容为载体、具有一个研究主题的教育案例才专称为课例。对课例定义的窄化，有利于我们在研究中和教师一起聚焦于课堂教学研究，而非一般的教育问题（如班主任处理学生作弊、校长项目化管理学校的案例等）。2003年以后，教育界更多地使用"课例"一词，其实质正是专指这种聚焦课堂教学的研究案例，但在实际表述和运用中仍然有不少混用，概念的清晰化也是把教学作为一个专门研究领域的象征。

3. 课例与思辨或经验论文的区别

在基础教育刊物上，也可以看到不少关于课堂教学研究的文章，它们算不算课例呢？我们试图做一区分，以凸显课例的价值和意义所在。

第一类，纯粹理论思辨的不算是课例。尽管有的论文本身是指向课堂教学研究的，但它们并非以一节或几节课的教学实例为基础展开某个主题的讨论，这些论文的作者常常是大学或科研机构的专业人员写的，容易甄别。

第二类，使用了部分课堂教学片段的思辨型文章。这类文章有一个论述的主题，而且很有可能用到了大量的课堂片段，但是这些片段往往来自不同的授课实录、甚至是不同学科的各种小片段。旁征博引的大量片段不过是为了说明作者阐述的一系列观点。这种文章的作者可能是大学或专业研究人员所写、也可能是一线教师所写，它们也不是我们所指的课例。

第三类，课堂实录片段配以点评类型的文章。这是常见的一种类型，对一节课的不同片段分别做出点评，或是对于不同的课堂片段分别做出点评。对同一节课的不同片段做出点评时，往往对每个片段从不同的角度加以评析，如果全盘而看，发现这类文章分析课堂的视野比较宽泛、点评比较发散。还有的文章是具有一个大的研究观点，但选取了不同的课堂片段每次从一个更小的视角加以剖析，但就每个片段而言，读者无法了解这个片段对应的原课究竟具有怎样的一个整体授课思路。这类文章中的课堂实录片段来自一线教师的授课、点评往往是专家教师或者专业研究人员给出的。

第四类，围绕一节或几节课的教学的漫笔类文章。这类文章的作者一线教师居多，往往是针对一节课的课后反思，或观察了一类课之后有感而发。这类教学漫笔往往比较生动、情感化、吸引人，但缺乏围绕一个主题的深入提炼、缺乏理论角度的诠释。

当然，上述四类文章不乏优秀之作，之所以指出与课堂教学有关的这四类文章不是课例，主要是想进一步凸显课例的根本特征：以课堂教学的学科内容为载体，以某个小的研究问题为主题，讲述的是一个实际发生的课堂教学实例背后的故事；而且，教学实例的整体思路相对完整，可以看出一节课或几节课的授课过程或如何改进的过程，可以看出这样上课或者改进课堂的理由和原因是什么，当然也会有理性的提升和概括。

4. 课例与课例研究的区别

课例与课例研究的区别，好比教案与教案设计的区别。前者指最后产生的成果形式是一个"课例"，后者把形成这个成果的过程称为"课例研究"；前者是静态的结果表达，后者是一个研究的动态过程。所以通常我们说"课例研究"往往指的是"做课例"的过程，说到"课例"往往指的是成果表达形式。

二、课例由哪些要素构成

前面谈到了与课例相关的一些常用的词汇之间的区别和联系，实际上是从"课例不是什么"的角度刻画了其外延范围。接下来将从正面回答"课例应该是什么样"。参照 Merseth（2001），Stein（2001）等教学案例的撰写框架以及在上海开展课例研究的长期经验，我们认为，一个课例应该由以下四方面要素构成。

1. 主题与背景

主题与背景是课例的第一要素。因为课堂教学是复杂的，通常的听课评课往往对一节课从各个角度提出各种改进意见。课例研究并不追求通过一节课试图解决很多个问题，而是追求通过一个课例认识一个小的研究问题——这就是研究的主题，"小"才有可能"深"。研究的主题最好从课例的题目就能看出、或者开门见山地交代，这样别人可以直接地知道这个课例探讨什么方面的问题，而不要读了洋洋洒洒几千字还不知课例想解决什么问题。

主题从哪里来、为何选择这个主题研究？这就需要交代该课例产生的背景。例如，背景中可以交代主题是来自教学中常见的困惑、来自教学中常见的困扰难点、来自课改中的核心理念的践行等。背景的交代可以使读者感受到整个课例的价值和意义所在，帮助读者理解课例中改进课堂教学的背景和条件等。

2. 情境与描述

课例的载体是学科课堂教学，因此课堂情境的描述是必不可少的，但这不等同于把大篇的课堂实录直接摆进课例报告里。课例的描述不能杜撰，它来源于真实的课堂教学及其改进教学的研究过程，但其情节可以经适当的调整与改编，因为只有这样才能紧紧环绕主题并凸现讨论的焦点问题。各个课堂情境的选择要环绕课例研究的主题，有时为了凸显与研究主题密切相关的问题，甚至对片段中的语言也可做适当剪裁（如用省略号略去一些无关的话语、删去一些口头禅等）。除了使用第一手的直接的实录描述，也可以用作者讲述的方法对实录片段进行第二手的描写，包括作者本人当时的想法、感觉等都可以写入课例。围绕主题的情境描述要追求准确、精简、引人入胜。

3. 问题与讨论

课例反映的是教学改进的过程，因此在课例描述中必然包含着提出的问题，以及由问题引发的后续讨论。因为课例反映的是教学研究"背后"的故事，交代产生这个课例的过程中的问题线索，使读者知道研究教学进展过程的来龙去脉，否则读者只是感觉到描述了一节"好课"，却不知产生这个"好课"的过程是怎样的。对读者来说，把研究授课的问题及其讨论梳理出来、展现过程，可能更具启发价值。

课例描述中提出的问题有的可能在后续讨论中解决了，有的没有解决，但都可以呈现出来。甚至写作者可以提出一些开放思维的后续问题或两难问题，留下一个今后可以继续研究和讨论的空间。对于研究过程中提出的各种问题加以筛选和梳理，最好问题的线索能够环环相扣，这样对读者更具吸引力，而且可以引发深入思考和讨论。那种没有问题的课例描述，或者说只是一节"好课"的展示，实际上并不是我们在这里所倡导的。

4. 诠释与研究

对课例本身加以解读，赋予它更高一层的普遍意义，就需要对课例作出诠释、增加一些研究的成分，这是课例的另一要素。不过这种诠释应该是归纳型的、内容紧紧扣在描述的课堂教学和讨论过程上，不宜夸大和跳得太高，否则极易沦为空谈，使得课例前面是具体的课堂教学实例，后面是一般理论的泛泛而谈。很多经验性论文就是这样的类型。

对课例的诠释实际上就是交代对于课例研究中不同阶段出现的问题是如何理解和处理的、包括课堂教学为何如此改进等的原因，也就是要讲出课堂教学"好"在哪里、"不好"在哪里的理由，使读者明白这"背后的故事"。诠释可以选择多个角度解读、尽可能回归教学的基本层面而不要脱离课堂教学。对课例的"研究"，主要是通过一节课的改进和研究过程，究竟获得了哪些理性的认识或者初步结论，需要一些概括和提炼。这些"研究成分"使得课例不仅仅是对研究一节课的描述，而且对老师们在日后课堂教学中考虑一类课的改进有启发。

三、课例的类型及其撰写

1. 课例的几种类型

对课例的划分没有一个统一的标准，以下的划分是根据课例对教师专业水平提升的作用来区分的，它们之间并没有逻辑上的严格并列关系，相互有所交叉，但主要是根据课例的侧重面对教师专业发展的价值而言。

（1）问题呈现型

这种课例主要来自教师课堂教学实践中所产生的问题，主题往往就是问题的核心所在。它关注到了理论与实践关系，但偏重于实践中存在的问题，课例设法找到理论来解释并协助解决实践问题，以问题的形式唤起教师的深刻反思以及随后的反省行动，问题通常是开放型的，没有相对统一的共识。

（2）经验分享型

这种课例主要来自教师一个新颖的教学设计及其随后的教学改进过程。表达的手法通常会以"故事"的形式来叙事，这种利用"叙述体"的知识极易在教师之间取得沟通。课例本身是教师用于查找他人同一内容载体如何教学的重要文献资料，是一般的理论性文献资料无法取代的知识。如前文利用"心灵游戏"上作文课的课例就属于这一类。

（3）理论验证型

这类课例的出发点往往是推崇某种教学思想或教学理论的价值，认为教学就是将这种思想或理论应用于实际课堂教学的结果。课例往往成从各个角度印证教学思想或教学理论的鲜活实例。这种课例暗含的结构是演绎型的，就是从理论观点出发、按照理论设计和改进课堂教学，最终再用该理论来解释教学或课例，从某个角度丰富了该理论。本书的所倡导的"本原性问题驱动课堂教学"就是一种教学理念，下文中的许多课例属于这一类。

（4）知识产生型

这种课例比较少见，但其价值较高。这里的知识产生包括课例所反映的新的教学思想、理论视点等，也包括课例研究中对学科内容产生的新发现、获得的新知识。在我们做过的"勾股定理"的课例就是这样一例，课堂教学中得到了一个"有条件的数学结论"：$2ab + n^2 = c^2$，"当 $a - b = n$ 时"。这种课例可以丰富数学教师的学科知识。

上述划分并非严格，实际上当我们阅读一个课例时，它很可能同时具有两种类型课例的特征，只不过在其中某一方面更为突出。

2. 如何撰写一个课例

很多经验教师和优秀教师经历过不少"磨课"的过程，在头脑中有一些精彩的课堂教学实例。如果能够把它们进行理性梳理和加工，凝炼出一个焦点主题，并赋予一定的背景意义，很可能就形成了一个课例。如何把这样的教学经验转化为一个课例呢？

（1）第一阶段：琢磨典型的课例

如果从来没有写过课例，在前期准备阶段可以选择一个或几个典型的课例，对其内容、结构进行分析。可以重点领会如下几个方面：课例作者如何陈述事件的发生发展过程？如何突出研究的主题和产生的主要问题？如何处理课例的各个组成部分之间的关系？提炼的主题是如何与选择的课堂教学情境或内容相关联的？通过这样的学习过程，体会课例的几个要素。

（2）第二阶段：回溯教学实例的产生过程

可以回想自己头脑中认为精彩的教学实例是如何产生的，包括如下方面：当时有哪些人参与教学研究过程？哪些人在哪个阶段的观点给自己留下了深刻印象？该教学实例产生前后上过几轮课？教研活动是如何展开的？在不同阶段授课老师的心理感受、遇到的问题是怎样的？不同阶段每个参与者的观点是如何发生改变或逐步深入的？对这些问题的回溯性思考是为了引发当时的经历和感受，目的是抓住精彩教学实例中产生的前因后果和重要细节。

（3）第三阶段：撰写课例初稿

如果对于该教学实例的整个前后过程非常清晰，而且当时研究的主题和问题也很清楚，包括它的背景、价值、意义都很清楚，那么可以立即从课例的几个要素着手开始写作。很多情况下，教师面临的问题是，教学实例觉得很精彩，但对研究过程和主要观点、主题及主要问题感觉一团乱麻，无从下手。在这种情况下，可以首先回想整个教学实例研究过程中留给自己印象最深的、具有冲突性的事件片段，而这往往是课例中最重要的关键事件。然后对这个关键事件如何产生的回想下去、当时的背景是怎样的？这个关键事件之后又发生了什么、如何处理的、后来得到什么结论？这个办法其实是从最重要的事件入手，追因索果，是个比较有效的技巧，教师容易着手写作。

（4）第四阶段：斟酌和修改课例

写好初稿后，首先可以用课例的几个要素来衡量，看看是否具备课例的基本条件，缺什么补什么，累赘的可以删去。自己感觉基本满意后，可以请没有参与过这个课例研究的人阅读，听听他们看后是否读到了自己想要表达的思想。因为写作课例的人头脑中有很多潜在的细节，很多时候自以为都交代清楚了、明白无误，可是没有参与过的人一无所知，就不一定理解。所以听取"局外人"的意见，进行反思、斟酌，甚至重写，也是一个有效的技巧。

（5）第五阶段：凸显课例的价值和意义

在课例基本完成后，考虑一下所写课例的类型，也就是整体考虑课例的价值和意义究竟在哪里。这个阶段可以重新考虑修改标题、用比较贴切的主题词汇突出该课例的价值和意义所在。

其实课例的写作本无定法的，上述过程是给没有撰写课例经验老师的一个参照过程。精彩的课例没有什么固定的套路，甚至没有数字序号标记的段落划分，但是仔细研读，会发现课例的几个要素一一具备。如果再配以优美的语言和吸引读者的文风，就象一篇好的文学作品一样令人享受而意犹未尽。

研修建议：

1. 听课评课活动是学校里常常开展的教研活动，你认为它有何优势、不足又在哪里？本篇中介绍的定量或定性的课堂观察方法可以引入到平常的教研活动中吗？你还知道一些别的课堂观察方法吗？它们有什么优势与不足？

2. 有几位老师说："其实不用这里写的方法我们平常照样评课，按照你的说法，听课后似乎不敢发言了——因为每种观察方法都是有'主观性'的。可实际上，我们听课下来对一堂课总还是有个基本的成功与否的看法，没有人那么麻烦地追究什么是有效教学的标准、方法是定量还是定性及其有什么缺点……"你怎样看待这个问题？这里有一个所谓"测不准关系"的比喻：对于肉眼看不到的微粒，一方面我们借助显微镜可以观察到它和它的特征；可是另一方面显微镜在放大微粒的过程中，厚厚的透镜实际上也可能扭曲了微粒本来的形状和特征。这个比喻恰当吗？对我们有何启示？

3. 你平时是如何备课的？高中数学老师是否需要阅读初中和小学的数学教材（或教参）？建议除了阅读基础教育阶段的教参外，阅读"高观点下的初等数学"为主题的书籍或文章。

4. 课例研究与平常的教研活动有何不同？我们每个老师一般有两个平行班，至少在平行班会同一内容上两次课。一般来说第二次课是在第一次试教的基础上做出调整，建议在第一次授课后修改和完成新的教案。试着用课例写作的办法，把两次授课的过程描述下来。当然，最好的表达方法是夹叙夹议、观点基于课堂事实而发，最后还要用课例的几个要素去衡量。或者，拿出您曾经写过的一篇关于课堂教学的论文（如果没有写过，找一篇他人的关于课堂教学的论文），试着用课例的要素作为框架，带着批判的眼光去解读一下，指出：它是否是一个课例？满足课例的要素吗？如果不满足，请您试着给出几条修改建议。

参考文献

[1]（日）米山国藏．数学的精神、思想和方法．成都：四川教育出版社，1986．

[2] 郭华．普通高中课程新方案的选择性及其挑战．天津师范大学学报（基础教育版）．2003（4）．

[3] 华罗庚．华罗庚科普著作选集．上海：上海教育出版社，1984．

[4] ［美］乔治·波利亚．数学的发现第二卷．呼和浩特：内蒙古人民出版社，1981．

[5] 中学生各时期的生理心理特征分析．http：//gszzjxw. 2000y. net．浏览时间：2007 - 09 - 22．

[6] 张奠宙、唐瑞芬、刘鸿坤．数学教育学．南京：江苏教育出版社，1991 - 11．

[7] ［苏］尼·萨多夫斯．一般系统论原理．赛泽林，刘伸，王兴成，等译．北京：人民出版社，1984．

[8] 华罗庚．华罗庚科普著作选集．上海：上海教育出版社，1984．

[9] 王元．华罗庚．南昌：江西教育出版社，1999．

[10] 郭治安，沈小峰．协同论．太原：山西太原经济出版社，1991．

[11] 魏宏森，曾国屏．系统论——系统科学哲学．北京：清华大学出版社，1995．

[12] 饶鑫光，孟道骥．略论华罗庚的高校数学教学方法与讲解技能．数学教育学报，2001，10（4）：29．

[13] 肖翠娥．数学语言的分类及其教学探讨．益阳师专学报，1998，5．

[14] 庄子·天下—二十二子．上海：上海古籍出版社，1986 - 03（1）：87．

[15] 张奠宙．中国数学双基教学．上海：上海教育出版社，2006 - 05．

[16] 王工一．数学语言障碍及其关系问题探析．吉林大学学报，2006 - 07，27（4）．

[17] ［荷］弗赖登塔尔．作为教育任务的数学．陈昌平，唐瑞芬译．上海：上海教育出版社，1999（115）：228．

[18] 中华人民共和国教育部．全国高中数学课程标准（实验稿）．北京：北京师范大学出版社，2001．

[19] 中华人民共和国教育部．全日制义务教育数学课程标准（实验稿）．北京：北京师范大学出版社，2001．

[20] 普通高中数学课程标准（实验）．人民教育出版社．2003．

［21］钱朝晖．高中数学教学中开展探究性学习的实践研究．华东师范大学，2006.

［22］王华，史晔群．怎样编制中学数学试题．上海教育出版社，2009－8.

［23］吴洪浪．中学数学探究性学习的研究．西南大学，2006.

［24］唐瑞芬．数学教学理论选讲．华东师范大学出版社，2001.

［25］余杰．竞赛数学的思维发展研究．四川师范大学，2008.

［26］徐利治，郑毓信．数学模式论．广西教育出版社，1993.

［27］吴洪浪．中学数学探究性学习的研究．西南大学，2006.

［28］崔丽琴．高中数学探究式教学的理论与实践研究．西北师范大学，2007.

［29］刘庆敏．限定区域的最短路问题．上海市晋元高级中学，高一拓展课程教案，2008.

［30］张怀华．现代物理知识——淋雨问题的物理学解释．2006（6）．

［31］朱德全．中学生数学建模能力的影响因素及其培养策略．中国教育学刊，2007（4）．

［32］陈柏松．开展数学建模活动，提高数学教学质量（网络文章）
www. hzrtvu. edu. cn/ddkyc/36qi/5. doc.

［33］陈雄辉．开展数学建模教学践行课程标准理念．百度文库，中学教育，2011－03.

［34］张思明．中学数学建模教学的实践与探索．北京：北京教育出版社，1998.

［35］中华人民共和国教育部制订，普通高中数学课程标准（实验）．北京：人民教育出版社，2003：3，104.

［36］苏醒，张维忠．从历史发生原理看高中概率课程与教学．中学数学杂志，2008（1）：11－13.

［37］纪艳华．高中数学课堂教学渗透数学文化的实践研究．东北师范大学硕士学位论文，2006：12－13，16－17，20－21.

［38］袁志玲，陆书环．基于数学文化的探究式教学设计：祖暅原理与球体积．数学教学研究，2007（10）：12－15.

［39］许浩．基于数学文化的探究式数学问题设计：从杨辉三角与"纵横路线图"谈起．数学教学研究，2006（6）：19－20.

［40］杨光伟．基于应用问题解决的认知调控．桂林：广西师范大学出版社，2008：1.

［41］网络文章："普通高中新课程与评价改革"福建省高中新课程专题网站
http：//www. ycy. com. cn/Article/HTML.

［42］张伟．课堂教学评价的心理学视角．教育实践与研究．2008（11）．

［43］孔新伟．数学"和谐课堂"中的五种即时评价．教育理论与实践，2009（10）．

[44] 中华人民共和国教育部. 普通高中数学新课程标准（实验）. 北京：人民教育出版社，2003.

[45] 王华，杨玉东. 课堂教学实践：问题与案例. 上海：上海教育出版社，2009.

[46] 孙名符，刘岗. 国家基础教育课程改革中信息技术与中学数学课程整合的若干思考. 电化教育研究，2005（1）.

[47] 郭煜. 关于计算机辅助教学在数学教学中的体会. 黑龙江农业工程职业学院学报，2007（6）.

[48] 崔献军，张青，赵冠华. 多媒体课件辅助数学教学的优势及原则. 中国成人教育，2008（8）.

[49] [50] 黄希庭. 心理学导论. 北京：人民教育出版社，1991：418–466.

[51] 黄堂红，李志河，陈东. 基于创新思维能力培养的信息技术与中学数学课程整合. 现代教育技术，2005（4）.

[52] 莫雷. 心理学. 广东：广东高等教育出版社，2000：142–181.

[53] 何渊. 培养数学直觉思维的探索与思考. 教育教学研究，2005（12）.

[54] 王红丽，张晓辉，郝镁玉，于亚萍. 浅谈信息技术与数学教学整合的教学模式. 成都教育学院学报，2006（11）.

[55] 贝尔. 中学数学的教与学. 许震声，译. 北京：教育科学出版社，1990：468–470.

[56] 顾泠沅. 教学实验论. 北京：教育科学出版社，1994.

[57] NedA. Flanders. Analyzing Teaching Behavior. MA：Addison–Wesley，1970.

[58] Jeer Brophy. Teacher Praise：A Functional Analysis. Review of Educational Research. 51，No. 1. p. 26.

[59] Barak Rosenshine & Norma Furst. The Use of Direct Observation to Study Teaching. Handbook of Research on Teaching，2ed.，ed. Robert M. W. Chicago：Rand McNally. 1973：122–183.

[60] 青浦县数学教改实验小组. 学会教学. 北京：人民教育出版社，1991.

[61] Ned Flanders & Edmund J. Amidon. A Case Study of Educational Innovation：The History of Flanders Interaction Analysis System（Oakand，CA：Ned A. Flanders，One Spyglass Hill，94618），1981.

[62] 周卫. 一堂几何课的现场观察与诊断. 上海教育，1999（11）：12–19.

[63] Stein，M. K.，Smith，M. S.，Henningsen，M. A. & Silver，E. A.（2001）. 实施初中数学课程标准的教学案例：匹兹堡大学 QUASAR 研究成果. 上海：上海教育出版社.

[64] Stein，M. K. & Smith，M. S.（1998）. Mathematics Tasks as a Framework for

Reflection：From Research to Practice. Mathematics Teaching in the Middle School，3（4）：268 – 275.

[65] Biggs，J. B.，& Collis，K. F.（1982），Evaluating The Quality Of Learning：The SOLO Taxonomy，New York：Academic Press.

[66] E. C. Wragg. An Introduction to Classroom Observation. 2d. London：Routledge，1999. pp. 19 – 80.

[67] 杨玉东. 教研要抓住教学中的关键事件. 人民教育，2009（1）：48 – 49.

[68] 顾泠沅. 课堂改进的方法系统. 在上海市青浦区教研员培训班上的报告，2009 年 4 月 22 日.

[69] 杨心德，徐钟庚. 教学设计中的任务分析. 杭州：浙江大学出版社，2008：20 – 32.

[70] 杨玉东. 从学习内容入手做教学设计. 人民教育，2010（3）（4）.

[71] 杨玉东. 教师如何做课例研究. 教育发展研究，2008（8）：72 – 75.

[72] Shulman，J. H. Case Methods in Teacher Education. New York：Teacher College Press. 1993：131 – 152.

[73] Merseth，K. K. 教学的窗口：中学数学教学案例集. 鲍建生等，译. 上海：上海教育出版社，2001.

[74] Stein，M. K. 实施初中数学课程标准的教学案例——匹兹堡大学 QUASAR 研究成果. 李忠如，译. 上海教育出版社，2001.